ERREURS

SUPERSTITIONS

DOCTRINES MÉDICALES

PAR

LE Dr L. PERRET

PARIS

Librairie J.-B. BAILLIÈRE et FILS

Rue Hautefeuille, 19, près le boulevard St-Germain

—

1879

ERREURS

SUPERSTITIONS

DOCTRINES MÉDICALES

Chartres. — Imp. Durand frères, rue Fulbert.

ERREURS

SUPERSTITIONS

DOCTRINES MÉDICALES

PAR

LE Dr L. PERRET

PARIS

Librairie J.-B. BAILLIÈRE et FILS

Rue Hautefeuille, 19, près le boulevard St-Germain

1879

PRÉFACE

—

Ce livre est sans prétention aucune. Son cadre
n'a pas été tracé d'avance ; il a grandi au fur et à
mesure que l'auteur s'est trouvé dans des circonstances qui l'ont incité à mettre en parallèle le présent
et le passé. Il lui a paru curieux, après avoir glané
quelques absurdités dans ses tournées médicales, de
mettre en regard le fait actuel avec le fait jadis.
L'historien a été heureux de constater que ses contemporains ne sont pas plus que leurs ancêtres,
entichés de superstitions, mais c'est avec regret
qu'il a cru s'apercevoir que la forme seule avait
changé, et que le fond reste toujours le même.

A la ville comme à la campagne, et dans les pays
les plus déshérités, la même monnaie a toujours
cours ; tel citadin qui rit de la bonhommie du
paysan, lequel garde soigneusement en poche son
petit bout de corde de pendu, ne se doute guère que
le bonhomme des champs hausse les épaules quand
le monsieur vient à l'entretenir des tables tour-

nantes, des granules d'Hahnemann et des escargots sympathiques.

Le XIXe siècle, avec ses légitimes prétentions à une supériorité intellectuelle dont il a droit d'être fier, laisse encore bien des sites dans la pénombre ; d'autres, même, sont plongés dans une obscurité telle, qu'il est douteux que le contact de la lumière les ait jamais fait tressaillir.

L'erreur, la sottise, le préjugé sont continuellement à rudoyer la raison et s'opposent à son expansion, comme les murailles d'une ville de guerre à son développement.

C'est en médecine surtout que l'observateur rencontre cette dépression de l'intelligence et ce manque absolu de raisonnement.

Ah ! c'est que la santé et la vie sont des biens tellement précieux, qu'il est peu d'âmes assez fortement trempées pour se poser froidement la terrible énigme de la mort ! Chacun, ainsi que le bon Horace, regarde comme bien ennuyeuse la fatale terminaison de la vie et, malgré que tous les jours la faux moissonne indifféremment autour de nous, jeunes et vieux, grands et petits, chacun a la prétention et l'immense désir d'échapper à la vilaine atteinte.

Puis, tant qu'on foule le sol, on se sent, on vit, on pense ; on a bien quelques misères, des ennuis, des déceptions, mais on est là ; tandis que, cloué dans le cercueil..... c'est le vide, l'anéantissement pour l'éternité. Le croyant s'élève sans doute vers une autre vie, vers un paradis que sa religion, quelle qu'elle soit, lui laisse entrevoir : toutefois, malgré cette perspective, il n'a pas trop hâte d'aller tâter les douceurs d'outre-tombe. Aussi l'homme cherche-t-il *per fas et nefas* à reculer le moment fatal.

Des littérateurs, des philosophes ont pris à partie cette défaillance de l'esprit humain ; les uns en ont disserté sur un ton de résolution triste, en excusant de leur mieux l'orgueilleux qui ne peut se décider à mourir. D'autres, comme Pline, ont trouvé de vigoureuses indignations pour stigmatiser la lâcheté de leurs contemporains, qui se vautrent dans les fanges les plus sales, afin de conserver un bien aliénable à chaque instant et qu'il vaudrait mieux, disent-ils, ne pas avoir reçu. Ils proclament que rien n'est supérieur à une mort hâtive, si ce n'est la faculté de sortir volontairement de la vie.

D'autres enfin, sceptiques et gouailleurs, dignes fils de Rabelais, et faisant autant fi que d'un poil de leur barbe, du grand Diol de l'enfer que du Créateur qu'ils ont désappris, rient toujours et de tout, jusqu'au moment où la toile tombe.

Quel donc sentier prendre ?

Le premier rend morose, le second excite la bile, le troisième fait passer la vie sans trop se soucier de l'avenir.

Celui qui a crayonné ces soirées s'est engagé par caractère dans le troisième chemin, mais sans toutefois s'aventurer dans *l'insondable ;* il estime que le croyant est heureux et que le sceptique a du courage. Sans trop se préoccuper de ce que réserve l'avenir par delà le tombeau, il a laissé trotter sa plume sous l'impression du moment ; tantôt sérieux tantôt gaulois, selon que le fait observé a fait vibrer la note gaie ou sévère.

L'étude des erreurs et des superstitions de l'âge passé et des temps modernes a naturellement éveillé chez l'auteur le désir de connaître l'état de la médecine pendant ce long période ; il a voulu savoir ce que disait la science dans ses défaillances et ses splendeurs.

La science, quoique assez indifférente du tumulte et du bruit qui l'entourent, quoique ne se préoccupant que peu des sottises qu'elle coudoie, s'est fatalement ressentie du milieu dans lequel elle a vécu ; les œuvres de nos pères le démontrent assez clairement.

Science, art, littérature, religion, tout à de certaines époques est tombé dans un désarroi que n'explique que trop bien la vie matérielle et batailleuse des peuples.

La médecine, plus que toute autre branche des connaissances humaines, a subi ces vicissitudes, puisqu'elle est toujours à la recherche d'un inconnu qui toujours la fuit.

Le livre a donc été naturellement divisé en deux parties :

La *première partie* relate nombre de superstitions de l'antiquité, du moyen âge et des temps actuels.

La *seconde* est un coup d'œil rapide sur l'histoire de la médecine, tel que cela convenait à l'ensemble de l'ouvrage.

Le lecteur voudra bien ne pas chercher de méthode dans la première partie du livre, les faits ont été relatés au fur et à mesure qu'un incident les a rappelés.

On y retrace les jongleries des prêtres dans les temples, la scène de la guérison de Plutus par le vieil Aristophane ; l'état de la médecine romaine du temps de Caton; il y est parlé des charmes, des amulettes ; puis vient l'empirisme, la cosmétique, le rôle des sages femmes, les précautions pour l'accouchement, les superstitions touchant les nouveaux-nés, etc.

Parfois l'auteur a fait l'école buissonnière et s'est permis quelques fugues, afin de rompre un peu le cercle des sottises inventées par les intéressés ; il a fureté les poètes latins, en tant que cela a rapport aux superstitions. Puis il est rentré dans son domaine pour toucher quelques mots des hermaphrodites, de la magie, des procès de sorcellerie et enfin de la théurgie actuelle.

Les sources sont nombreuses où les documents ont été puisés : Aristophane, Suétone, Galien, Pline, Plaute, Térence et les autres poètes latins.

Arnoud de Ronsil nous a donné de précieux renseignements sur la condition des hermaphrodites. Eliphas Lévi et le regretté professeur Axenfeld, parmi les principaux, nous ont décrit la magie ; enfin le docteur Finot et le docteur Grellety nous ont édifié sur la médecine sacrée.

La seconde partie du livre, celle qui effleure les doctrines médicales, a et devait avoir une marche plus régulière ; c'est l'histoire à vol d'oiseau. Partant de la médecine sacrée et des philosophes, la chaine se continue par Hippocrate, l'école d'Alexandrie, Aristote, Galien, les derniers médecins grecs, l'école de Salerne, l'ancienne Faculté de Paris ; puis, entrent en scène les théosophes, les chimistes, les mécaniques et enfin les deux grands agitateurs du siècle, Brown et Broussais.

Enfin l'auteur a indiqué les points de lutte entre Broussais et Laennec, entre l'infaillible, le pontife et le véritable observateur qui suivit avec tant de succès le chemin tracé par le Collège de France, dont la chaire médicale était, il y a quelques mois encore, illustrée par notre savant maître à tous, Claude Bernard.

Tel est le livre. Au lecteur de l'apprécier et de choisir quel sentier il doit suivre, pour se traiter et se guérir.

L. P.

Février 1879.

TABLE DES MATIÈRES.

DES ERREURS POPULAIRES EN MÉDECINE

PREMIÈRE SOIRÉE

Les superstitions médicales quand même. — Les prêtres médecins. — L'incubation. — Jongleries dans les temples.

Vous me demandez, mon ami, de vous parler des erreurs, des préjugés qui règnent chez nous, au sujet de la médecine. Savez-vous que votre réquisition est dure et que maître Hercule, qui n'avait peur de rien, pourrait bien reculer devant cette besogne ? — Nettoyer les écuries d'Augias, c'est un travail facile, si vous le comparez à cette grande lessive dont le genre humain aurait besoin pour se débarrasser de toutes les saletés qui croupissent dans nos pauvres cervelles.

Vous qui êtes instruit, qui avez travaillé, réfléchi, vous avez certainement sur la médecine un petit système bien arrêté que vous avez puisé je ne sais où, mais dont vous ne vous départirez peut-être pas entièrement, même quand je vous aurai fait toucher du doigt l'absurde. Car vous le savez :

> L'homme est de glace aux vérités,
> Il est de feu pour le mensonge.

Eh bien ! vous que je trouve tout disposé à accepter les propositions que je vous soumettrai, peut-être, ou plutôt certainement, vous garderez quelques idées que vous avez acquises dans le contact des gens du monde.

Les gens du monde !!! Ils sont vraiment curieux quand ils nous font appeler ; nous leur demandons ce qu'ils sentent, ils nous disent ce qu'ils pensent ; l'un prétend avoir le sang brûlé, quelquefois même ce malheureux sang est calciné ; d'autres vous disent gravement que leurs nerfs sont crispés, que leur sang (pauvre sang) se tourne en eau, que leur cerveau leur descend dans le nez..... que sais-je encore, et remarquez que c'est en général les personnes les plus instruites, celles dont l'éducation a été le mieux soignée qui contribuent le plus à propager de funestes erreurs. Ces erreurs, ils les ont puisées dans le commerce du monde ; elles y circulent librement, et, adoptées sans examen, elles règnent sans contradiction ; puis, une fois reçues et transmises, elles prennent chaque jour des racines plus profondes, acquièrent une nouvelle valeur et arrivent à avoir force de loi qu'il n'est permis à personne de transgresser.

Il y a quelque cent ans, Condillac, — un homme pas bête du tout, — a dit: « Quand on travaille sur les connaissances humaines, on trouve plus d'erreurs à redresser que de vérités à établir. » J'ai longuement médité cet aphorisme, eh bien ! j'ai trouvé, mon cher ami, qu'il est malheureusement vrai.

J'ai voulu souvent moi-même en connaître plus que mon carrossier, que mon charpentier, mon charron, que Monsieur mon notaire.; j'ai vu tous ces gens me rire au nez et ils avaient raison, car je ne suis fort ni en charronnage ni en notariat ; mais, quand je suis appelé auprès d'eux, que de misères, mon Dieu ! l'un me parle Raspail, l'autre médecine noire, l'autre blanche, avec la conviction qu'ils en connaissent au moins autant que moi et surtout pour me faire une farce ; aussi j'ai pris l'habitude de ne point répondre à ces interrogations et de me sauver de cette galère à toutes jambes. — Ouf, mon ami, quand je pense qu'il faut tenir son sérieux en présence de tout cela. Je vous avoue que les augures de l'ancienne Rome n'y tiendraient pas. Oh ! qu'ils sont contents, ces bons malades, de m'avoir donné une petite leçon ! et comme, moi, je suis heureux de m'en débarrasser. — Bref, tout le monde est satisfait. — Mettez-vous donc médecin pour savourer mon bonheur !

Nous sommes dans un siècle de progrès ; les sciences depuis 40 ans ont fait des enjambées de géant; la médecine a suivi ; les recherches anatomiques, l'observation sérieuse, je dirais presque méticuleuse des malades l'ont portée presque au rang des sciences exactes; tout travailleur sait à quoi s'en tenir sur son malade, et je pourrais presque dire, peut assigner les limites de la maladie, soit qu'elle laisse vivre ou qu'elle fasse mourir. Je sais bien qu'il y a un grand X; malheureusement il existera toujours, car, *la loi de la vie, c'est la mort.* Mais avec nos moyens de traitement, nos procédés d'investigations, nous sommes arrivés à retarder pour beaucoup l'heure fatale où la mort vient nous donner son glacial baiser.

Malheureusement il est encore peu de médecins qui aient su se pénétrer de la grandeur de leur mission, et il en est beaucoup affectant d'être sceptiques, tout ayant l'air d'être instruits. Méfiez-vous, mon cher, d'un médecin qui ne croit pas à la médecine, et soyez persuadé que l'ignorance est son lot. Tous les grands hommes de notre art, les Trousseau, les Rostan, les Bouillaud, les Barth sont amoureux de leur profession ; les autres sont les maçons à côté de l'architecte.

Puis, à côté des médecins qui travaillent, il y a ces espèces d'officiers de santé, de rebouteurs, de sages-femmes, de guérisseurs, de bergers, de commères qui tendent encore à infiltrer les erreurs et qui, parfaits ignorants, pour le prix d'une visite ou d'un conseil sont dominés par les personnes qui leur demandent secours. — Tenez, cela me donne des nausées.

L'erreur, mon cher camarade, est aussi vieille que notre monde. — *Errare humanum est.* — Depuis nos premiers parents, qui firent une forte bêtise en croquant la reinette, jusqu'en l'an de grâce 1866, l'erreur est certes de tous les génies celui qu'on a le plus encensé, — et qui recevra le plus d'hommages. — Vous, moi, tout le monde lui apporte son tribut, et chacun regarde ses sottises comme son meilleur fonds de richesses.

Je ne remonterai pas cependant jusqu'au père Adam pour vous montrer les préjugés médicaux ; comme nous n'avons point les manuscrits de l'époque, je pourrais comme bien d'autres vous en conter à mon aise ; passons sans nous arrêter au déluge, de peur d'être noyés, et cherchons les documents positifs qui nous restent à cet égard :

Vous pourrez, si vous le voulez, compulser les livres

de Moïse ; quant à moi ils ont peu de valeur, le législateur des Juifs n'ayant écrit qu'environ 3,000 ans
après la soi-disant apparition de l'homme sur la terre.

Mais comment des erreurs aussi grossières que celles
dont nous sommes témoin se sont-elles perpétuées?

Aussitôt né, l'homme commença par souffrir ; souffrant, il chercha le moyen de récupérer sa santé,
et, après de longs tâtonnements, il parvint à trouver
certaines pratiques qui purent le soulager ; souvent,
n'y pouvant réussir, il s'adressa à des êtres imaginaires
pour obtenir sa guérison ; aussi voyons-nous, dans ces
temps de croyances naïves, se fonder les religions, et
les prêtres remplir le rôle de médecins. Cela était inévitable : ils étaient les représentants de Dieu, donc,
mieux que tout autre, ils devaient connaître l'art de
guérir, — et ils en profitaient bien, je vous prie de le
croire. — Ils étaient aussi ignorants que les malades,
mais les offrandes faisaient. bouillir le pot-au-feu ;
aussi, lorsque des philosophes, des observateurs pré-
tendirent se mêler de l'art de guérir, il y eut de vigoureuses récriminations, et ce n'est qu'après avoir
convaincu les prêtres d'impuissance que la science se
mit à grandir.

Si vous avez sérieusement étudié l'antiquité, vous
verrez que chez les Hébreux, les Egyptiens, les Grecs,
ce furent d'abord les prêtres qui s'arrogèrent le droit
de guérir, et ils s'assurèrent ainsi une puissance immense en guérissant au nom de leurs divinités ; car,
faisant dépendre la maladie d'une punition du ciel,
la conséquence était que les dieux devaient guérir les
maux qu'ils envoyaient. Aussi ces Messieurs tenaient-ils
le premier rang dans l'État ; ils composaient le conseil
du prince, rendaient la justice, prélevaient les impôts et

n'étaient chargés d'aucune redevance. — Quel charmant métier, cher ami. — Les serviteurs des dieux convertirent leurs jongleries en cérémonies religieuses, et de toutes les farces qu'ils accréditèrent le plus, la plus *sublime* est celle de *l'incubation ;* aussi vais-je vous la raconter ; vous rirez : cependant nous avons de nos jours aussi fort que cela.

L'incubation consistait à coucher dans le temple de quelque divinité pour obtenir la guérison de ses maux ; mais les employés du temple, pas bêtes, n'admettaient dans l'asile sacré que ceux qu'ils croyaient devoir guérir promptement, et pour cela on faisait consulter le Dieu aux pauvres malades, et comme les ministres étaient l'organe de ses volontés, vous pensez que les réponses ne les compromettaient point. Enfin, voilà le malade admis. — Du sanctuaire ou du fond du temple il sortait souvent une agréable vapeur qui remplissait le lieu des consultations : c'était le Dieu arrivant avec armes et bagages ; puis il y avait les jeûnes, les expiations, les lustrations avec l'eau de mer ou de fontaine, car vous pensez bien que le Dieu ne se serait point communiqué à des impurs. Après les religieuses grimaces venaient les sacrifices de taureaux, de porcs, de moineaux, de chèvres, de coqs, selon le pays : cependant l'Esculape d'Athènes était moins gourmand, il se contentait de noix et de figues.

Et il était défendu d'emporter rien des sacrifices. Le Dieu venait la nuit faire table rase de ces hécatombes. — Que de bons repas les Asclépiades (c'est ainsi qu'on appelait les ministres) ont dû faire ; ce devaient être les moines de ce temps-là !

Alors on passait à d'autres exercices.

Le sacrificateur éteignait les lampes, recommandait

le plus grand silence, attendu que les divinités s'effarouchaient facilement; alors, au milieu de la nuit, le Dieu, ou plutôt le saltimbanque qui en faisait les fonctions, accompagné de quelques femmes ses filles, visitait les malades, préparait certains philtres qu'il administrait lui-même. Quelques-uns guérissaient par hasard; d'autres se croyaient guéris, ce qui revient au même; puis il y avait des affidés qui venaient au temple proclamer la puissance de la divinité. — Suétone rapporte qu'à l'instigation des prêtres, deux affidés, l'un contrefaisant l'aveugle, l'autre le boiteux, furent guéris par Vespasien, qui voulut bien cracher dans l'œil de l'un et toucher l'autre du bout de son pied. Alors, grande allégresse : le Dieu, par l'organe de l'empereur, avait manifesté sa puissance.— Pauvres peuples!

Riez, riez, mon bon, j'en ai bien d'autres à vous raconter; mais, pour aujourd'hui en voilà assez ; demain je reprendrai l'histoire de l'imbécillité des hommes.

DEUXIÈME SOIRÉE

—◇◇◇—

Les oracles. — Traitement par correspondance. — Le roi d'Egypte et sa jardinière. — Concurrence contre les prêtres d'Esculape. — Le Gui des Gaulois et les sacrifices humains.

Je vous ai parlé de l'incubation ; mais il ne faudrait pas croire que les ministres du dieu n'avaient qu'une corde à leur arc : il arrivait parfois que les malades étaient guéris pendant leur sommeil. Là, il prescrivait des remèdes que les prêtres se chargeaient d'expliquer. Si les songes n'étaient pas susceptibles d'une interprétation satisfaisante, on les faisait dormir de nouveau avec la précaution de leur remplir la cervelle des idées les plus propres à leur inspirer des songes favorables, et vous savez que dans les milieux où se trouvaient les malades ils étaient parfaitement disposés à dépeindre la nuit les idées dont ils avaient été préoccupés pendant le jour. Quelquefois, pour ébranler plus encore l'imagination du sujet, on le faisait coucher sur les peaux des victimes immolées, ainsi que l'attestent Virgile et Pausanias. Si, malgré cela, la farce ne réussissait pas, un prêtre faisait l'incubation pour le malade, et, dans ce cas, il y avait toujours un songe quand même ; mais ce n'était qu'une ressource extrême, car le moindre rêve, si petit qu'il fût, ne restait jamais sans interprétation. Lorsque les dieux parlent obscurément, dit Artémidore, ils se font suffisamment entendre, témoin cette femme qui, ayant une inflammation à la mamelle, songea qu'un agneau l'allaitait. Elle y appliqua, en forme de cataplasme, l'arnoglosse, et fut guérie. — Arnoglosse veut dire, en grec, langue d'agneau. — On peut juger par cette interprétation combien les prêtres avaient beau jeu vis-à-vis des malades.

Il y avait mieux encore, on soignait par correspondance, *comme de nos jours;* il suffisait d'envoyer à l'oracle un billet cacheté qui contenait les demandes qu'on voulait lui faire, ainsi que l'atteste Strabon ; M. le ministre décachetait la lettre et, après y avoir écrit ce qu'il voulait, avait l'art de la refermer sans qu'il y parût. — Vous voyez que le procédé n'est pas nouveau.— Le lendemain, on la recevait cachetée avec la réponse de l'oracle, dans laquelle il y avait toujours assez d'ambiguïté pour faire face à tous événements ; c'était comme le soulier de Théramène, qui pouvait être chaussé par tout le monde; ou comme la mesure lesbienne, qu'on pouvait appliquer à toutes sortes de figures, droites, obliques, longues, carrées, etc.; — il est juste de dire qu'elle était de plomb.

Entre les preuves qu'on pourrait énumérer de l'ambiguïté des oracles, il me suffira de vous citer l'oracle qui fut rendu quand Alexandre-le-Grand vint tomber malade à Babylone : quelques-uns des grands de la cour allèrent au temple de Sérapis et demandèrent au dieu s'il ne serait pas à propos d'amener le roi lui-même afin qu'il fût plus tôt guéri. Savez-vous ce que répondit ce farceur? « Il vaut mieux pour Alexandre qu'il demeure où il est. » Inévitablement, quel que pût être l'événement, Sérapis aura toujours raison. Si l'on eût fait venir Alexandre, et qu'il fût mort en route ou même dans le temple, voyez à quel discrédit on se serait exposé! Si le roi recouvrait la santé dans Babylone, quelle gloire pour le dieu! S'il mourait, c'est qu'il lui était plus avantageux de mourir après des conquêtes qu'il ne pouvait étendre plus loin, ni peut-être même conserver. On dut s'en tenir à cette version, qui fut inévitablement à l'avantage du dieu.

Tout ce que je viens de vous raconter, mon cher ami, est absurde, ridicule; mais, au fond, on n'en peut que rire : c'est l'imbécile exploité par le filou. Mais il y avait des moments où ces dévotes comédies arrivaient au tragique. J'emprunte le fait à Hérodote.

Phéron, fils de Sésostris, étant un jour irrité de la crue excessive du Nil, décocha une flèche contre les eaux; quelque temps après, ce roi fut atteint d'une ophthalmie ulcéreuse ou de quelque autre des maladies de cette nature qui sont encore si communes en Egypte. On ne manqua pas de lui faire entendre que ce châtiment lui était survenu en punition de son crime et, l'oracle promit de le guérir s'il se lavait les yeux avec l'urine d'une femme qui n'aurait connu d'autre homme que son mari. Inévitablement, l'urine de la reine servit tout d'abord aux yeux de son royal époux : mais bast!... la royale urine n'eut aucune vertu. — On se rejeta alors sur les femmes de la cour et sur celles de la ville, hélas! sans aucun succès; on trouva enfin la femme d'un jardinier qui fournit la liqueur demandée. — Le roi guérit, fit une reine de cette femme et fit brûler toutes les autres. — Que pensez-vous de cette affreuse comédie!!! et de ce roi stupide... Que devait être son peuple!!!

Les prêtres avaient sans doute un motif de se débarrasser de la reine et de quelques femmes de la cour, et de mettre à la place de l'épouse une femme qui leur fût dévouée; car si c'eût été une ruse innocente pour faire persévérer le roi dans l'usage d'un remède salutaire et le préserver du dégoût, ils n'auraient certes point laissé faire cet auto-da-fé; mais, comme je vous l'ai dit, les ministres voulant tout concentrer dans leurs mains étaient obligés parfois de frapper de grands coups, car à côté d'eux commençait à s'élever une terrible concurrence.

Des individus aussi rusés qu'eux et voyant les beaux profits qu'on tirait en exploitant la crédulité, s'ingénièrent à leur tour à contenter les massès, et de là naquirent les *charlatans:* aussi les temples ne conservèrent-ils pas le privilége exclusif des oracles et des incubations. Ces cérémonies se pratiquaient dans des antres et des cavernes ; ainsi il y avait à Nisa près Rhodes un de ces antres qui devint très célèbre; les jongleries, du reste, étaient les mêmes. Cependant les charlatans avaient renchéri sur les prêtres, ils guérissaient les animaux; ainsi on publiait qu'un cheval malade qui avait pris l'habitude de se désaltérer à une fontaine dédiée à Esculape avait recouvré la santé et l'embonpoint. Il y avait aussi la guérison, par certaines paroles, dans les plaies, dans les hémorragies. Vous connaissez l'histoire d'Ulysse qui, blessé au siége de Troie, fut guéri par des paroles prononcées par les fils d'Antolicus, après toutefois avoir bandé la plaie. Le vulgaire ignorant ne s'occupait point des pansements et ne faisait attention qu'aux mots cabalistiques prononcés. Il n'entrait pas moins de prestige dans le nœud merveilleux d'Hercule qui, au rapport de Pline, guérissait les plaies.

Enfin il y avait dans les carrefours des espèces de bateleurs à trétaux, comme les nôtres, qui se mêlaient aussi de prestiges, et le peuple imbécile courait à eux pour récupérer la santé.

Ne croyez pas cependant que ces saltimbanques eurent quelque chose de commun avec les prêtres; fi donc! ces derniers étaient de trop gros bonnets pour se commettre avec cette plèbe guérissante; aussi ni les bateleurs, ni les antres, ni les fontaines n'eurent la vogue des Asclépions (c'est ainsi qu'on appelait les temples). C'est là qu'on déposait les rares instruments de chirurgie qu'on avait inventés. Cœlius Aurélianus rapporte qu'il y avait eu dans le temple d'Apollon, à Delphes, un instrument en plomb pour arracher les dents; puis il y avait les relations de maladies, les gravures qui représentaient les parties malades, les remèdes qui avaient guéri, de sorte que chacun pouvait en prendre connaissance et s'appliquer le médicament qu'il jugeait convenable. Tous ces dons étaient de matières plus ou moins précieuses ; aussi, comme vous le voyez, le reliquaire était riche : c'étaient autant de témoignages irrécusables de la valeur du dieu et des moyens sûrs d'entretenir la dévotion.

En somme, que voir au bout de tout cela ? des prêtres, des charlatans, des bateleurs trafiquant de la vie humaine. Oh! que ces gens connaissaient bien leur monde! L'espérance est la mère de l'illusion; on croit si aisément ce qu'on désire; on a couru et l'on courra toujours à ces prometteurs avec d'autant plus de bonne volonté que les remèdes dangereux administrés d'une manière aveugle ont parfois provoqué des révolutions heureuses et inattendues : alors on vante avec enthousiasme ces cures isolées et toujours suspectes, on les prône avec complaisance ; pour un guéri, on oublie volontiers ces milliers de victimes immolées à l'ignorance et à la cupidité, et l'on peut dire que ce sont des trompeurs toujours proscrits et toujours conservés.

J'en ai fini, mon cher camarade, avec ce qu'on appelle la haute antiquité, avec les erreurs des peuples orientaux et des Grecs, la nation artiste par excellence ; je pourrais peut-être encore vous narrer quelques historiettes touchant la médecine des Chinois et des Japonais, ces deux peuples frères qui, depuis leur apparition sur notre globe jusqu'à nos jours, se sont tenus isolés du commerce du monde, et sont actuellement à peu près aussi avancés qu'il y a quelques milliers d'années. — Il est vrai que, depuis quelque temps, l'occident, pour lequel ils ont le plus profond mépris, les traque de façon à les faire sortir de leur immobilité, et qu'ils pourront profiter des avantages de notre civilisation ; mais si nous avons mis quelques siècles à nous corriger de quelques erreurs dans l'art de guérir, vous pouvez juger combien de siècles ils prendront pour corriger des mille années de préjugés. — Au reste, c'est là leur affaire.

Je ne vous raconterai point non plus les recettes des Brahmines de l'Inde, ces espèces d'êtres spéculatifs qui se mêlent de philosopher sur la nature de l'homme, et qui, vivant exposés à l'air et dans la plus grande frugalité, ne mangent rien de ce qui a eu vie. — Ce seraient toujours les mêmes redites, toujours les prêtres exerçant la médecine et tenant les peuples enchaînés dans les superstitions les plus grossières.

Mais je vais vous dire quelques mots sur une médecine qui nous touche plus particulièrement, puisqu'elle appartient à nos ancêtres les Germains et les Gaulois.

Chez ces peuples, comme chez les autres nations dont je vous ai parlé, les prêtres, que tout le monde connaît sous le nom de Druides, avaient su inspirer le plus grand respect pour le *Gui* du chêne qu'ils cueillaient avec grand appareil vers le mois de décembre. Le sixième jour de la lune, un prêtre vêtu d'une robe blanche et armé d'une faucille d'or montait sur l'arbre sacré, abattait le gui qu'un autre prêtre recevait dans une nappe blanche, puis on immolait des victimes et l'on suppliait le dieu de donner une heureuse influence au parasite dont on venait de débarrasser l'arbre. Nos ancêtres regardaient le gui comme l'antidote de tous les poisons et comme un remède assuré contre la stérilité des animaux (eux compris). — Puis au jour de l'an on distribuait, dit Pline, le gui à nos bons ancêtres en leur souhaitant la bonne année. — Le même naturaliste nous apprend que ces braves gens avaient encore une grande considération pour la pulsatile, dont la récolte se faisait avec des cérémonies à peu près analogues à celles que je viens de vous dire : cette plante était utile contre toutes sortes d'accidents, sa décoction faisait merveille dans les maladies des yeux.

Toutes ces drôleries nous paraissent dignes de pitié ou de dérision ; mais ce qui ne l'est plus, c'est ce que nous rapportent Tacite et Lucain.

Quand un gaulois devenait si gravement malade que les dévotes pratiques ne pouvaient le ramener à l'état sain, il faisait alors le vœu d'immoler un homme à Theutatès ou à Esus! et les druides aussitôt présidaient à ces abominables sacrifices. Pour comble d'atrocités, le malade en mangeait les chairs !!! Ainsi des prêtres, qui étaient en même temps juges et médecins de la nation, des hommes qu'on a représentés

longtemps comme de véritables sages, ne craignaient
point de se souiller par de semblables forfaits, et il
fallut les édits de Tibère et de Claude (qui ne valaient
pas mieux), pour les forcer à déguerpir de la Gaule et
à se réfugier de l'autre côté du détroit. — Ah! mon ami,
quel fanatisme, quelle corruption chez les gens qui
menaient les populations! — Lisez Pline, il nous a
retracé de main de maître ces sombres horreurs: ces
horreurs, elles se passaient aussi dans l'ancienne Rome
au foyer du monde civilisé.

— Tel, vous voyez, a été partout le sort des peuples;
quand ils n'ont point été subjugués par la force ou la
civilisation, ils l'ont été par la fourberie et par l'imposture.

Assez pour aujourd'hui. — L'imagination s'arrête
inquiète et frémit en présence de ces sociétés antiques
dont l'esclavage fut toujours la plaie, et qui s'étaient
habituées à voir dans le vaincu une chose et non un
semblable. — Bonsoir.

TROISIÈME SOIRÉE

**Caton le Censeur et ses choux; ses charmes. —
Les amulettes.**

Je vous ai, dans nos deux premiers entretiens, mon
cher ami, fait entrevoir les préjugés des peuples concernant la médecine; vous n'êtes pas satisfait, et vous
me demandez de revenir encore sur cette antiquité si
colossale et si abjecte. — Non, car vraiment, si je faisais défiler devant vous toutes ses défaillances et ses
turpitudes, je craindrais de vous la faire prendre en
aversion. Gardez, mon cher, les illusions dont on vous
a nourri pendant votre jeunesse au sujet des temps
passés, vous en serez plus heureux. — Regardez
toujours Thèbes, Babylone, Palmyre comme des
foyers de civilisation; admirez les Egyptiens et les
Grecs. — Mais le médecin, le philosophe qui scrute, qui
cherche, qui veut quand même pénétrer au centre de
la place, est terriblement désenchanté quand, mettant
de côté les oripeaux, il se trouve avec ces civilisations
toutes nues, et qu'il lui est possible de mesurer l'im-
mensité de bêtises et d'absurdités qui étaient la force et
le *sine qua non* de ces nations.

Je veux vous parler ce soir des superstitions de l'ancienne Rome: ce sera vous narrer toutes celles du
monde connu, puisque le Capitole avait tout absorbé.

— Vous savez qu'en fait de religion les vainqueurs de l'univers furent assez indifférents, et qu'ils donnèrent chez eux droit de cité à toutes les divinités possibles ; c'était une excellente politique, qui leur permit pendant un millier d'années d'appuyer leur talon vainqueur sur le front des vaincus : aussi verrez-vous dans Rome toutes les erreurs médicales se donner rendez-vous.

Vous connaissez les Romains ; c'étaient à leur origine des gredins qui ne valaient pas la corde pour les pendre ; simples et endurcis au travail, ils ne connaissaient que les besoins de la nature : du blé, des troupeaux, des femmes, leur ambition n'allait pas plus loin. — Chez eux, nécessairement, le luxe et l'aisance ne tenaient guère de place ; malgré cela, il fallait bien se soigner quand on était malade ou blessé ; il est donc vraisemblable que chaque famille avait son guérisseur, ou que celui qui s'entendait le mieux à secourir ses parents se mettait à la disposition des autres pour les soigner.

Cinq ou six siècles se passèrent ainsi n'ayant pour tout lot que de grossières pratiques ; mais alors il vint de la Grèce un médecin du nom d'Archagatus, qui rendit de si grands services que le droit de bourgeoisie lui fut accordé, et qu'on lui acheta une maison sur les fonds publics dans le carrefour d'Acilius. Cela ne faisait point l'affaire d'un certain Monsieur Caton, entêté comme un vrai mulet. — Il y a des gens qui lui donnent le nom de sage. S'il n'en faut pas plus pour conquérir ce titre, la terre doit fourmiller de sages de cette espèce. Donc le bonhomme Caton se fit le législateur de la médecine de ses ancêtres, et fit cadeau à ses concitoyens d'un petit code médical que nous retrouvons en entier dans son livre intitulé *de re rusticâ*.

— Savez-vous en quoi consistait sa médication, sa panacée? — je vous le donne en mille. — Eh bien, c'était le chou! oui, le chou, ne vous en déplaise. — Dans les plaies, les ulcères, les abcès du sein, dans les cancers, les carcimones, dans les maladies des yeux, dans les luxations, les fractures, les contusions, du chou, et toujours du chou. — Mesdames, Messieurs, à quelle sauce le voulez-vous? Voyons, est-ce cuit, cru, broyé seul, incorporé dans du miel, mêlé avec du sel, de la farine, de l'orge? demandez, c'est toujours bon, et bon pour tout. — Et vous, mon ami, comment l'aimez-vous?

Bon Caton, si tu vivais, j'irais te féliciter ; tu m'as fait jadis passer de bons moments! C'est égal, c'est trop abuser du chou. — Eh! mais, je trouve mieux encore, et laisse parler le vieux Censeur: « S'il vous vient un polype dans le nez, reniflez fortement du chou sauvage desséché et réduit en poudre, en trois jours le polype tombera. Après sa chute, continuez le remède pendant quelques jours, si vous voulez détruire les racines du polype. — Pour une surdité, pilez du chou dans du vin, exprimez le suc, faites-le distiller goutte à goutte dans votre oreille, et dans peu vous entendrez mieux. — Pour les dartres vives, appliquez un peu de chou, elles guériront sans faire plaie. »

Tel est l'agent thérapeutique principal du sévère Caton, qui passa sa vie à médicamenter lui, sa femme, ses enfants, ses amis, ses esclaves, son bétail : certes, il en connaissait, d'après son expérience, à peu près autant que nos garde-malades et nos rebouteurs les plus en renom.

Il faut lui rendre justice ; sa sollicitude était grande..... pour les bestiaux. — Quant aux esclaves, « pourquoi leur donner à manger; vendez-les avec les vieux bœufs, la vieille ferraille et les vieux charriots. »

Pour ses amis et pour sa famille, Caton était moins radical, et quand la maladie ne guérissait pas avec son bon chou frisé, il avait en poche quelques charmes qui contribuaient très bien à la guérison.

Voici la formule d'un de ces charmes pour guérir les luxations. « Prenez un roseau vert de quatre à cinq pieds de long; coupez-le par le milieu, et que deux hommes le tiennent sur vos cuisses; commencez à chanter : *in alio motus væta daries, dordarus astarus dissumpiter*, et continuez le charme jusqu'à ce que les deux morceaux soit réunis; agitez un fer au-dessus; lorsque les deux parties seront réunies et se toucheront, saisissez-les et coupez-les en tous sens; vous en ferez une ligature sur le membre cassé ou fracturé, et il sera guéri. Cependant, pour un membre démis ou cassé, répétez tous les jours le même charme, ou le suivant pour une fracture : *huat, honat, huat isiu, pista sirtu domiabo domnaustre;* ou bien encore *haut haut haut, ista sis tor sis ardonabon dumnaustra.* »

Du diable si l'on peut comprendre quelque chose dans ce grimoire.

Des charmes aux amulettes, il n'y a qu'un pas; donc, sus aux amulettes. — Je n'ai pas besoin de vous donner la définition du mot; on croyait qu'en les portant on se garantissait non-seulement des maladies, mais encore des charmes et enchantements qui pouvaient avoir été faits par d'autres dans le but de vous nuire.

Les amulettes avaient toutes sortes de provenances; les pierres, les métaux, le bois, les animaux furent mis à contribution. On y gravait des figures, des mots arrangés d'une certaine façon. — Je me rappelle avoi vu dans Serenus Samonicus une recette pour guérir une fièvre qu'on appelait *hémitritée :* elle consiste à écrire le mot *abracadabra* sur du papyrus, et à répéter cette écriture en diminuant toujours la dernière lettre, jusqu'à la fin du mot, en sorte que cela fait un cône de cette façon :

<pre>
Abracadabra
Abracadabr
Abracadab
Abracada
Abracad
Abraca
Abrac
Abra
Abr
Ab
A
</pre>

On portait ce papier suspendu au col avec un fil de lin. — Alors, guérison parfaite. — Les juifs attribuaient la même vertu au mot *Abracalan,* que Selden prétend être le nom d'une idole Syrienne. — Vous pourrez trouver encore dans les vieux auteurs, entre autres Trallian et Marcel l'empirique, diverses sortes d'amulettes dont je veux vous faire grâce.

D'autres fois, Messieurs les compères qui se mêlaient de l'art de guérir changeaient leurs allures ; il n'y avait aucun caractère tracé sur l'amulette, mais on les préparait et on les appliquait avec force cérémonies, sans compter la peine qu'on se donnait pour voir si les astres étaient favorablement disposés, et dans ce cas ces amulettes reçurent plus tard le nom de *talismans* chez les Arabes.

On les faisait de toutes les formes, dont quelques-unes étaient assez drôles, pour ne pas dire plus ! Les femmes de Tyr et de Sidon les portaient autour du cou ;

on les appelait des *Phallus*, et elles représentaient.......
Ma foi! tâchez de deviner....... — Cela devait être
bien drôle de voir les matrones porter M. Phallus
sur leur sein! Mais cette amulette les rendait aptes
à donner des enfants à la patrie, et les préservait
de quelques diablesses de maladies. — On attachait
les amulettes sur toutes les parties du corps; tantôt
elles ressemblaient à une pièce de monnaie qu'on
perçait pour la pendre autour du cou; d'autres fois
elles étaient faites en forme de bracelets, de colliers, de
couronnes, etc. ; en un mot, pour s'adapter à toutes les
parties du corps.

— Vous riez, mon pauvre ami; mes historiettes vous
amusent. Eh bien! vous avez tort; car au fond de tout
cela il y a une affreuse plaie, *l'ignorance*, que les
meneurs du peuple ont toujours favorisée dans les
siècles passés.

— Mon cher docteur, certainement je ris, car
vraiment vous me dites des choses tellement en dehors
de nos idées, que je me demande si ce ne sont point
des contes faits pour me distraire ; et, si vous ne me
citiez à chaque instant les noms des auteurs où vous
avez puisé, je vous avoue que j'aurais peine à croire à
toutes ces balivernes.

— Tout ce que je vous ai dit est cependant bien
vrai; je n'ai rien avancé que je ne l'aie vérifié moi-
même. Au fait, vous avez raison, tout triste que cela
soit, mieux vaut encore en rire qu'en pleurer ; tâchez
seulement d'en faire votre profit. — Ah! j'en ai bien
d'autres dans mon sac, sur cet univers romain que
nos historiens complaisants nous montrent si brillant
et si fier. — Mais il se fait tard, allons nous coucher.
— A demain, et bonne nuit.

QUATRIÈME SOIRÉE

Les amulettes nous ont quelque peu éloigné de Caton
et de ses choux. Cet illustre guérisseur était bien certainement l'homme le plus superstitieux de son temps.
Le chou, comme je vous l'ai dit, était la panacée dans
les maladies corporelles ; les maladies de l'âme s'en
trouvaient aussi fort bien ; la mélancolie, les insomnies,
le spleen, toutes les maladies mentales sont les tributaires de cette plante. — Quel dommage qu'il ait perdu
de pareilles vertus, et combien, mon ami, nous aurions
moins de peine à étudier la matière médicale si ce qui
fut vrai jadis l'était encore.

Ce n'était pas seulement comme médicament que le
vieux stoïque préconisait le chou ; c'était aussi pour
prévenir les maladies et comme hygiène : il donne
même le conseil, à ceux qui désirent bien boire et bien
manger dans un repas, de manger auparavant des
choux confits dans du vinaigre. — C'était son verre
d'absinthe. — De même, après le repas, mangez-en
cinq feuilles environ, vous serez comme si vous n'aviez
ni bu ni mangé, et vous pourrez de nouveau boire à
votre aise. — Gourmand, va !!

Il y a beaucoup de gens qui, s'ils m'entendaient ainsi parler du grand et de l'incomparable Caton d'Utique, pourraient vigoureusement protester ; cela m'est parfaitement indifférent ; je les renverrais à *l'économie rurale (de re rusticâ)*.

Enfin, pour en terminer sur ce sujet, je ne veux plus vous citer qu'une de ses sottises, applicable pendant les longs voyages : Vous savez, quand on est longtemps assis, dam ! certaine partie de notre corporel s'irrite et finit par se gercer ; eh bien ! Caton sait le préserver de ce désagrément: vous n'avez qu'à porter à l'endroit où finit la colonne vertébrale un petit rameau de grande absinthe ; avec cela, pas plus d'écorchures que dans le creux de la main. — J'aimerais mieux du cérat, voire même une chandelle. — Affaire de goût.....

Malgré l'autorité de Caton, les Romains finirent cependant par s'ennuyer du chou, et vous avez vu que de son temps même Archagatus avait été fort bien reçu dans la ville éternelle. Les descendants de Romulus, comme je vous l'ai dit aussi, étant d'affreux païens, avaient accepté les divinités des peuples conquis ; aussi retrouvons-nous encore les prêtres exploitant l'art de guérir. Vous voyez qu'il y avait ainsi, comme chez toutes les nations possibles, des guérisseurs - *Catons ;* des prêtres-médecins, et enfin le *médecin* dans le vrai sens du mot, c'est-à-dire l'homme qui, par son travail incessant, ses études approfondies, son tact et sa patience, arrive à soulager toujours, à guérir souvent ses semblables, ses frères par la nature.

Revenons aux superstitions.

Le divin Esculape, intronisé en Italie, eut bientôt des temples dans toute la péninsule ; un de ces temples était bâti près de Rome, et paraît avoir été une excellente souricière pour capter le bon peuple ; il s'y passait les mêmes drôleries que dans ceux de l'ancienne Grèce ; il y avait de même les tables votives où l'on inscrivait les recettes contre les maux : tout l'arsenal, enfin, des jongleries de la haute antiquité. Messieurs les ministres du dieu avaient même un peu renchéri sur leurs prédécesseurs. Varron et Servius nous rapportent que près du temple d'Apollon, que le censeur Fulvius avait fait bâtir sur le mont Soracte, il y avait un collége de prêtres qui, pour donner plus de poids aux oracles, marchaient impunément sur des charbons ardents, parce qu'ils s'étaient préalablement frotté la plante des pieds avec certaines drogues, de même qu'on voit impunément de nos jours nos marchands d'orviétan, sur les places publiques, avaler du feu et des étoupes enflammées.

Esculape cependant ne fut point jugé digne par les anciens Romains d'être admis dans l'enceinte de la ville, quoiqu'il eût pris la peine de se déranger pour délivrer Rome de la peste ; on le pria d'aller se percher en dehors des murs ; mais le dieu, bon enfant qu'il était, n'en eut point rancune et n'en continua pas moins à faire le bonheur de l'humanité souffrante : témoin cette table votive de marbre qu'on retrouva parmi les débris de son temple dans une île du Tibre, et que Mercurialis vit dans le palais Massei.

Vous allez juger de la force du dieu ; il est vrai que tout ce qui émane de la divinité est toujours bon :

« Le dieu a rendu ces jours-ci l'oracle suivant au nommé Caïus, qui était aveugle: qu'il se présentât à l'autel sacré ; qu'après avoir fléchi les genoux il se présentât de la droite à la gauche et mit ses cinq doigts sur l'autel ; qu'ensuite il levât la main, et l'appliquât sur ses yeux. Il l'a fait et a recouvré la vue. »

« Lucius avait une pleurésie formée en sorte qu'on *désespérait de sa vie*. Le dieu lui a rendu cet oracle : qu'il vînt prendre de la cendre sur son autel, et que l'ayant mêlée avec du vin il l'appliquât sur son côté ; ce qu'ayant fait, il a été guéri. Il a rendu publiquement grâces au dieu et a reçu les félicitations du peuple. »

« Julien vomissait ou crachait du sang de façon que l'on *n'en espérait plus rien*. L'oracle du dieu lui a répondu : qu'il vînt dans son temple, qu'il prît des pigeons sur son autel et qu'il en mangeât pendant trois jours avec du miel ; ce que Julien ayant fait, il a été guéri, et il est venu en rendre au dieu ses actions de grâces en présence de tout le peuple. »

« Le dieu a rendu cet oracle à Valérius Asper, soldat qui était devenu aveugle : qu'il prît du sang d'un coq, qu'il y mêlât du miel et qu'il en fît un collyre dont il mettrait sur ses yeux pendant trois jours. Il a vu et il est venu publiquement rendre grâces à Esculape. »

Vous voyez, mon ami, par ces quatre citations quelle était l'ignorance et l'impudeur des prêtres : traitement insignifiant et ridicule, imposture sur la nature du mal, attendu que Caïus et Asper réputés aveugles n'avaient que des ophtalmies probablement peu graves. Mais ces supercheries entretenaient le fanatisme. Dam ! il faut bien vivre ! L'histoire ancienne fourmille de faits semblables, mais elle n'offre peut-être pas un tour de charlatanisme aussi fort que le suivant. Quoiqu'il soit antérieur à l'époque où nous en sommes, je ne puis résister au plaisir de vous le raconter : je le prends dans Elian.

Une femme avait dans le corps un ver extraordinaire ; étant abandonnée des plus habiles médecins, elle vint à Epidaure pour prier Esculape de l'en délivrer. Par malheur, le dieu était en tournée ; il voyageait, non pas, croyez-le bien, pour son plaisir, mais pour vaquer aux soins de sa nombreuse clientèle. Où diable aller le chercher? Le cas pressait, ma foi! Les ministres firent coucher la patiente dans le compartiment des incubations et préparèrent l'appareil nécessaire pour la cure. L'un d'eux ayant donc coupé la tête de cette femme en tira le ver qui était effrayant et d'une prodigieuse longueur. Jusque là c'était parfait ; — les grands maîtres de la chirurgie actuelle n'auraient pas osé s'embarquer dans une telle opération, bien que j'en connaisse un qui n'aurait peut-être pas reculé ; — mais, quand il se fut agi de remettre la tête et de la rajuster comme auparavant, ils ne purent en venir à bout. Jugez de l'embarras de ces pauvres gens !

Heureusement le dieu, flairant sans doute quelque grosse bévue de la part de ses employés, revint de sa tournée, et par son divin pouvoir remit convenablement la tête de la femme et la renvoya saine et sauve, non toutefois sans avoir vertement réprimandé ses imbéciles de valets qui s'étaient mêlés d'entreprendre une cure qui n'était point de leur compétence.

C'étaient à ces grossiers piéges que le peuple et même les gens instruits se laissaient prendre. N'en soyez point surpris ; car, malgré toute l'intelligence et le scepticisme dont on fait honneur à notre siècle, vous voyez des charlatans publier des cures presque aussi ridicules, et qui trouvent dans le public foule de gens avides de les croire.

D'après ce que je vous ai dit jusqu'à présent, vous voyez que les prêtres traitaient toutes les maladies tant chirurgicales que médicales; mais cela ne leur suffisait pas: ils inventèrent quelques charmantes pratiques

pour l'usage particulier des dames, qui en furent
enchantées et qui probablement comme aujourd'hui
faisaient un peu la loi dans le ménage pour l'application
de tels ou tels moyens dans la cure des maladies ; aussi
les prêtres, pour leur être agréables, inventèrent une
petite correction à leur usage particulier. — Vous
savez que *Lucine* était la déesse des accouchements et
qu'elle avait un culte tout spécial à Rome. Les dames
romaines qui n'avaient pas d'enfants, ou qui n'en
avaient pas assez ou assez vite à leur gré, se rendaient
à certaines heures dans l'asile sacré, ainsi que l'attestent
Ovide et Juvénal ; là, elles se dépouillaient de leurs
vêtements, et, dévotement prosternées, elles recevaient
avec une docilité au-dessus de tout éloge plusieurs
coups de fouet qu'un *Luperque* ou prêtre de Pan leur
appliquait sur les parties les plus charnues avec des
lanières faites de peau de bouc. Si la fustigation ne les
rendait pas fécondes, elle les disposait du moins à le
devenir, comme le dit malicieusement Meïbomius. Les
maris eussent bien pu exécuter chez eux cette recette, et
même doubler et tripler la dose médicamenteuse ; mais
je doute que le traitement eût eu beaucoup de vertu,
tandis qu'administré dans le temple et par les mains
d'un prêtre......

Mon cher ami, j'ai besoin d'aller voir un malade, je
ne vous en dis pas plus long pour le moment ; voici
l'ouvrage latin de Meïbomius, parcourez-le, vous vous
rendrez compte du reste, ou bien encore méditez la
seconde satyre de Juvénal.

CINQUIÈME SOIRÉE

Absence de jurisprudence pour la médecine. — L'homme employé comme médicament. — Invectives de Pline l'ancien. — Recettes contre l'hydrophobie.

A Rome, dit Scribonius Largus, il n'existait aucune loi qui interdît la médecine aux hommes ignorants et grossiers que la cupidité portait à s'en mêler ; et quand je dis, à Rome, je parle de toutes les grandes villes : aussi, nous apprenons de Galien qu'on voyait souvent des teinturiers, des cordonniers, des maréchaux, des manœuvres quitter leur profession pour exercer l'art de guérir ; on n'était pas médecin en se soumettant à certaines formalités qui pussent donner à la société quelque gage sérieux de savoir, mais on se disait médecin, et personne n'avait le droit d'en demander davantage.

Ces charlatans grossiers ne s'appliquaient, pour la plupart, qu'à guérir telle ou telle maladie ; c'étaient donc des spécialistes ayant quitté, qui le *tire-pied*, qui le *marteau*, et se servant d'anciennes recettes, parfois même en inventant de leur chef, pour la plupart ridicules ou dégoûtantes, et par cela même beaucoup mieux goûtées de la populace.

Je vais ce soir, mon ami, vous entretenir un peu du brigandage médical qui exploita sans miséricorde l'empire romain pendant des siècles, et pour cela je mettrai à contribution deux hommes fort instruits sur la matière, Pline et Galien.

Vers le règne de Néron, il y eut un certain Apollonius dont on ne connaît pas très bien la provenance ; ce garçon avait, à l'usage des malades qui venaient lui demander conseil, quelques petits remèdes assez drôles. Il avait inventé, entre autres choses, *l'huile de vers* qu'il préparait par la coction et qu'on mélangeait avec parties égales de graisse d'oie : cette préparation, qui était bonne pour tout et partout, dut faire fureur par sa nouveauté. — Quand il lui arrivait des contusions, mon gaillard s'amusait à appliquer sur la partie malade de l'eau de mer ou de la saumure, de façon qu'il convertissait souvent la contusion en ulcère. — Cela durait plus longtemps, mais rapportait quelques petits bénéfices.

S'agissait-il de la morsure du crocodile dont il pensait que la dent était venimeuse, il la pansait avec la saumure incorporée à la graisse de l'animal lui-même, et l'on croyait fort essentiel, pour arriver à la guérison, de fermer très soigneusement les portes de l'appartement pour empêcher les chats sauvages de s'y introduire ; car ces chats, paraît-il, étaient très friands de pareils morceaux, au dire d'Ætius. — Pline rapporte aussi qu'on attribue à la cendre du cuir du crocodile, ou même à la fumée qui s'élève pendant qu'on le brûle, la propriété d'émousser la sensibilité, à tel point qu'on peut sans crainte brûler et inciser sans que le malade ressente aucune douleur. — Vous voyez, mon cher, que ce n'est pas de nos jours seulement que l'homme a tâté des moyens pour éviter la souffrance, et que l'idée des anesthésiques date de longues années.

Ætius, dans l'immense compilation qu'il a faite des travaux de ses devanciers, nous a laissé encore quelques-uns des moyens de traiter d'Apollonius : avez-vous un saignement de nez bien considérable qui mette la vie du malade en danger, le remède est bien simple, vous n'avez qu'à faire une ligature au gros doigt du pied correspondant à la narine qui fournit le sang ! Avez-vous un polype, vous le guérirez en appliquant dessus du sang de chouette encore chaud, ou même avec une portion quelle qu'elle soit de l'animal séché au soleil.

Vous voyez à quel degré de superstition on en était arrivé pour tromper la maladie ; cependant, Apollonius n'est qu'un enfant si vous le comparez à un certain Xénocrate d'Aphrodisée, un peu antérieur à Galien, et qui écrivit un livre fort étendu sur l'utilité des parties des animaux, considérées comme remèdes. Ce guérisseur surpassa en délire tout ce qui s'était fait avant lui, et l'on ne peut rien imaginer de plus dégoûtant, de plus nauséabond que sa pharmacie. Personne n'est allé aussi loin que lui dans la recherche des moyens superstitieux et dangereux. Il me répugne de vous parler de ce gredin ; je vous dirai seulement qu'il employait le foie, le cerveau, les os de la jambe et des doigts de l'homme ; la sueur, l'urine, la crasse des oreilles, le sang des règles, les excréments étendus sur les parois de la bouche et du gosier pour guérir le mal de gorge, et puis encore..... Non, c'est par trop fort ; mon estomac se gendarme rien qu'à l'idée que je voulais vous exprimer. Passons vite.

Il faut bien dire qu'il n'est pas l'inventeur de cette pharmacie ; il eut des précurseurs qui probablement y firent leurs affaires, puisqu'il s'avisa de renchérir sur eux. Ecoutez la mâle indignation de Pline en parlant de ces prétendus spécifiques que désavouent également l'expérience et la raison.

« Les épileptiques boivent le sang des gladiateurs,
» et se servent de leurs corps comme de coupes vivantes
» (ce qui donne de l'horreur même à le voir faire aux
» bêtes féroces dans le cirque). Ils osent davantage ;
» ils vont jusqu'à croire qu'il est efficace de sucer le
» sang chaud et pour ainsi dire vivant *avec l'âme même.*
» Ils ne craignent pas de coller leurs lèvres aux plaies
» des hommes, tandis qu'il n'est pas même permis de
» les approcher de celles des bêtes féroces. D'autres
» recherchent la moelle et le cerveau des petits enfants.
» Beaucoup de Grecs ont déterminé les saveurs des
» viscères, des membres, sans oublier même la rognure
» des ongles : comme si la santé des hommes pouvait
» consister à se transformer en bêtes féroces, et à
» devenir dignes de la maladie par le remède qu'on lui
» oppose ! Belle tromperie assurément si le remède ne
» répond pas à son attente ! C'est un crime de regarder
» les entrailles de l'homme ; qu'est-ce donc que de les
» manger !

» C'est toi que j'accuse, destructeur de tout droit
» humain, artisan de monstruosités ; toi qui ne les as,
» je crois, imaginées que pour faire parler de toi ; toi,
» dis-je, qui as suggéré de manger les membres de
» l'homme ! Quelle conjecture a pu te conduire à cè
» fatal forfait ! Quelle peut avoir été l'origine de cette
» méthode de traiter nos maux ? Quel est l'homme
» qui, le premier, prépara des remèdes plus cri-
» minels que des poisons ? Je veux que les Barbares
» les aient inventés ; les Grecs ne se les ont-ils pas
» appropriés ? » — *Les médecins de l'empire étaient
presque tous Grecs.* « Démocrite ne dit-il pas que, pour

» certains maux, les os de la tête d'un criminel sont
» plus efficaces ; et pour d'autres ceux de son hôte et
» de son ami ! Apollonius n'a-t-il pas écrit qu'il est fort
» utile de scarifier les gencives douloureuses avec la
» dent d'un homme emporté d'une mort violente ; et
» Melitus, que le fiel de l'homme guérit les suffusions
» de l'œil ? Artémon donnait à boire aux épileptiques de
» l'eau de fontaine puisée pendant la nuit dans le
» crâne d'un homme mort violemment. Anthéus croyait
» remédier à la morsure du chien enragé par des pi-
» lules où entrait le crâne de pendu. On a même fait
» servir l'homme de remède aux quadrupèdes : pour
» l'enflure des bœufs, on insérait des os humains dans
» leurs cornes percées pour les recevoir ; on donnait
» aux pourceaux malades du blé qui avait passé la nuit
» dans le lieu où un homme avait été tué ou brûlé.

» Loin de nous ces horreurs. Nous parlerons de
» remèdes et non pas d'expiations. Quand le lait de
» femme, la salive, les attouchements pourraient être
» utiles, nous ne croyons point la vie assez pré-
» cieuse pour qu'il la faille conserver par toutes sortes
» de moyens indistinctement. Qui que tu sois qui le
» fasses, tu n'en mourras pas moins pour avoir souillé
» ta vie de saletés et d'horreurs ! Que tout homme ait
» donc dans son esprit, comme souverain remède, que
» de tous les biens que la nature accorde il n'en est
» pas de plus grand qu'une mort hâtive. »

Voilà, mon ami, d'éloquentes paroles qu'on eût dû
afficher dans toutes les villes romaines. Mais, malgré
les colères de Pline, cette pharmacie n'en persista pas
moins pendant longtemps encore, puisque Cœlius
Aurélianus nous apprend qu'on donnait aux épileptiques
de la chair de belette sèche, de la chair humaine, une

excroissance qui pousse aux jambes des chevaux, du chien de mer, des cloportes, du cœur de lièvre, de l'eau de forgeron, que sais-je encore : la liste en est déjà assez longue. Ah ! que les charlatans devaient rire de la sotte obéissance de leurs malades et de la stupidité qui enchaînait à leurs caprices les gens les plus sensés.

Y a-t-il beaucoup de changement de nos jours? Peuh ! je ne sais trop ; il y a peut-être une légère modification dans le sens du progrès, mais elle est si petite, si petite !

J'ai bien encore quelques petites erreurs à vous faire connaître, et qui eurent de la vogue depuis le règne d'Auguste jusqu'à l'époque où vécut Galien, c'est-à-dire pendant cent soixante ans ; mais je ne vous citerai que les plus grosses, à mon avis. Ainsi Scribonius Largus nous a transmis le nom d'un Ambrosius, médecin de Pouzoles, dans le royaume de Naples, lequel avait trouvé à l'usage des calculeux un ingrédient qui, préparé avec toutes sortes de pratiques superstitieuses, faisait dissoudre les pierres dans la vessie. — Marcel l'empirique nous parle d'un certain Anthero, contemporain de Chariclès, médecin et affranchi de Tibère, qui prétendait dissiper les attaques de goutte et même les faire disparaître complétement par les propriétés électriques de la torpille noire de mer. Le malade devait se transporter sur le bord de la mer pendant l'attaque ; et là, debout sur la plage, il devait poser ses pieds sur la torpille en vie, et les y tenir appliqués jusqu'à ce que les décharges électriques eussent amené l'engourdissement du pied et de la jambe jusqu'au genou. Je crois que l'espèce de pédiluve que prend alors le malade avait la plus grande part aux succès, car personne n'ignore que l'eau froide, versée continuellement sur les articulations goutteuses, dissipe assez bien la douleur. Quoi qu'il en soit, cette petite charlatanerie valut à Anthero une immense fortune dont il fit bien de profiter.

L'histoire a encore enregistré le nom d'un Bassus qui prétendait guérir l'hydrophobie par des sternutatoires et des lavements ; — d'un Artorius qui, pour la même maladie, submergeait ses malades pour les forcer à boire de l'eau ; il les mettait même dans un puits, enfermés dans un sac de peau, pour les forcer à boire ; il prétendait, ce bon Monsieur, que les noyés avalent volontairement de l'eau, et qu'on la leur fait rendre en les suspendant. — Vous n'avez pas été du reste sans entendre parler de cette pratique dans nos campagnes : c'est une excellente recette pour achever le moribond.

Mais nos pères ne s'en tenaient pas seulement à ces petits moyens ; ils avaient découvert une amulette que Scribonius s'était procurée pour en vérifier l'effet ; malheureusement, il n'eut point à traiter d'hydrophobe. Cette merveilleuse amulette n'était autre chose qu'un morceau de peau de hyène qu'on attachait enveloppé dans un linge au bras gauche du malade.

Que de ridicules, mon ami, ont existé sur notre univers, et que de siècles il a fallu aux hommes pour arriver à progresser quelque peu. — D'ici à quelques jours je ne vous parlerai plus de ces vilenies qui finissent par faire souffrir. — Tâchez, cette nuit, de ne pas trop rêver de la pharmacie dont Pline vous a donné un échantillon. — Demain, nous parlerons de choses plus riantes.

SIXIÈME SOIRÉE

J'espère, mon ami, que votre sommeil a été bon et que vous n'avez point vu les gladiateurs mourants, les pendus ou les brûlés venir vous demander compte de l'emploi pharmaceutique auquel vous les faisiez servir.
— Tant mieux ; car le sombre tableau que Pline nous a tracé aurait très bien pu gâter quelque peu les douceurs que Morphée nous procure. — Aussi, pour effacer s'il est possible la pénible impression que nous a laissée l'historien de la nature, vais-je vous raconter quelques-unes des petites particularités qui nous accompagnaient jadis quand nous arrivions commencer ou grossir la famille. Le sujet est sérieux, et malgré le oh ! oh ! que vous venez d'exclamer, vous trouverez, dans ce que je vais vous dire, pâture à réfléchir et à méditer.

Je vais donc vous parler des croyances et des erreurs relatives à l'accouchement.

La première superstition à ce sujet doit inévitablement remonter à Caïn, puisque la Genèse nous enseigne qu'il fut le premier mortel fabriqué selon l'usage actuel. — Nous n'avons pas beaucoup progressé depuis ce temps-là ; peut-être le progrès.......... Mais que diable vous raconté-je là.

— Si, de nos jours, l'art de guérir, étant réservé à des hommes ayant donné preuve de savoir devant des juges plus ou moins compétents, se trouve envahi par des femmes, vous devez penser qu'il n'est point étonnant de les voir en première ligne sur le sujet qui nous occupe, quand aucune loi n'était venue régulariser la position de Mesdames les *sages-femmes*. Ne vous étonnez donc pas que nos superstitieux grands-pères aient fait des divinités de ces matrones.

En premier lieu vient Cybèle, l'épouse de Saturne, la grand'maman de tous les dieux de l'Olympe, qui enseigna des remèdes contre les maladies des enfants, ce que nous assure Diodore de Sicile ; puis Latone, la mère d'Apollon et de Diane qui, outre les accouchements, se mêlait de chirurgie, puisqu'elle est représentée dans l'Iliade pansant Enée de ses blessures. Après Latone vient Junon, qu'on appelait aussi *Lucine*, et qui présidait aux noces et aux accouchements. Lucine est la déesse de la lumière, *dea lucis*, comme la surnomme Ovide dans ses fastes ; puis enfin nous rencontrons Diane et Pallas, qui avaient trouvé des herbes salutaires, et qu'on invoquait pendant les douleurs de la parturition.

Vous voyez, à travers toutes ces fables, que de tout temps les femmes se sont mêlées de la médecine et qu'elles ne s'en tenaient point à servir de garde-malades officieuses à leurs voisines.

Vous savez que, dans ces moments critiques où la femme va se débarrasser de l'être adoré qu'elle porte dans son sein, les parentes et les amies ne font pas défaut au chevet de la patiente ; elles secourent la malheureuse heureuse qui se tord dans la souffrance. Inévitablement, celle qui avait le plus de courage, de sang-froid et d'adresse était plus recherchée que les autres : de là l'institution forcée de la *sage-femme*. La première qui est désignée sous ce titre est celle qui assista Rachel, femme de Jacob, dans son second accouchement; la pauvre Rachel mourut pendant le travail en mettant un fils au monde.

Certainement, les femmes rendaient des services; mais l'art pratiqué par des femmes exclusivement était par cela même réduit à rester dans une perpétuelle enfance. Auraient-elles même fait quelques observations, si elles en avaient été capables, il est certain que ces observations auraient été défigurées par la tradition, ou seraient demeurées dans un complet oubli; car, que voulez-vous qu'on puisse attendre de personnes dépourvues de tout principe et de toute connaissance essentielle? L'art est né de l'expérience, mais encore faut-il qu'il soit guidé par la raison et par la connaissance des parties sur lesquelles on exerce. Les Athéniens, ces grands artistes, avaient certainement aperçu les inconvénients de laisser entre les mains des femmes la pratique des accouchements quand ils firent une loi qui enjoignit aux femmes de ne s'en point mêler; mais la force de la coutume et du préjugé prévalut; les choses en revinrent bientôt dans le même état.

Qu'advint-il de tout cela? Vous avez d'un côté la femme qui tremble quand arrive le grand moment; de l'autre, des matrones ignorantes qui n'avaient à donner comme secours que des amulettes ou des recettes superstitieuses, propres tout au plus à amuser la douleur. Eh bien! les prêtres vinrent encore fourrer leur nez dans cette partie de la médecine, et trouvèrent là des moyens faciles pour agrandir leur négoce.

Ils firent surgir un peuple de divinités pour toutes les péripéties qui accompagnent ou suivent l'accouchement et la grossesse. Apollonius, non pas celui dont je vous ai parlé dans notre dernière soirée, nous apprend que, dès qu'une femme était dans une position intéressante, la religion lui prescrivait de venir déposer solennellement sa ceinture dans le temple de Diane, et d'y prendre les vêtements convenables à sa position. — Ce précepte n'était pas mauvais, car vous savez que de tout temps la femme a toujours été disposée à préférer sa parure et ses agréments à sa santé : maintenue par la superstition, on avait chance de lui faire exécuter ce qu'elle n'aurait point fait ni par raison ni par le conseil d'un médecin sérieux.

Il est assez curieux de passer la revue de toutes les croyances de l'antiquité qui touchent à la femme considérée comme nous le faisons ce soir: ainsi Ména, espèce de déesse du genre de Lucine, était chargée de la préserver des hémorragies pendant la grossesse et l'accouchement; Diespiter ou Jupiter conduisait les enfants à un heureux terme, d'après ce qu'en dit saint Augustin; au moment critique, c'était Eugérie qu'on invoquait, si nous en croyons Sextus. La femme quittait son manteau ; on lui environnait la tête de bandelettes, et elle s'asseyait pour se mettre en travail ; mais alors la chose devenait grave, et il fallait faire bien attention que personne appartenant à la maison n'eût les jambes ni les doigts croisés : car c'eût été, dit Ovide, un obstacle invincible à la délivrance.

Savez-vous, mon cher, que ce n'était pas rien que de rester parfois cinq ou dix heures sans avoir le droit de ne croiser ni pieds, ni pattes, même pas les doigts. Voyez-vous quelque malin personnage s'amusant par ce charme à retarder la venue du petit être! Dire qu'on a cru à ces babioles pendant des siècles; voyez-vous, cela m'en fait tomber les bras; et quand je dis pendant des siècles, je suis de bonne composition, puisqu'il y a encore des pratiques aussi vaines en Espagne, en Italie, voire même dans notre France, le foyer du monde!

Les anciens prétendaient que de toutes les présentations de l'enfant, nulle n'était plus fâcheuse que celle des pieds, que nous autres médecins considérons comme bonne; dans ce cas, Aulu-Gelle nous apprend qu'on faisait des sacrifices aux déesses *Postversa* et *Prosa,* qu'on appelait encore *Porrima* ou *Antevorta.* Arrivait-il qu'une femme, pour des raisons particulières, voulût se faire avorter, on avait recours aux mêmes déesses : elles étaient bonnes à tout, comme vous le voyez. Notez, cependant, que si ces sacrifices n'opéraient point ce qu'on en attendait, c'était au moins un moyen de faire patienter et d'empêcher des crimes qu'on eût cherché à consommer par des moyens plus dangereux.

Quand le travail était laborieux, on invoquait les dieux *Nixii,* après avoir eu soin de se découvrir la tête et de se laver les mains; mais ces pauvres dieux n'eurent jamais grande vogue; on en revenait presque toujours à Lucine, l'Opigena des Latins : Il fallait appeler trois fois à haute voix la bonne déesse qui, un peu sourde probablement, se faisait appeler jusqu'à sept. Si, dans ces entrefaites, l'enfant arrivait à bon terme, on en attribuait les heureux effets à la divinité, et on lui donnait des gâteaux, on lui faisait des présents en or et en argent. — Nouvelle méthode pour les prêtres de grossir leur magot. — Bah! ils avaient au fait parfaitement raison, et ils étaient, je dois le dire, un peu moins bêtes que nous autres. Espérons que nous resterons toujours très bêtes..... au point de vue de nos intérêts.

Voilà donc le bébé arrivé ; chez les Thraces, aussitôt sa naissance, on commençait à gémir et à pleurer sur le sort qui attendait ce petit être ; et lorsqu'il lui arrivait de mourir avant l'âge de raison, on faisait noces et ripailles, au dire d'Hérodote. Les Perses et nos ancêtres les Gaulois restaient indifférents à la mort de leurs enfants, car ils ne comptaient la vie de l'homme qu'à partir de l'âge de six ou sept ans. Cependant, les autres peuples de l'antiquité ne virent pas du même œil la naissance des enfants. Le plaisir de se voir renaître dans les siens a toujours été le sceau de l'humanité ; dans le reste de l'Orient, les parents et les amis venaient partager la joie des parents et les féliciter sur la naissance de leurs enfants ; même chez les Romains, on avait une sorte de vénération pour le nouveau-né, et une déesse particulière, qu'on appelait *fortuna natalis primogenia*, recevait de nombreuses offrandes que les prêtres, comme toujours, se chargeaient d'encaisser. L'enfant, aussitôt né, était lavé avec de l'eau et de l'huile, ou mieux encore avec de l'eau et du sel. Les Lacédémoniens se servaient de vin, les Cimbres de neige, et d'autres peuples de rosée. A Sparte, les femmes, pour montrer qu'elles dévouaient leurs enfants à la patrie, les faisaient laver sur un bouclier avec une lance à côté d'eux, et elles criaient « ou ceci ou cela. » Vous avez la raison de cette manière de faire dans les mœurs lacédémoniennes ; elles préféraient voir revenir leur fils mort et rapporté sur son bouclier que de le recevoir vaincu ! Cher Horace, quel triste Lacédémonien tu aurais fais, toi qui, pour rendre ta fuite plus légère, n'eus rien de plus pressé que de jeter tes armes ; tu fis . bien, du reste, car une flèche traîtresse nous eût privés de tes immortels chefs-d'œuvre !

Tous les peuples n'avaient pas dans ce lavage de l'enfant des vues aussi raisonnables. Claudien fait allusion à l'usage des Germains, qui trempaient leurs enfants dans les eaux du Rhin pour s'assurer de leur légitimité ; les Psylles présentaient les leurs aux serpents, et les Ethiopiens aux oiseaux de proie : si l'enfant était épargné, il était de bonne lignée quand même. — Ces épreuves ridicules, qui n'avaient probablement au début que l'idée de retenir les femmes dans les bornes du devoir, durent être aussi la source d'une infinité de querelles, et je suis bien convaincu que des milliers d'êtres représentant le sexe faible ont dû recevoir de vertes corrections quand l'épreuve avait manqué. Après la lotion, une autre déesse du nom de *Statine* était prise à partie. — On mettait l'enfant à terre, et par là on se proposait trois choses : 1º exciter les cris de l'enfant par le contact de la terre : c'était *Vagitanus* qui le faisait crier ; 2º voir s'il était droit et agréable aux dieux conjugaux, et pour cet effet la sage-femme le mettait debout ; 3º enfin lui faire saluer *Ops* ou la *terre,* cette mère commune sur laquelle il allait accomplir ses destinées. Puis le père relevait l'enfant sous la protection de *Levassa,* encore fallait-il que ce fût un garçon ; quant aux filles, il se serait bien gardé d'y toucher, c'eût été un mauvais présage. Les enfants que le père ne consentait pas à relever ou faire relever étaient déclarés illégitimes, et comme tels exposés dans un lieu public et parfois dans des lieux déserts et écartés.

Voyez, mon ami, que d'innocentes victimes furent sacrifiées à ces folles pratiques ! Les Thébains, cependant, proscrivirent cet usage sous peine de mort; la loi prescrivait au père, s'il était trop pauvre, de présenter son enfant au magistrat qui, pour un prix débattu, le confiait à quelque particulier.

Je vous ai dit, dans le cours de cette conversation, que les Romains venaient se féliciter mutuellement à la venue de leurs enfants ; que les Grecs en agissaient de même, ainsi que la plupart des peuples orientaux. Cela me rappelle une coutume assez bizarre qui, du temps du géographe Strabon, existait en Espagne.

Aussitôt qu'une femme était accouchée, elle faisait mettre au lit son mari et, pendant le temps qu'elle eût dû prendre à se rétablir, elle lui servait les mets les plus succulents, les vins du meilleur crû ; vous devez penser si le petit papa devait se prélasser dans son lit de couche pendant que sa chère moitié s'ingéniait à lui faire la cuisine ! Gredin d'homme !! Et penser que cet usage a été adopté par pas mal de peuples, jusqu'aux Béarnais qui le suivaient encore il n'y a pas un siècle. — Les scélérats seraient bien capables de n'en pas démordre, même actuellement, mais je ne le certifie pas ; j'en écrirai sur ce sujet à l'un de mes amis d'internat qui exerce la médecine dans le pays, et je vous dirai ce qu'il en est. Quel malheur que ce petit enjolivement de la paternité n'existe pas en Beauce !....

Cette petite pratique accommode tant la mollesse, qu'elle a fait à peu près le tour du monde. L'île de Corse, selon Diodore, l'avait acceptée ; plusieurs nations de l'Amérique la conservaient encore il n'y a pas cinquante ans, surtout le Brésil ; cela s'appelait *faire la couvade.*

Comment est venu un usage aussi saugrenu ?

Je n'en sais ma foi rien ; pourtant, il y a eu une cause :

Laquelle?..... En y réfléchissant, je me range de l'avis de Pison, auteur d'une histoire naturelle du Brésil. Il nous dit que la conduite des femmes à cet égard est de rétablir les forces épuisées de leurs maris, toutes les fois qu'ils deviennent père, parce qu'apparemment les femmes trouvent dans ces soins officieux du plaisir à disposer leur époux à le devenir encore. Dam ! pourquoi pas. — Je demande une loi ordonnant la couvade.

Dormez bien, mon bon.

SEPTIÈME SOIRÉE

Les philosophes médecins. — Système de Pythagore. — Démocrite.

Je vous ai dit, en commençant ces soirées, de quelles manières les ministres des dieux et les guérisseurs ou charlatans, comme il vous conviendra de les appeler, abusaient de la crédulité du pauvre peuple en lui promettant la guérison par des moyens qui n'étaient pas toujours hors de danger; vous avez pu voir dans quelles grossières superstitions ils entraînèrent la population tant ignorante que sensée, et quels succès obtinrent les deux variétés de médecins sur lesquelles nous avons disserté. — Si vous le voulez bien, nous laisserons pour quelques instants la superstition et le charlatanisme se reposer, pour aborder un sujet plus sérieux qui, tout en dehors de notre actualité, ne laissera pas, je l'espère, que de vous intéresser, et vous fera peut-être entrevoir comment la *médecine sérieuse* a pu prendre forme au milieu des éléments impurs qui entravaient son essor.

Vous vous rappelez qu'au milieu des cérémonies religieuses et des dévotes jongleries qui se pratiquaient dans les asclépions, je vous ai jeté le mot de *penseurs*, de *philosophes* : ce sont d'eux que je veux vous parler aujourd'hui, un peu en courant cependant; et je suis persuadé que, malgré leurs rêves et leurs erreurs, vous serez comme moi d'avis que c'est à ces hommes que l'humanité a dû d'aller de l'avant.

Nous avons vu jusqu'à présent la routine et l'ignorance être les seuls guides de la médecine antique; maintenant les philosophes vont se mêler de la partie et entreprendre l'étude du corps humain et de sa nature: cette intéressante étude devait inévitablement rentrer dans leur domaine; car, si le but de la sagesse est de guérir les maux de l'âme, celui de la médecine est de guérir les maux du corps. Il est vrai que les philosophes, mauvais anatomistes et voulant malgré cela expliquer la machine humaine, se perdront en hypothèses et donneront pour vrai ce qu'il fallait d'abord démontrer. Mais ne nous ont-ils pas frayé la route, et leurs défaillances même n'ont-elles pas préservé leurs successeurs! La raison malheureusement s'épure d'une façon lente et timide, et ce n'est qu'à l'aide de longues années que les sciences et les arts peuvent arriver au degré de perfection compatible avec notre imperfection humaine.

Pythagore et ses disciples sont à mon avis les véritables fondateurs des sciences, et quoique Leclerc, un des historiens les plus estimables en médecine, opine que les Pythagoriciens durent se borner à la théorie de l'art, plusieurs témoignages, entre autres celui de Celse et surtout celui de Jamblique, déposent formellement le contraire : « C'est dans la diète, dit » cet auteur, que résidait presque toute leur médecine. » Ils n'employaient guère de médicaments que dans » les plaies et les ulcères; ils faisaient plus usage » d'onguents et de cataplasmes que leurs prédécesseurs

» dans les plaies et les ulcères, et se servaient moins
» souvent du feu et de l'instrument tranchant. » Il
est vrai qu'ils se servaient aussi de paroles magiques ;
malgré cela, on voit poindre un système médical, bien
mince il est vrai, mais qui n'en n'existe pas moins. —
Plus tard cette idée se façonnera et en viendra à produire des résultats assez sérieux que nous n'avons
point à examiner pour l'instant, attendu que je n'ai pas
l'intention de vous faire l'histoire de la médecine, mais
seulement celle des erreurs et des préjugés, de quelque
part qu'ils nous aient été transmis.

Remarquez, mon ami, que je ne prétends pas faire de
petits saints de Pythagore et de ses disciples ; non
vraiment, car leurs idées sont parfois tellement creuses,
qu'il m'est arrivé de déplorer leurs écarts ; mais au
moins ils exerçaient la médecine et la chirurgie avec
un principe arrêté, et n'en faisaient point un honteux
trafic comme les prêtres et les autres guérisseurs. Vous
me direz que ce fut par vanité et par orgueil, je ne
dis pas le contraire ; mais encore, entre eux et leurs
confrères en médecine, il me paraît y avoir une ligne
de démarcation bien positive. Je suis loin d'excuser
ces prétendus sages ; je rends justice à la secte, tout
en ridiculisant les hommes, *c. q. f. d.* comme on dit
en termes de mathématiques.

Vous connaissez parfaitement maître Pythagore ;
vous savez qu'il est un des sept sages dont la Grèce
s'honore, ou, si vous le voulez, un des sept fous qu'elle
ait produit : cela ne fait rien à l'affaire ; or, Pythagore
était fils de Mnésarque de Samos ; Eusèbe, Denys d'Ha-
licarnasse, Clément d'Alexandrie, sont d'accord pour
le faire naître vers la cinquantième olympiade ; son
père le confia au philosophe Phérécyde, et le fit en

suite voyager, surtout en Egypte, où notre sage se fit initier aux mystères aux dépens d'une petite opération qu'on lui réclama (la circoncision). C'est là qu'il puisa l'idée de l'immortalité de l'âme. Après de nombreuses pérégrinations, il vint se fixer à Crotone, où il fit école. On prétend qu'il se tint pendant quelque temps renfermé dans un antre où il se vantait d'avoir découvert certains mystères. Je crois que le plus réel fut l'art d'en imposer, dans lequel il excella, comme le dit très bien Elien.

Il écrivit sur la vertu des plantes un livre dont Pline paraît avoir extrait quelques passages, et qui ne respire que la superstition et le charlatanisme ; ainsi il parle de certaine décoction dont la vertu est si efficace contre la morsure des serpents, que la seule fomentation guérit sur-le-champ ; il prétend même que si l'on avait le malheur de coucher sur l'herbe où l'on aurait jeté cette décoction, l'imprudent tomberait dans un état mortel et incurable par la force prodigieuse de la plante, quoique elle-même soit un contre-poison. Il appelait cette plante *corynthas*. Il en mentionne encore une autre du nom *d'aproxis*, dont la racine produit de loin du feu comme le naphte, et si l'on a la malchance d'être malade pendant qu'elle fleurit, on l'est chaque année à la même époque, cadeau fort désagréable de Madame Nature.

Pythagore, entre autres idées saugrenues, avait défendu l'usage des fèves ; le malheureux ! s'il eût connu le gigot aux haricots !! Savez-vous pourquoi il défendait cet excellent légume?... Non... Ni moi non plus. — Cependant je m'en vais vous rappeler le on dit de cet ostracisme. — Manger des fèves ! cela peut donner certaine musique assez désagréable pour les auditeurs. Manger des fèves ! cela donne une digestion difficile. — Manger des fèves !!! c'est manger la tête de son père ; car, mon ami, vous saurez que notre philosophe s'abstenait de manger des fèves à cause de leur prétendue ressemblance avec la tête d'un homme. Voyez donc s'il eût croqué son papa ! — Pythagore avait déclaré la guerre aux fèves, parce qu'il prétendait aussi qu'elles rendaient les femmes stériles. Clément d'Alexandrie, qui avance cette dernière propriété des fèves, s'appuie de l'autorité de Théophraste qui, dans son livre des *choses naturelles*, prétend que si on dépose une gousse de haricot au pied d'un arbre nouvellement planté, cela suffit pour le faire mourir.

D'autres croient, et avec plus de raison, que Pythagore avait défendu l'usage de ce légume parce qu'il est grossier et flatueux, qu'il embarrasse le cerveau, qu'il appesantit l'âme et l'empêche de se livrer aux contemplations philosophiques. J'accepterais volontiers cette version, car vous saurez qu'il prescrivait de se coucher au son de la lyre et de chants agréables pour ramener le calme de l'âme et la porter vers des idées extraterrestres.

On entrevoit aussi dans sa philosophie, au milieu d'une foule d'erreurs, quelques germes de vérités dont l'exposition nous mènerait trop loin hors du cadre que nous avons à parcourir ; je vous parle des superstitions sans vouloir aborder l'étude des systèmes : pour n'en citer plus qu'une, relative à la physiologie, Pythagore admettait la vitalité des enfants à sept mois, mais rien n'est plus pitoyable que la raison qu'il en donne : « Dans le temps, dit-il, que le genre humain sortit de la terre, la lenteur dont marchait le soleil dans ces commencements faisait qu'un jour était d'abord aussi long que le sont actuellement dix mois ; mais comme, par succession de temps, il en vint à avoir la durée de sept mois, c'est ce qui a fait que les enfants ont eu la même vitalité à sept mois qu'à dix, parce qu'il est dans l'ordre du système universel qu'un enfant se forme et naisse le même jour. » Voilà, si je ne me trompe, une conclusion assez forte ; il y en a de pareilles à chaque pas dans Plutarque et dans Jamblique. Du reste, les disciples du philosophe de Crotone, voulant comme le maître expliquer la nature et la formation de l'homme avec les mêmes idées préconçues, se fourvoieront de la même manière en soumettant les phénomènes de la nature aux rêveries de leur imagination. Démocède, Epicharme, Empédocle, Alcméon ne nous ont légué qu'un bien mince bagage scientifique, quoiqu'ils fussent les hommes instruits du temps. Ainsi, Alcméon faisait résider la santé dans l'exacte proportion de l'humide, du chaud, du froid, du sec, de l'amer, du doux et des autres facultés qui furent plus tard admises par Hippocrate et Galien ; et si l'un de ces éléments vient à prédominer, il en résulte une maladie ; il croyait que ce que nous appelons l'oreille interne est un vide, et comme tout'vide retentit, il en inférait que le son qui s'y portait produisait une sorte d'écho, et que c'était là l'ouïe ; il pensait aussi que les chèvres respiraient par l'oreille, ce dont le reprit assez vertement Aristote ; enfin il avait sur la veille, sur le sommeil et sur la mort des idées assez obscures et qui cependant dévoilent un certain degré d'observation. L'expansion du sang dans les veines produisait la veille ; son retour au confluent des veines, le sommeil ; la stase du sang dans ce confluent donnait la mort. — C'était évidemment prendre l'effet pour la cause. — Mais au moins il y a tendance à expliquer, tandis que leurs confrères les ministres des temples et les guérisseurs pataugeaient sans idée dans le plus grossier empirisme. L'histoire nous a encore conservé les noms de quelques philosophes en dehors des Pythagoriciens, tels que Démocrite, Héraclite, ces deux antagonistes dont l'un passa sa vie à pleurer sur le sort des mortels, et dont la vie de l'autre ne fut qu'un long éclat de rire. Démocrite s'était retiré à Abdère dans une habitation que son père lui avait donnée; les Abdéritains, le voyant rire souvent sans cause apparente, le taxèrent de folie et firent venir Hippocrate pour le guérir. Ce médecin le trouva occupé à disséquer les animaux..... Remarquez, je vous prie, le progrès qui s'est effectué dans les mœurs des philosophes: ceux qui se décorent de ce titre ne se contentent plus de vaines spéculations; le scalpel en main, ils vont scrutant la nature afin de trouver le secret de notre corps. Aux rêveries ont succédé les faits, et la philosophie va changer son système du tout au tout.

Avant d'élever son système, le penseur va chercher à prendre la création sur le fait, puis sur cès données il érigera ses doctrines. La science va devenir pratique, et insensiblement la vraie médecine va finir par sortir tout d'un jet du profond génie d'Hippocrate.

Saluons, mon ami, le divin vieillard ; on peut dire de lui ce qu'on a dit d'Homère dans les vers qui suivent:

> Deux mille ans ont passé sur la tombe d'Homère,
> Et malgré deux mille ans Homère respecté
> Est jeune encore de gloire et d'immortalité.

HUITIÈME SOIRÉE

Aristophane. — Fragments de la comédie de Plutus.

Savez-vous, mon cher ami, que vous commencez à
me taquiner avec vos mais et vos pourquoi. Est-ce que
je sais, moi, *pourquoi* les peuples étaient si bêtes, et
pourquoi ils ont bien voulu pendant des milliers de
siècles se plier sous l'éperon d'un héros plus ou moins
petit!! Avez-vous pensé que m'étant mis en train de
vous raconter les folies de l'humanité en ce qui touche
la médecine, j'allais vous faire des cours de morale,
d'économie et de politique? — Pas si bête. — En fait de
morale, j'en ai une qui vaut mieux que beaucoup
d'autres, et que j'ai puisée dans les commandements de
Dieu, qui sont les lois sublimes de la nature, qu'aucun
être n'a le droit de transgresser; en fait d'économie sociale, adressez-vous à Blanqui, à Guizot, à Thiers et à
bien d'autres encore, je suis d'une ignorance parfaite
pour ce qui touche ces questions; en fait de politique.....
oh! mon ami, je suis d'une ânerie à nulle autre pareille.
Cessez donc de me tourmenter. — Je veux bien raconter
ce que je sais; mais..... je ne veux pas toujours dire ce
que je pense. — Vous êtes assez grand pour tirer vous-
même vos conclusions, et moi je ne serai pas assez naïf
pour vous donner les miennes, qui pourraient être en
parfait désaccord avec les vôtres.

Passons donc là-dessus.

Vous venez me rappeler les prêtres d'Esculape, les charlatans ; je vous en ai cependant dit assez sur leur compte. Vous n'êtes pas encore satisfait.... que diable voulez-vous que je vous dise de plus ?... affreux curieux..... Là ! là ! ne vous fâchez pas ; puisque cela vous tient tant à cœur, je m'en vais vous faire pénétrer dans le sanctuaire et vous montrer la comédie. — Mais ce ne sera pas le moment de dire : « *Felix qui potuit rerum cognoscere causas*, » car la scène n'est pas brillante..... pour Messieurs les ministres, et l'ombre que je vais évoquer vous fera plus encore prendre en dégoût ces hommes qui pendant tant de siècles ont si mal usé de leur autorité..... Allons, mon vieil Aristophane, prête-moi ton appui ! Viens raconter toi-même à ce camarade qui tend l'oreille les scènes journalières dont les asclépions (les temples) étaient témoins il y a deux mille ans.

Vive Plutus !... Mais non ! vive Aristophane ! puisque c'est lui qui nous dévoile cette coccigruânerie de nos chers ancêtres.....

— La comédie de Plutus est une allégorie sur l'injuste et inégale distribution des richesses parmi les hommes ; le malheureux Plutus est aveugle et répand ses dons au hazard ; qu'il lui arrive de recouvrer la vue, il n'aura de largesses que pour les gens de bien : alors *Chrémyle*, un honnête garçon, entreprend cette cure merveilleuse et, grâce à l'intervention d'Esculape ou de son représentant, elle va s'accomplir.

Maintenant, parle, Aristophane.

Chrémyle......... allons vite faire coucher Plutus dans le temple d'Esculape.

Blepsidème. — Dépêchons-nous, quelque importun pourrait venir encore nous déranger.

Chrémyle. — Corion, prends à la maison les couvertures et tout ce que j'ai préparé ; conduisons le dieu au temple en observant tous les rites.

———

Corion. — Vieillards qui aux fêtes de Thésée puisiez avec de petits morceaux de pain creusés en cuiller le ragoût que l'on servait aux pauvres, que votre sort est maintenant digne d'envie ! que vous êtes heureux, vous et tous les gens de bien !

Le Chœur. — Mon cher, qu'est-il arrivé à tes amis ? tu sembles porteur d'une bonne nouvelle.

Corion. — Quelle félicité pour mon maître et plus encore pour Plutus !

Le dieu a recouvré la vue, ses yeux brillent du plus vif éclat, grâce aux soins bienveillants d'Esculape.

Le Chœur. — O transports de joie ! O cris d'allégresse !

Corion. — Ah ! il faut se réjouir bon gré, mal gré.

Le Chœur. — D'une voix éclatante je chanterai le fils de l'illustre Jupiter, Esculape, l'astre bienfaisant qu'adorent les hommes.

———

La femme de Chrémyle. — Que signifient ces cris ? Est-ce une bonne nouvelle ? Avec quelle impatience je t'attends à la maison et depuis si longtemps !

Corion. — Vite ! vite ! du vin, maîtresse ; et bois toi-même, ce qui est fort de ton goût ; je t'apporte tous les bonheurs réunis.

La femme. — Où sont-ils ?

Corion. — Dans mes paroles, comme tu vas en juger.

La femme. — Finis-en donc, allons, parle.

Corion. — Écoute, je vais tout te dire des pieds à la tête.

La femme. — Ah ! ne me jette rien à la tête.

Corion. — Pas même le bonheur qui t'arrive ?

La femme. — Non, non, rien..... qui m'ennuie.

Corion. — Arrivés près du temple avec notre malade alors si infortuné, maintenant au comble de la félicité, de la béatitude, nous le menons d'abord à la mer pour le purifier.

La femme. — Ah ! le singulier bonheur pour un vieillard que de se baigner dans l'eau froide de la mer !

Corion. — Nous nous rendons ensuite au temple du dieu ; une fois les galettes et les différentes offrandes consacrées sur l'autel et le gâteau de fleur de farine livré au dévorant Vulcain, nous faisons coucher Plutus, suivant l'usage, et chacun de nous se fait un lit avec des feuilles.

La femme. — Y avait-il d'autres gens venus pour implorer le dieu ?

Corion. — Oui, d'abord Néoclide qui est aveugle et vole bien mieux que les clairvoyants, puis beaucoup d'autres personnes atteintes de maladies de toute sorte. On éteint les lumières et le prêtre nous engage à dormir, en nous recommandant de garder le silence si nous venons à entendre du bruit. Nous voilà donc tous bien tranquillement couchés. Moi, je ne pouvais dormir ; j'étais préoccupé d'une certaine marmite pleine de bouillie posée tout près d'une vieille, juste derrière sa tête. J'avais un furieux désir de me glisser de ce côté, mais voilà qu'en levant la tête j'aperçois le prêtre qui râflait sur la table sacrée et les gâteaux et les figues ; puis il fait le tour des autels et sanctifie les gâteaux qui restaient en les enfournant dans un sac. Je résolus donc d'imiter un si pieux exemple, et j'allai droit à la bouillie.

La femme. — Misérable, et tu ne redoutais pas le dieu ?

Corion. — Si vraiment ! Je craignais que le dieu, couronne en tête, ne fût avant moi auprès de la marmite : « tel prêtre, tel dieu, » me disais-je. Au bruit que je fis, la vieille avance la main : alors je sifflai et la mordis comme eût pu faire un serpent sacré. Vite elle retire la main, s'enfonce dans le lit la tête sous les couvertures et ne bouge plus ; mais de peur elle lâche un vent plus âcre que ceux d'une belette. Moi, j'engloutis une grosse part de bouillie, et, bien repu, je vais me recoucher.

La femme. — Et le dieu ne venait pas ?

Corion. — Il ne tarda guère, et quand il fut près de nous, oh ! la bonne farce ! mon ventre tout ballonné lança un pet des plus sonores.

La femme. — Le dieu sans doute fit la grimace ?

Corion. — Non, mais Jaso (*fille d'Esculape*), qui l'accompagnait, rougit un peu, et Panacée (*autre fille d'Esculape*) se détourna en se bouchant le nez ; car mes pets ne sentent pas la rose.

La femme. — Et le dieu ?

Corion. — Il n'y fit pas la moindre attention.

La femme. — C'est donc un dieu bien grossier ?

Corion. — Je ne dis pas cela, mais il a l'habitude de déguster les excréments.

La femme. — Impudent, va !

Corion. — Alors je me cachai dans mon lit tout tremblant ; Esculape fit le tour des malades et les examina tous avec beaucoup d'attention, puis un esclave déposa auprès de lui un mortier en pierre, un pilon et une petite boîte.

La femme. — En pierre ?

Corion. — Non, pas en pierre.

La femme. — Mais comment voyais-tu tout cela, triple coquin, puisque tu te cachais, dis-tu ?

Corion. — A travers mon manteau qui ne manque pas de trous, grands dieux ! Il prépara d'abord un onguent pour Néoclide ; il mit dans le mortier trois têtes d'ail de Ténos, les écrasa en y mêlant du suc de figuier et de lentisque ; il arrosa le tout avec du vinaigre de Sphette ; et retournant les paupières du patient il lui appliqua sa drogue à l'intérieur des yeux, afin que la douleur fût plus cuisante. Néoclide crie, hurle, saute à bas du lit, veut s'enfuir ; mais le dieu lui dit en riant : reste là avec ton onguent ; ainsi tu n'iras pas te parjurer devant l'assemblée.

La femme. — Quel dieu sage et ami de notre cité !

Corion. — Il vint ensuite s'asseoir au chevet de Plutus, lui tâta d'abord la tête, prit un linge bien propre et lui essuya d'abord les paupières ; Panacée lui couvrit d'un voile de pourpre la tête et tout le visage ; puis le dieu siffla, et deux énormes serpents s'élancèrent du sanctuaire.

La femme. — Grands dieux !

Corion. — Ils se glissèrent doucement sous le voile de pourpre, léchèrent à ce que je crois les paupières du malade, et en moins de temps qu'il ne t'en faut, maîtresse, pour vider dix verres de vin, Plutus se relève, il voyait. De joie, je bats des mains, j'éveille mon maître ; aussitôt le dieu disparaît dans le santuaire avec les serpents. Quant à ceux qui étaient couchés auprès de Plutus, juge s'ils l'embrassaient tendrement ! Le jour parut sans qu'aucun d'eux eût fermé l'œil. Moi, je ne me lassais pas de remercier le dieu qui avait si vite rendu Plutus clairvoyant et plus aveugle que jamais.

La femme. — Quelle est ta puissance, ô grand Esculape ! Mais dis-moi où est Plutus ?

Eh bien ! mon ami, comment trouvez-vous la comédie ? Il n'est rien tel que le vieil Aristophane pour nous faire assister à de pareils spectacles. — Comme il flagelle bien ces prêtres stupides, et quelle vigueur on rencontre chez ce vieux poëte qui, n'osant s'attaquer aux ministres, interpelle directement les dieux ! Savez-vous qu'il fallait du courage pour narguer ainsi une classe toute puissante qui pùt contraindre le *sage des sages* à boire la cigüe.

O Socrate, que tu es grand à côté de ces misérables ! Vous êtes content maintenant que je vous ai dévoilé toutes les petites affaires ; alors, bonne nuit, demain soir je vous raconterai quelques historiettes touchant les dames. Heureusement qu'il n'y en aura point de présentes, car je pourrais me faire un mauvais parti.....

NEUVIÈME SOIRÉE

❖❖❖

La cosmétique.

Hier, en vous souhaitant le bonsoir, je vous ai promis de vous entretenir encore un peu des dames de l'antiquité : je ne vous tiendrai pas trop longtemps sur cette question, pour ne pas épuiser le sujet, car il est probable que nous rencontrerons dans les siècles postérieurs de nombreuses occasions d'y revenir.

Je veux vous dire quelques mots de la *cosmétique* ou l'art qui concerne l'embellissement, soit qu'on le regarde comme relevant l'éclat de la beauté, soit qu'il cache la laideur naturelle sous le masque d'une beauté empruntée : à ce point de vue, la question est de notre ressort, parce que si ce ne sont pas là des erreurs médicales, ce sont tout au moins des erreurs d'intellect, et vous savez qu'il nous arrive souvent de donner nos soins à des toqués des deux sexes.

Donc, la cosmétique étant mon bien, je m'en empare. J'entends le mot cosmétique dans l'acception que nous lui donnons maintenant (ornement menteur, fard) quoique ce ne soit pas là son véritable sens, car cosmétique vient du grec *Kosmos*, netteté, parure, ornement ; tandis que celle dont nous allons parler vient de *Kommos*, (ars fucatrix) fard.

Juvénal, cet irascible satirique qui n'eut point de

modèles et qui n'a pas encore eu d'imitateurs, a dit
au commencement de sa deuxième satire : « que le
front de l'homme est menteur. » Oh! cela c'est vrai !
au moral comme au physique : aussi le poëte pour
l'avoir trop répété et avoir flagellé sous le nom de
Pâris un des histrions chéris de l'empereur, fut-il
prié d'aller faire en Egypte un petit tour, afin de
s'assurer s'il y avait encore quelques crocodiles dans
le Nil. — L'empereur Claude Néron ne trouva rien de
plus joli que de l'envoyer dans la Pentapole comme
chef de cohorte, alors qu'il avait près de quatre-vingts
ans. — L'homme juste partit sans sourciller, et mourut
sur les confins de l'empire.

Le front de l'homme est menteur. Juvenal ! qu'aurais-
tu donc dit de celui de la femme de ton temps !.....

Mon ami, l'origine de la cosmétique se perd dans la
nuit des siècles ; dans quelque endroit que vous portiez
vos regards, chez quelque peuple que vous vouliez
pénétrer, vous trouverez toujours les mêmes pratiques
pour rehausser l'éclat de la beauté, ou, pour mieux dire,
défigurer l'attrait naturel. Ces petits secrets de toilette
se transmettaient par tradition de femme à femme, ce
qui fut une raison pour que la tradition ne se perdît
pas ; quand vint un certain Héraclite, tarèntin qui
s'avisa de les recueillir et d'en faire hommage aux
matrones romaines, qui l'acceptèrent avec fureur. —
Les femmes de l'orient étaient depuis longtemps en
possession de ces stupides habitudes, puisqu'il est dit
dans un fragment qui nous reste de la prophétie
d'Enoch, que les princes du monde enseignèrent à
leurs femmes l'usage des fards, près de cinq cents ans
avant le déluge. La teinture des cheveux et des sourcils
est aussi vieille, car Médée l'enchanteresse en est l'in-

venteur. Les juives se peignaient les yeux avec l'antimoine ; elles avaient reçu ce cadeau des égyptiennes, au dire de Prosper Alpin, dans son livre de la *Médecine des Egyptiens*. Chez ces dames, la beauté corporelle consistait avant tout dans l'embonpoint, à être grasses, rondelettes le plus possible : aussi, que de bains, de frictions, de lavements, de pommades, de lotions pour arriver à cette perfection ! Que de recettes pour l'entretien de la face ! et que de recettes surtout pour la prétendue ornementation des parties voilées du corps. Les égyptiennes, habituées à avoir toujours la tête couverte d'un élégant bonnet de soie, négligeaient quelque peu leur chevelure ; mais que de soins délicats, dit Prosper ; elles entouraient certaines régions de leur corps : ce n'étaient que bains, lavages, épilations surtout, puis applications odorantes faites avec du musc, du romarin, de l'ambre, pour corriger les odeurs désagréables et pour exciter, enivrer le maître du logis. — Sacredié, que les femmes étaient bêtes!..... Tenez, voici du reste la traduction que j'ai faite des trois chapitres touchant les *secreta* des femmes de l'Egypte, à moins que vous m'aimiez mieux que je vous raconte les histoires de Prosper en latin ? — Non. — Alors, lisez le mot à mot. — Le pauvre Guilland, à qui notre auteur rapportait toutes ces folies, en était tout effarouché, et malgré cela, curieux comme vous l'êtes aujourd'hui, il revenait toujours à la charge, voulant comme vous tout connaître depuis Pater jusqu'à Amen. — Mais halte là !

De l'Egypte, ces charmantes pratiques furent importées en Grèce, et comme Rome est voisine, elles ne tardèrent pas à s'y infiltrer. On appelait *alkool*, la poudre noire dont on se servait pour les cheveux et les

sourcils. « L'une se peint, en clignotant, les yeux et les
» sourcils avec une aiguille noircie. » Longtemps avant
Juvénal, Plaute avait ridiculisé les vieilles édentées qui
n'ont pas honte de se farder : « Rien n'est plus dé-
» goûtant que ces idoles de plâtre, qui s'enlaidissent -
» par des beautés d'emprunt, qui n'osent répandre de
» larmes de peur d'y noyer leurs charmes mensongers ;
» que ces femmes dont les rides comptent les années,
» malgré les efforts de l'art, si aveugles qu'elles ne
» voyent pas que les filles de leurs fils marquent très
» évidemment que c'est en vain qu'elles font les
» jeunes. » — Plus loin, dans la même comédie intitulée *Mostellaria*, le poëte latin nous fait assister à la
conversation de la vieille *Scapha*, esclave de la belle
Philématie. Celle-ci dit à Scapha : « donne-moi de la cé-
» ruse, du blanc, du fard. — « Qu'as-tu besoin de cela ? »
» — Pour en mettre sur mes joues. » — « C'est comme si
» tu cherchais à blanchir de l'ivoire avec de l'encre ; à
» ton âge, on n'a besoin d'aucune peinture, ni de céruse,
» ni de blanc de Mélos, ni de couleur d'emprunt. » —
Bravo, Scapha, voilà de bons conseils qu'il serait à désirer voir s'adresser de nos jours à nos filles et à nos
femmes. — Mais la mode ! Quelle tyrannie pour la
femme. — Où la va-t-elle chercher !.....

Outre la céruse, le rouge et le noir dont elles se
servaient, les romaines employaient certaines eaux
dans lesquelles on faisait entrer le fiel du crocodile,
le suc de limon, l'argent sublimé (probablement le
mercure), qui leur faisait enfler le visage et la langue
jusqu'à gêner la respiration. Elles avaient aussi pour
teindre les cheveux une certaine préparation, le safran,
qui ne manquait pas d'inconvénients, car après avoir
mis la teinture, elles s'exposaient la tête au soleil afin

de la faire sécher, et souvent il devait en résulter des
céphalalgies fort douloureuses dont elles se consolaient
dans la perspective des nouveaux charmes de leur
chevelure. Le corps ainsi que le visage avait ses
onguents et ses parfums, qui n'étaient pas toujours
inertes ou point de vue de la santé; il en résultait des
fluxions, des apoplexies, des érysipèles. — Bah! quel
beaù dommage, quand il s'agit d'être belle. — On vit,
dit Plutarque, des femmes porter la coquetterie jusqu'au point de vouloir dissimuler la grossesse. Cet
historien raconte qu'une femme devant se baigner avec
ses amies, et voulant céler son état, se fit frotter tout le
corps, à la réserve des reins et du ventre, avec une
certaine herbe qui fit enfler tous les endroits touchés
et les mit en rapport avec ceux dont elle voulait cacher
la proéminence. Croyez-vous que ce ne sont pas là des
actes de folie! et que la femme assez débauchée pour
recourir à un pareil moyen ne mériterait pas une
correction vigoureuse? Pauvre folle!

> Les hommes détestent le fard;
> Celles qui pratiquent cet art,
> Les unes les autres s'accusent,
> Il est insupportable à tous.
> Dames, dont les soins nous abusent,
> Dites, pourquoi vous fardez-vous?

Il ne manquait plus aux romaines que la crinoline
et la grande toilette Benoiton.

Vous voyez, mon ami, que les cosmétiques jouaient
un grand rôle chez les Romains. Martial, cet obscène
poëte qui nous a dévoilé tant des turpitudes de l'ancienne Rome, est de tous les écrivains celui qui nous
a laissé peut-être les meilleurs documents sur l'abus
de pareilles préparations.

« Tu te rajeunis en te teignant les cheveux : te voilà
» corbeau, de cygne que tu étais tout à l'heure. Tu
» ne tromperas pas tout le monde : Proserpine sait que
» tu es blanche ; elle arrachera le masque de ta tête. »

(Epigramme 43. Livre 3.)

Et la belle Gallia, qui le soir quitte ses dents ainsi que
sa robe ; qui renferme ses appats dans une foule de
boîtes, qui ne couche pas avec son visage : « Tu me
» fais des signes, tu m'agaces avec le sourcil que tu t'es
» fait faire le matin. » — Ne trouvez-vous pas que c'est
exactement comme chez nous? Hein !

Et cette autre pointe adressée à Lydie : « On ne m'a
» pas trompé, Lydie, quand on m'a vanté la beauté
» de ton teint, et non celle de ton visage. » La belle
Lydie conserve tous ses charmes, tant qu'elle reste
assise, tant qu'elle ne parle pas ; aussi Martial lui con-
seille-t-il de ne pas bouger, de se tenir comme une
statue de cire, comme un tableau : « Prends garde
» surtout que l'édile ne te voie ou ne t'entende : un
» portrait qui parle est un prodige ! » — O poëte,
quelle bonne petite boutade contre cette femme qui
n'ose remuer de peur de déranger le laborieux édifice
de sa beauté d'emprunt.

— Continuons notre petite revue.

Voici à l'adresse de Gellia : « Comment peux-tu te
» complaire en ces superfluités étrangères? Je pourrais
» donner le même mérite à mon chien. Quand tu
» arrives, Gellia, tu nous embaumes ; on dirait que
» toutes les essences de Cosmus s'échappent de leurs
» flacons brisés. »

Enfin voici un dernier cosmétique assez singulier,
pour un usage assez drôle. L'épigramme est dirigée
contre Polla.

« En essayant de cacher avec de la farine de fèves
» les rides de ton ventre, Polla, tu trompes tes yeux
» sans tromper les miens. Laisse simplement à dé-
» couvert un léger défaut. Ce qu'on prend tant de
» peine à cacher fait toujours supposer bien pis. »

(Epigramme 42. Livre 3.)

Je pourrais, cher ami, multiplier ces citations qu'on rencontre à chaque pas dans cet effronté Martial; je pense que c'en est assez: ce qui me vexe, c'est que beaucoup d'épigrammes semblables sont adressées à des hommes, et, je dois le dire à la honte des romains, plus que les femmes peut-être ils abusaient de la cosmétique. — Enfants de Romulus, qu'êtes-vous devenus? — Au fait, pourquoi s'apitoyer? Si Rome est morte, c'est qu'elle était à bout de vie, comme dirait maître La Palice. — Pour ce qu'elle valait !

DIXIÈME SOIRÉE.

Erreurs et superstitions médicales chez les poëtes latins.

Nous allons ce soir, mon cher ami, si vous le voulez
bien, faire une petite excursion en compagnie de gens
qui vont vous plaire : ils sont pour la plupart d'une
humeur vagabonde ; mais ils ont l'esprit observateur,
pénétrant, et parfois même ils sont d'une indiscrétion
sans pareille ; mais aussi que de fines critiques, que de
véridiques tableaux ils nous ont laissés. Jusqu'à présent,
j'ai puisé mes renseignements dans les ouvrages des
naturalistes, des historiens, des médecins ; n'oublions
pas les poëtes, ils ont moins de réticence et de réserve
et ils peignent en général très bien, quoique en la char-
geant un peu, la réalité de la vie ordinaire. Les comédies,
les satires, les épigrammes fourmillent de documents
précieux, qui se rapportent à l'art de guérir ; dans ces
œuvres sont entassées la plupart des erreurs médicales
régnantes et des superstitions populaires de l'époque
Ne croyez pas cependant que je veuille inventorier tout
le bagage scientifique des poëtes, cela nous mènerait
trop loin et serait en dehors de ce que nous nous pro-
posons ; d'ailleurs, ce travail a été fait il y a quelques
années par un homme aussi bon médecin que savant
latiniste, par M. Ménière, l'un des esprits les plus dé-

licats que j'aié connus et qui aimait à se reposer dans l'étude des lettres des soucis de la profession.

Voici d'abord le vieil Ennius, l'intime ami de Caton le censeur ; il vécut en assez bonne intelligence avec les systèmes médicaux de son époque ; comme ami de la maison, Ennius dévorait le chou à belles dents, non pour se guérir, mais pour aggraver encore les douleurs d'une goutte qui l'emporta à l'âge de soixante-dix ans ; certes, je n'accuse pas le chou de ce méfait ; mais il l'employait après avoir bien bu et bien mangé, de façon à se rendre apte à de nouveaux exploits. Que de libations il fit dans sa vie ! Que de tonnes de vin il engouffra ! Il n'en a pas moins laissé de nobles et fiers accents. Vous savez que les Romains de son époque avaient chacun leur petite médecine domestique ; aussi lorsque de grandes épidémies, telles que la peste, venaient ravager les provinces, on se soumettait sans murmurer et surtout sans chercher à combattre le fléau ; chacun s'accordait à le regarder comme une punition divine, et la science se taisait là où la religion se croyait seule obligée d'intervenir ; c'est ainsi que de toutes les pestes qui ont dévasté l'Italie, il ne nous est resté aucune donnée scientifique.

Chez Lucilius, ce mordant satirique qui cingla si fort les épaules des patriciens de son temps, nous pouvons quelque peu glaner ; la satire du reste prête mieux que l'épopé à notre genre de recherches : dans celle-ci, il n'y a guère de place pour la maladie, les dieux en général se chargent de réparer les pots cassés ; tandis que la première grinçant contre les crimes où les travers de la société, s'en va fouettant de droite et de gauche sans se donner la peine de crier gare ; plus il y a d'écloppés, plus elle est contente.

Nous trouvons dans Lucilius l'indication d'une vieille coutume qui nous reporte aux temps où l'art de guérir n'avait pas de représentants avoués.

« Mais à la porte et sur le seuil de la salle à manger, un Tirésias était là toussant et râlant, épuisé de vieillesse. » — Tirésias, vous le savez, était un vieillard âgé et aveugle, qui fut devin à Thèbes. — Ainsi le voilà bien vieux, bien catarrheux et on le met à la porte : drôle de méthode de soigner ses grands parents ! Rassurez-vous, mon ami, c'est le bonhomme qui l'a demandé; exposé sur le seuil de la maison, les passants s'arrêteront émus de pitié, et parmi la foule des allants et venants, peut-être s'en trouvera-t-il un qui ait été affecté de la même maladie et qui pourra lui donner une recette efficace : de nos jours, on n'expose plus, mais toutes les commères accourent chacune avec leur ordonnance en poche. — La famille n'a plus qu'à choisir celle qui lui paraît la meilleure entre les plus mauvaises. — Voilà bien un exemple de médecine primitive, un appel à l'expérience de chacun et qui certes valait pour le moins la coutume d'aller coucher dans les temples de la divinité ; il est même probable que cette exposition des malades fut antérieure aux cérémonies de l'incubation ; tous les peuples de l'Orient et les Grecs usaient de ce moyen pour rétablir leur santé, ainsi que le disent Hérodote, Maxime de Tyr, Strabon et d'autres e: encore ce dvait être aussi la mode à Rome, d'après ce qu'en dit Lucilius, et cependant de graves autorités prétendent que cet usage ne prévalut jamais dans la ville éternelle.

Il n'est guère facile, au milieu des lambeaux que le temps a respectés des œuvres de notre poëte, de coordonner toutes les sottises de l'espèce humaine.

Je trouve bien en effet des mots grecs et latins du langage médical, voire même des phrases qui indiquent des connaissances pathologiques et anatomiques assez précises, mais pas de traitement : il n'y a du reste rien d'extraordinaire, car d'Ennius à Lucilius il n'y a pas loin et vous connaissez la médication du premier.

Je ne veux point vous passer sous silence une particularité assez curieuse des mœurs de Rome ; vous savez que le culte de Cybèle était fort répandu dans tout l'empire et que de nombreux prêtres desservaient ses asiles ; mais on n'était ministre de la bonne déesse qu'au prix d'une certaine opération qui, réclamée de nos jours, aurait grande chance de laisser les temples vides ; le prêtre devait avoir perdu son caractère d'homme. C'est la muse Erato qui raconte à Ovide l'origine de cette affreuse coutume : Un jeune Phrygien aimé de Cybèle avait promis de rester pur ; mais, séduit par la nymphe Sagaris, il mérita le courroux de la déesse, il porta des mains cruelles sur lui-même et bientôt il ne resta plus de traces de l'organe coupable. — Les prêtres suivirent ce déplorable exemple ; ils imitaient, vous le savez, par leurs cris, leurs danses furieuses, la scène de désespoir du malheureux jeune homme ; aussi les appelait-on Galli du nom du fleuve grec Gallus, dont les eaux rendaient fous ceux qui en buvaient : c'étaient en effet de véritables fous, car ils se mutilaient eux-mêmes avec une *testa samia*, un tesson samien, une brique samienne aiguisée sans doute en forme de couteau et analogue à ces couteaux de pierre dont se servaient jadis les Juifs pour circoncire leurs enfants.

Le fanatisme religieux armait donc du couteau

samien la main suicide des prêtres de Cybèle ;
mais parfois il arrivait que de pauvres hypocon-
driaques, des jaloux se faisaient la même opération.
Lucilius nous apprend qu'un de ces pauvres fous se
mutila lui-même pour se venger des nombreux méfaits de sa femme. — Singulière vengeance — avec un
tesson samien. C'est la première fois que je vois men-
tionnée cette opération à l'aide d'un pareil instrument ;
mais ce n'est pas le seul cas de mutilation volontaire
que je connaisse pour un motif aussi stupide. — Ah !
que les femmes devaient être punies par un tel
châtiment ! — Je me rappelle avoir vu, pendant le
temps de mon internat à Bicêtre, un beau mélancolique
qui se fit la même opération avec un tesson de bouteille
de verre pour se venger de sa maîtresse qui, l'infidèle,
s'était laissée séduire par un artiste *capillaire*.

Mais ce nombreux peuple d'eunuques qui remplit
plus tard les palais impériaux et les villes des pro-
consuls, comment les opérait-on ? Etait-ce avec le fer ou
le couteau samien ? Peut-être des deux manières. Au
fait, comme cette recherche n'a qu'un médiocre intérêt, laissons de côté ces égarements et arrivons à
Plaute, l'Aristophane de Rome.

Quoique Pline ait voulu nous persuader que le peuple
romain ait, pendant de longues années, vécu sans
médecins ni médecine, je n'en veux rien croire et je
pourrais même au besoin lui donner le plus formel dé-
menti. Dans quelques conditions que se soient trouvées
les sociétés, il y eut toujours des personnages qui, soit
par intérêt, soit par amour de l'humanité, s'ingénièrent à trouver des modes de guérison. La comédie,
comme vous le savez, s'amuse aux dépens des erreurs,
des travers, des préjugés actuels et même quelque peu

antérieurs. Lisez 'Plaute à ce point de vue, vous le trouverez rempli d'aperçus ingénieux sur les maladies, vous y trouverez la trace des coutumes médicales et des préjugés de son 'temps; or 'Plaute était contemporain d'Ennius, il avait une douzaine d'années seulement de moins que l'auteur des Annales, et à chaque pas, dans ses comédies, il parle des médecins ou des guérisseurs, tels il vous plaira les appeler, comme d'une caste parfaitement distincte et ne s'occupant que de l'art de guérir. La lecture de Plaute est une réfutation plus que suffisante des assertions de Pline. Le poëte nous montre le romain dans sa maison, soit en partie fine, soit grognant sa femme ou gourmandant ses esclaves: bien que ses personnages aient des noms grecs, ils agissent en romains. De même voulez-vous, dit M. Daremberg, surprendre le médecin grec dans son cabinet ou en visite chez ses clients? Lisez Plaute et commencez par entrer avec lui dans le cabinet du docteur.

A Rome, à Athénes, 'ainsi que dans les grandes villes, ceux qui 'se mêlaient de médecine avaient boutique sur rue: témoin celle qu'Archagatus reçut en cadeau; mais il n'y avait pas seulement les officines médicales, il existait des boutiques de *rhizotomes* (coupeurs de plantes), qui se chargeaient de les recueillir ou d'en extraire les sucs; puis il existait encore la corporation des *pharmacopoles*, véritables herboristes qui avaient à leurs ordres les *botanistes*, dont la fonction était de trier les plantes. Les pharmacopoles vendaient toutes sortes de drogues, soit médicaments, soit poisons; cependant ils ne paraissent point avoir 'jamais servi d'intermédiaire entre le malade et le médecin, car il paraît 'que les médicaments simples 'ou composés 'délivrés par ces commerçants étaient en général destinés à des pratiques superstitieuses. Ils vendaient aussi des anneaux et des pierres magiques, et faisaient exhibition devant leurs clients de toutes sortes d'animaux malfaisants ou merveilleux. C'était chez eux qu'on allait chercher du poison pour se débarrasser de la vie et souvent aussi pour la ravir à ceux qui venaient déranger certaines combinaisons : les médecins, à qui la loi n'imposait aucune obligation morale, ne se gênaient pas non plus pour en délivrer. C'est ainsi que *Charinus*, dans la comédie *Le Marchand* ne pouvant plus supporter, les rigueurs paternelles , s'écrie : « Pourquoi vivre ! ne vaut-il pas mieux mourir ! quel bonheur pour moi dans la vie ! Allons, je cours chez un médecin et là je m'empoisonnerai. »

. Lisez maintenant dans Amphytrion. — L'heureux mari revient vainqueur des Téléboens, il arrive un peu tard et trouve la place prise par Jupiter, ce don Juan de l'antiquité, qui, pour séduire la belle Alcmène, n'a trouvé rien de mieux que de s'affubler des traits de son malheureux rival. — Soit dit entre nous, le procédé n'est pas très délicat ; mais, bast, quand on est dieu... — Voilà donc le pauvre Amphytrion sur le pavé et recherchant le pilote Naucrate par les rues, les carrefours, les marchés, les *boutiques des médecins* et des barbiers afin de faire constater son identité ; peine inutile, Naucrate a disparu. — Ce n'est là que le commencement des tourments du pauvre homme. Alcmène est enceinte... A cette occasion, je vous ferai part d'une erreur que toute l'antiquité a partagée relativement à la durée de la gestation. — Les romains comptaient dix mois pour la grossesse. Comment expliquer ce chiffre ? Les femmes disaient, je suis à la fin de mon neuvième mois; si donc elles n'accouchent que quand celui-ci est terminé, peut-être seraient-elles en droit de dire qu'elles sont accouchées à dix mois, ou plutôt dans le dixième mois, et c'est peut-être le vrai sens des écrivains. Aulu-Gelle, au 16e chapitre du 3e livre des *Nuits attiques* a longuement disserté sur ce sujet; il s'appuie sur Plaute, Cécilius, Ménandre, Hippocrate. Varron dit même: « Si un ou plusieurs enfants m'arrivent au dixième mois et s'ils sont aussi stupides que des ânes, je les déshérite; s'il m'en vient un le onzième mois, quoi qu'en dise Aristote, je ferai autant de cas d'Accius que de Titius. » Il veut ainsi faire entendre qu'il réserve le même sort à ceux qui naissent au dixième qu'au onzième mois. Aulu-Gelle va plus loin, il s'appuie sur l'autorité d'Homère en parlant de l'accouchement à douze mois. « Je ne dois point non plus, dit-il, passer sous silence ce que j'ai lu dans Pline l'Ancien. Comme la chose me paraît peu vraisemble, je cite textuellement (vous savez que Pline aimait ramasser toutes sortes de choses merveilleuses). Massurius rapporte que le préteur Papirius, devant lequel un plaideur réclamait une succession comme second héritier, l'adjugea, à son préjudice, à un enfant que la mère déclarait avoir mis au monde au bout de *treize mois*; que le magistrat motiva son jugement sur ce qu'il ne croyait pas qu'il y eût véritablement d'époque fixe pour les accouchements. » A la bonne heure, j'aime mieux cela, c'est avouer franchement son ignorance; à la manière dont y allait ce bon Papirius, nous aurions pu, de son temps, rester dans le sein maternel autant de mois que les éléphants et hériter malgré cela. — Pas trop bête. —

Quoi qu'il en soit, Alcmène accouche. — Les mains sont purifiées, la tête est voilée et le grand-prêtre, de même que la patiente, se voile la face, le satané jongleur. Seulement, dans le cas ·présent, l'ordre de la nature est bouleversé : Jupiter tonne, le ciel est fulgurant, et l'accouchement se fait sans douleur ni effort; il n'est besoin d'appeler ni Junon ni Lucine : excellente dérogation à cet arrêt du Souverain suprème actuel : *Paries in dolores.*

Après une erreur et des superstitions, je vais vous servir tout chauds quelques préjugés que je rencontre encore dans notre ami Plaute. — Dans sa pièce intitulée le *Persan,* un esclave du nom de Sagaristion a placé sur son épaule un sac d'argent que recouvre son manteau. Toxile aperçoit la saillie formée par le sac, il y porte la main en disant: « Quelle est donc cette tumeur que tu as au bas du cou. » L'autre lui répond en badinant: « Doucement ! c'est un abcès, et je souffre quand on y touche sans précaution. » — « Depuis quand est-il venu ? » — « Aujourd'hui même. » — « Fais-toi opérer. » — « Je tremble qu'on ne l'ouvre avant qu'il soit à maturité, et que le mal augmente. » — Ne dirait-on pas entendre deux Français de notre époque ?

Avez-vous jamais vu un poltron à qui l'on propose l'ouverture d'un abcès avec le bistouri, il vous fera exactement la même réponse, et pourtant c'est là le seul moyen de guérir vite, d'empêcher la douleur et souvent aussi les accidents mortels, qui sont la conséquence si fréquente des grandes suppurations.

Je rencontre encore dans Plaute quelques bizarreries qu'on dirait être éternelles comme la folie humaine. Ainsi, Sosie en présence de Mercure qui lui fait peur, s'écrie: « C'en est fait de moi, la mâchoire me démange! Certes il va me régaler d'une grêle de coups de poing à mon arrivée. » Voilà donc une démangeaison survenant tout à coup sur une partie quelconque qui est l'indice d'un accident, l'épiphénomène d'une maladie devant occuper cet endroit. Liban à qui l'on propose un projet scabreux, dit en faisant le gros dos : « Je m'étonnais tout à l'heure de la démangeaisen de mes épaules. » Vous riez de cela, mon ami, mais nos contemporains si incrédules, si philosophes, ne sont-ils pas dans le même cas, et n'avez-vous· pas souvent rencontré foule de gens qui regardent ces impressions comme infaillibles.

Dans les *Captifs*, il est fait mention d'une recette pour guérir la folie furieuse ; un mauvais plaisant, pour se débarrasser d'un importun, fait cracher sur lui pour le guérir, et, comme l'autre proteste, Hégion lui fait observer qu'il n'y a pas de quoi se formaliser, et que c'est chose ordinaire. « Ne te fâche pas, beaucoup de gens sont affligés de ce mal,' et en crachant sur eux on leur administre un remède salutaire. » Tibulle, du reste, dans sa troisième élégie, relate la même superstition. « Enfants et jeunes gens se pressaient autour de lui, et chacun de cracher sur son sein. » Cela pouvait être salutaire, mais ce n'était pas propre.

Dans les maladies, les personnages de Plaute font à peu près comme de nos jours ; on consulte d'abord le voisin, puis vient le tour du guérissseur, du médecin, et, en désespoir de cause, on s'adresse à la divinité. Je ne prétends pas que ce soit le sentier fatal que suive l'esprit humain ; mais dans les maladies longues et chroniques, c'est la règle générale, bien qu'on transpose souvent l'un des quatre jalons que je vous indique : cela dépend du degré de foi ou d'éducation du malade. Les Romains ne se laissaient pas prendre au dépourvu ; ils invoquaient la déesse *Fièvre*, la déesse *Miasme*, et même une déesse bien moins noble, la déesse *Gale,* et enfin le grand, l'incomparable Esculape.

Dans la comédie intitulée le *Charançon,* Cappadox, un pauvre diable sur lequel toutes les infirmités humaines se sont donné rendez-vous, a bien droit de se croire au-dessus de ressources de l'art ; aussi a-t-il abandonné les médecins et va-t-il se réfugier dans le temple d'Esculape : mais le seigneur Cappadox est un gredin de la pire espèce ; il enlève les enfants au berceau, il recueille les petites filles abandonnées ; il les enlève et les vend plus tard à ceux qui veulent les payer ; il trafique de leurs charmes ; c'est un des types les plus repoussants de la société romaine au temps même du vieux Caton. Il s'est donc rendu au temple, attendant la guérison de ses maux ; il a vainement attendu, il en sort et dit en soupirant : « Il ne me reste plus qu'à quitter le temple. Hélas ! je le vois bien, Esculape ne fait nul cas de moi, il ne veut pas me guérir, je sens décroître mes forces et croître mon mal... Ma rate est comme une ceinture qui m'étreint quand je marche ; j'ai l'air d'avoir deux enfants dans le ventre et je ne crains rien tant que de voir se rompre le milieu de mon corps. » Plus loin, il dit encore : « J'ai cru voir cette nuit, pendant mon sommeil, Esculape assis loin de moi, sans daigner s'approcher et montrant peu d'estime pour ma personne. » Il n'est vraiment pas malheureux que le dieu n'ait pas pitié d'un pareil drôle, vous savez cependant qu'il n'était pas toujours ni aussi cruel, ni aussi dédaigneux ; les ex-voto suspendus aux parois de son sanctuaire témoignent largement de sa miséricorde et de sa puissance.

Quelquefois même, ainsi que l'assure Aristide, rhéteur fort dévôt, Esculape daignait entrer en conversation et même en discussion avec ceux qui venaient implorer son secours. Rufus, qui vivait dans la dernière moitié du premier siècle, rapporte la conversation suivante dans un chapitre sur la substitution des maladies les unes aux autres : « Tencer de Cyzique ayant été frappé d'épilepsie vint à Pergame pour consulter Esculape, lui demandant d'être délivré de sa maladie. Le dieu lui apparut, daigna lui adresser la parole, et lui demanda s'il voulait changer ses incommodités actuelles contre d'autres. Tencer lui répondit que ce nétait pas là ce qu'il désirait le plus ardemment, mais qu'il espérait obtenir une suppression franche de ses maux : cependant, au cas où il faudrait se résigner à une substitution, il désirait savoir si les incommodités futures ne seraient pas plus graves que ses incommodités actuelles. Le dieu lui ayant répondu qu'elles seraient plus légères, et qu'elles le guériraient plus sûrement que ne le ferait aucun autre remède, Tencer, à ces conditions, se soumit à sa nouvelle maladie ; il lui arriva une fièvre quarte, et, depuis ce temps, il fut guéri de l'épilepsie. » Sans doute Tencer était un bien honnête homme pour avoir ainsi des entretiens particuliers avec la divinité, et certes le dieu se montra d'une excellente composition à cet égard.

Vous voyez que nous avons relevé dans Plaute pas mal d'erreurs et de superstitions ; il en est bien d'autres encore qui se rattachent à la médecine populaire et dont l'énumération serait longue. Lisez les trente ou quarante pages d'études que Ménière a écrites sur ce poëte, vous serez autant au courant de la médecine du temps que si vous eussiez entre les mains un de ces livres qu'on vend de nos jours sous les titres de : La médecine à l'usage des gens du monde. —

La médecine sans médecin.—Guide médical du curé de campagne. — Manière de se traiter soi-même. etc..., ouvrages pour la plupart ridicules et qui, donnant une aveugle confiance à ceux qui les lisent, nous donnent parfois bien du fil à retordre. Pour moi, cette profusion de livres où sont entassées des recettes plus ou moins bonnes, m'est fort indifférente: je donne un conseil, tant pis pour celui qui croit ne pas le devoir suivre. Vous m'objectez que le médecin se trompe quelquefois. Entendons-nous. Dites, je le veux bien, que nous n'avons pas toujours les moyens de guérir, je vous comprends; mais de là à se tromper sur la maladie, il y a loin, et puis, supposons que je me trompe, que dirai-je de vous, mon cher client qui jouissez d'une parfaite ignorance médicale. Vous savez bien que c'est toujours le refrain de Gros-Jean voulant éduquer son curé.

Je ne terminerai pas cette causerie sans vous initier un peu aux allures de quelques-uns des médecins de Rome; c'est Plaute bien entendu qui fait les frais. La scène n'est pas tout à fait à l'avantage des docteurs, et il se pourrait qu'un confrère se reconnût très bien dans le portrait tracé par le grand comique. Que faire à cela ? De tout temps on a lancé de vertes épigrammes contre la profession et contre les médecins : je m'en moque et j'en ris; les médecins ne s'en portent pas plus mal et les malades ne s'en portent pas mieux : cela prouve du reste qu'on a fort besoin d'eux.

Les Ménechmes sont deux frères jumeaux dont la ressemblance occasionne des quiproquos bizarres ; on prend toujours l'un pour l'autre. Par suite de ces méprises, le beau-père d'un des Ménechmes croit son gendre fou; il veut le faire traiter, et appelle un médecin renommé dans la ville.... En attendant le médecin, il se plaint en ces termes :

— « J'ai mal aux reins de rester assis, mal aux yeux de regarder. L'insupportable personnage ! qu'il a de peine à en finir avec ses malades. ! »

Le vieillard impatient ajoute ce trait piquant à l'adresse d'un homme qui sans doute ne brille pas par la modestie, et qui explique toujours ses retards par des causes importantes :

— « Il va me raconter qu'il a dû réduire à Esculape une fracture de jambe, et une fracture de bras à Apollon. Je doute si c'est un médecin que j'ai demandé ou un forgeron (sans doute l'homme de l'art traînait avec lui tout un attirail d'instruments). Enfin le voici ! — Accélère donc ton pas de fourmi. »

— « Voyons, vieillard, de quoi s'agit-il ? que m'as-tu dit ? Est-il fou ou furieux ? est-il pris de léthargie ou d'hydropisie ? » — « Mais c'est pour le savoir que je t'ai fait venir et pour que tu le guérisses. » — « Rien n'est plus facile ; j'en guérirais six cents comme cela en un jour. » — « Hélas ! c'est un traitement qui exige une grande attention ; ne l'épargne point. — Foi de médecin, je te le rendrai sain et sauf ; je te le traiterai avec le plus grand zèle. »

Pendant cet entretien, le malade arrive.

— « Salut, Ménechme ! dit le médecin. Pourquoi te découvres-tu les bras ! tu ne sais pas combien tu aggraves ton mal ?

Ménechme. — Va te faire pendre.

Le vieillard. — Saisis-tu ?

Le médecin. — Comment ne saisirais-je pas ? Un champ d'ellébore n'y suffira pas. — Mais, dis-moi, Ménechme, bois-tu du vin blanc ou du vin fort en couleur ?

Permettez-moi de m'arrêter une seconde sur le « saisis-tn » du vieillard et sur la réponse du médecin. Comment ne saisirais-je pas? — *Ecquid sentis?* — *Quidem sentiam?*... Il y a, si je ne me trompe, dit Daremberg, dans ce verbe *sentis*, un jeu de mots intraduisible. Il signifie *comprendre* et *sentir*, et je suppose que Ménechme accompagne son *va te faire pendre*, d'un vigoureux coup de poing à l'adresse du médecin qui avait grande raison de lui recommander de ne pas mettre son bras en l'air; alors le viellard demande ironiquement au médecin s'il a bien compris la portée du coup, s'il est bien éclairé maintenant sur la question du diagnostic.

A la suite des questions du médecin, Ménechme se fâche: « — Que ne me demandes-tu si je mange du pain rouge, ou violet, ou jaune ; si je me nourris d'oiseaux à écailles ou de poissons à plume? »

Le vieillard. — « Ne vois-tu pas qu'il est en délire ! Que tardes-tu à lui donner une potion avant que la folie ne s'en empare tout à fait? »

Mais le médecin n'est pas si pressé de prendre un parti ; il interroge encore ; il veut éclaircir cette affaire difficile.

— « Dis-moi, Ménechme? tes yeux deviennent-ils jamais durs? »

Ménechme. — « Est-ce que tu me prends pour une sauterelle, imbécile? »

Le médecin. — « Entends-tu quelquefois ton estomac crier ?

Ménechme. — « Quand j'ai bien mangé, il ne crie pas ; c'est quand j'ai faim qu'il se met à crier. »

Le médecin. — « Par Pollux ! sa réponse n'est point celle d'un insensé.

» T'endors-tu facilement quand tu te couches? Dors-tu jusqu'au jour? »

Ménechme. — « Je dors quand j'ai payé mes dettes : que Jupiter et tous les dieux te confondent, maudit questionneur! »

Cette réponse confirme le médecin et le vieillard dans leur croyance erronée, et ce dernier s'écrie : — « Je t'en prie, médecin, hâte-toi d'agir ; fais ce qu'il convient. Ne vois-tu pas qu'il est fou et qu'il a son accès?

Le médecin. — « Sais-tu quel est le meilleur parti à pendre ? *Fais-le porter chez moi*, je pourrai le traiter à mon aise. »

Et il ajoute, s'adressant au malade : — « Tu boiras de l'ellébore, certes, pendant une vingtaine de jours. »

Je trouve cette scène charmante, bien que Plaute n'ait pas manqué de se venger des infirmités et des maladies de ses concitoyens par des épigrammes contre les médecins ; ces épigrammes ont un intérêt réel et elles prouvent que, contrairement à ce qu'a dit Pline, il y avait à Rome des confrères quand on jouait la pièce, aux grands applaudissements de la multitude.

Nous avons passé la revue de trois poëtes de l'ancienne Rome : Ennius, partisan du chou, à l'exemple de Caton ; Lucilius, qui nous a renseigné sur le mode primitif de se guérir en exposant les malades au devant de leur porte ; Plaute, enfin, qui nous a rappelé l'ancienneté des médecins à Rome. Qu'avons-nous trouvé chez lui? Que nous a-t-il appris? D'abord que les médecins tenaient boutique et recevaient des malades en pension ; il nous a rappelé les cérémonies de l'accouchement, la croyance des Romains au sujet de la naissance à la fin du dixième mois ; les préjugés relatifs à certaines impressions telles que les démangeaisons sur certaines parties du corps comme signes de maladie imminente ; le préjugé encore régnant de ne laisser ouvrir les abcès que lorsqu'ils sont à maturité ; l'habitude de cracher sur les individus atteints de folie, et, enfin, les simagrées des prêtres d'Esculape. Je trouve, mon ami, que nous n'avons pas perdu notre temps : — Qu'en pensez-vous ? — Sur ce, — à demain.

ONZIÈME SOIRÉE.

Térence. — Horace.

Puisque vous le désirez, mon cher camarade, nous allons continuer notre revue des poëtes latins et fouiller dans leurs œuvres si nous ne rencontrons pas de çà et de là quelques bêtises ayant cours forcé comme nos anciens assignats. Voici d'abord venir Térence, le grand portraitiste de l'époque, Térence, l'esprit délicat et bien élevé, qui s'adresse en termes choisis à un public d'élite; quelle différence entre lui et Plaute, bien qu'ils soient presque contemporains: chez ce dernier les personnages sont vivants, vrais, ils ont l'allure très dégagée et parfois même sont un peu bourrus; tandis que chez l'autre ce sont des individus de bonne société, pleins de politesse et d'élégance. Aussi quelle brusque transition entre les deux auteurs: l'un provoque le rire, l'autre laisse réservé, je dirais presque froid. — On y peut cependant encore glaner quelques sottises dans les comédies que le temps a épargnées de ce poëte qui peut-être contribua le plus à épurer la langue latine.

A Rome, comme de nos jours, puisque la pauvre humanité tourne toujours dans le même cercle, les mères, les jeunes filles avaient sur la beauté corporelle des idées parfaitement saugrenues et jurant bien haut contre les plus simples prescriptions de l'art de con-

server la santé. Un des personnages de l'Eunuque,
Chéréa, flanant dans les rues, comme vous le faites souvent sur les boulevards de Paris, rencontre une jeune
fille dont il devient sur-le-champ fort amoureux : « Ce
n'est pas une jeune fille comme les nôtres que leurs mères
obligent à se rabattre les épaules, à se sangler la poitrine pour avoir une taille mince. Si quelqu'une est
plus solidement taillée, on dit qu'elle ressemble à un
athlète, on lui rogne les vivres ; et elles ont beau être
nées avec une bonne constitution, on n'en fait pas
moins d'elles, grâce à ce régime, de véritables roseaux...
La personne que j'ai vue a un incarnat de bon aloi, un
corps solide, l'embonpoint de la santé. »

A la bonne heure, voilà un garçon qui parle d'or, et
n'êtes-vous pas comme lui d'avis qu'il est de la plus
admirables stupidité de sangler dans des mécaniques
qu'on appelle *corsets* ces pauvres enfants qui ne deman-
deraient pas mieux que de croître et de s'embellir par
les seuls efforts de la nature : les femmes appellent cela
de la beauté ! Mais deux pains de sucre soudés par la
pointe produisent un aussi bel effet. Où diable les
femmes ont-elles été chercher leur idéal. Voyez donc
l'emblème de la perfection, l'admirable statue de la
Vénus de Milo. Présente-t-elle la poitrine rétrécie à sa
base. Ah la mode ! Quel excellent pourvoyeur pour le
médecin ! Maladies de poitrine, du cœur, gastralgies,
coliques, que sais-je encore. — Serrez, serrez Mesdames ;
allons, encore un peu. Là, très bien. — Il ne vous reste
plus guère à la taille que l'épaisseur de la colonne vertébrale. Madame, vous êtes charmante. — Puis croyez
çà.

Dans une de nos précédentes soirées, je vous ai parlé
des scènes qui se passaient au moment des couches ;

Plaute et Térence nous présentent souvent ces inté-ressantes positions. Dans l'Andrienne, la jeune Mysis court à contre-cœur chercher la sage-femme, qui a l'habitude de se griser avec une vieille bonne de la maison ; elle sort en s'écriant: « Dieux, accordez à ma maîtresse une heureuse délivrance et que cette Lesbie (la sage-femme) fasse des sottises plutôt partout ailleurs qu'ici. » Cette scène est de toute simplicité ; seulement l'accoucheuse me paraît entachée d'un défaut qui n'expplique que trop bien l'exclamation de Mysis, et si les élèves de la Maternité, dit malicieusement Ménière, veulent protester contre cette inculpation calomnieuse, nous ne leur refuserons pas ce droit. — Enfin le travail marche et la malade de s'écrier : « Junon, Lucine, venez à mon secours ; délivrez-moi, je vous en supplie. » Alors la sage-femme, quand la besogne est terminée de dire : « Tout va bien..... Commencez par lui faire prendre un bain. » Renseignement précieux pour nous et que nous ignorerions peut-être complétement, si les poëtes n'eussent pris le soin de nous le conserver, quoique cette coutume de prendre un bain après la délivrance eût été signalée dans les poésies de Callimaque ; je me demande le but de ce bain ou de ces lotions. Etait-ce une purification ou une simple toilette?

Remarquez aussi ces invocations à Lucine et à Junon pendant la souffrance ; vous les rencontrerez encore dans les Adelphes lors de l'accouchement de Pamphila ; « Oh ! la ! la ! oh ! la ! la ! Quelles horribles souffrances : Junon, Lucine, venez à mon secours? » Toujours la même rengaîne, comme si ces pauvres déesses n'avaient qu'à s'occuper de cet état qu'on dit être le mal joyeux. Je ne l'affirmerais cependant pas, quoique je l'aie souvent entendu dire, quand tout est fini, bien entendu.

Dans les Adelphes, Térence se sert de l'expression *Tollere puerum*, élever l'enfant ; vous vous rappelez que l'enfant était posé à terre et que le père devait l'élever entre ses mains pour assurer sa légitimité. Le poëte nous donne un renseignement pour le moins aussi précieux : le fils qui venait d'être père plaçait le nouveau-né sur les genoux de l'aïeul ; c'était la consécration de la reconnaissance paternelle, le vénérable de la famille conservant toujours son autorité absolue sur ses enfants mâles mariés.

Dans l'Hécyre, une mère pour sauver l'honneur de sa fille, parle d'exposer son enfant. Dans l'Héautontimorumenos, une mère, sur l'ordre de son mari, a exposé son enfant dans un endroit désert. Vous voyez qu'à Rome, même dans les classes élevées de la société, cette coutume était à l'ordre du jour, s'il arrivait que le chef de la famille, par une raison quelconque, ne voulût point relever son enfant. Combien n'en verrions-nous pas exposés de nos jours, si nos lois protectrices de ces petits êtres n'eussent condamné le mari à être le père quand même !

Dans le cas où l'aïeul ne voulait pas accepter l'enfant, on l'exposait à sa porte, ce qui devenait plus sérieux. Dans l'Andrienne, Simon, le père du jeune homme qui a séduit Glycérie, ne veut pas croire à la réalité : « Aussitôt qu'elle a su que j'étais arrêté devant sa porte, elle se met à accoucher. » Et Dave prétend avoir vu l'esclave Canthara entrer chez Glycérie avec un paquet sous le bras. Mais la jeune Mysis indignée riposte : « Grâces aux Dieux, il y avait à l'accouchement des femmes libres. » Grâce à Térence, nous savons que pour porter un témoignage utile il fallait être de condition libre, et que les esclaves ne pouvaient servir de témoins. Voilà, si je ne me trompe, une erreur bie constatée dans la jurisprudence médicale.

Les Romains, ainsi que vous le savez, avaient chacun une forte dose de superstition. Parmenion dans l'Hécyre, se garde bien de suivre sa maîtresse Sostrata dans une visite que celle-ci va faire à sa belle-fille malade, attendu que les deux femmes ne sont pas en parfait accord ; il prétend qu'on le dirait porteur de quelque maléfice destiné à aggraver encore la maladie, et Parménion craint les étrivières. Je crois que nous valons bien nos ancêtres sous ce rapport ; du reste, nous y reviendrons en temps et saison. — Souhaitons donc le bonsoir à Térence et continuons notre revue.

Dans l'ordre des poëtes, nous rencontrons maintenant Lucrèce, le chantre inspiré de la nature. Son magnifique ouvrage que je viens de relire est sans contredit l'un des plus beaux monuments de la poésie latine ; mais je n'ai trouvé dans cette vaste encyclopédie rien qui se rapporte à nos conversations. Non pas qu'on ne rencontre fréquemment des expressions tirées de la science, des comparaisons prises dans la fine fleur de la médecine : Lucrèce au contraire me paraît avoir des connaissances fort étendues sur la physiologie et la pathologie ; mais, des hauteurs où il se place, il ne faut guère lui demander de détails et encore moins d'applications ; et si parfois son génie s'abaisse à donner des conseils, c'est plutôt à l'âme qu'au corps qu'il s'adresse. Il ne se charge donc point de montrer la folie humaine affublée de ses travers et ne fait que mentionner les prodigieux effets de la salive pour tuer sur-le-champ les serpents ; et non-seulement l'animal ne se borne pas à périr, il se déchire et se dévore lui-même. — Passons donc.

Que vous dirais-je de Virgile ? La médecine dans l'épopée est complétement mise de côté et par conséquent les superstitions qui s'y rattachent. Que peuvent faire les guérisseurs et les médecins en concurrence avec les Dieux !

Nous ne trouvons dans l'Enéide que des prêtres soignant des malades et ayant l'Olympe pour auxiliaire : ainsi Vénus apporte à Iapis le fameux *dictame* pour guérir son cher Enée qui vient d'être blessé, et aussitôt l'application faite, le malade va bien. Nous voyons encore Unbron, le grand prêtre de Jupiter, guérir les morsures de serpents par des chants, des charmes, des amulettes que le maître de l'univers lui a révélés. Tout cela est de la médecine primitive aussi grossière que peu profitable. Mais l'épopée n'y regarde pas de si près.

Voici venir maintenant l'ami de Mécène, l'immortel Horace, dont on a dit avec raison qu'il n'est point de position sociale qui ne puisse profiter des leçons répandues dans son œuvre. Toutes les physionomies de son temps, les faiblesses et les vices du cœur humain, Horace les a touchés d'une manière ferme et délicate. Ma foi ! faisons une excursion en dehors de notre cercle, examinons Horace médecin ; l'ami de *Musa* (célèbre médecin de l'empereur Auguste) nous fera passer quelques instants délicieux ; puis après nous rentrerons à la maison, qui je vous assure nous donnera d'assez fortes occupations. — Vive la liberté, c'est-à-dire l'école buissonnière !

Vous pensez bien, cher ami, que je convie Ménière à notre petit voyage. — Partons.

La troisième ode du premier livre adressée au vaisseau de Virgile nous parle des causes primitives des maladies ; ces causes ont le mérite d'une charmante simplicité et elles font remonter jusqu'à la création de l'homme les maux dont il est tributaire et l'ennuyeuse terminaison qui leur est réservée : « L'audacieux fils de Japhet, par un impie larcin, apporta aux hommes le feu du ciel. Du jour où cet élément fut ravi aux voûtes éthérées, la pâle maigreur, l'essaim meurtrier des fièvres brûlantes couvrirent la terre étonnée, et l'inévitable mort, autrefois lointaine et tardive, précipita sa marche fatale. » Joli cadeau vraiment que nous firent les hôtes de l'Elysée en nous octroyant Mesdames les déesses Maigreur et Fièvre ; probablement les dieux du temps voulurent s'amuser à nos dépens en nous envoyant ces petits fléaux, comme le dieu actuel s'amuse, au dire de certain journal, en nous frappant du choléra et des inondations. Bah ! il faut bien passer son temps !

Dans la onzième ode à Leuconoé, Horace donne d'excellents conseils à son ami et l'engage à ne pas chercher à connaître sa destinée, à ne pas consulter les *nombres babyloniens ;* car celui qui veut pénétrer les arcanes de l'avenir perd bien souvent ses dernières illusions. Les Romains avaient grande confiance en ces babioles, soit qu'ils fussent malades ou bien portants.

Juvénal nous a parlé aussi de ces superstitions : dans sa sixième satire, une certaine femme consulta toujours les nombres de Thrasylle et même ceux de Pétosiris, deux devins qui avaient pour habitude de régler les actions de leurs contemporains dans toutes les circonstances de leur vie. Vous savez, du reste, ou vous ne le savez pas, que les Babyloniens et les Chaldéens exerçaient ouvertement à Rome ce genre d'industrie que vingt siècles n'ont pas encore détruit, tant nous avons fait de progrès !

Voici la charmante petite ode d'Horace dont j'ai

cherché à rendre l'idée en français : « Ne cherche pas, Leuconoé, quel destin nous ont réservé les Dieux ; c'est un malheur de le connaître ; évite aussi de scruter les nombres babyloniens ; quoi qu'il arrive, nous n'avons rien de mieux à faire qu'à nous incliner, soit que Jupiter nous abandonne encore quelques hivers, soit que celui qui maintenant fatigue la mer de Thyrrhène entre les rochers qui l'entourent indique notre dernière année. Deviens sage, soigne tes vins ; surtout ne t'abuse pas des longs espoirs dans la carrière si courte de la vie. Nous parlons, le temps s'enfuit. Jouis du présent sans te préoccuper du lendemain. »

La deuxième ode du second livre nous offre une comparaison très belle entre un avare et un hydropique ; Horace paraît avoir été inspiré par le célèbre Muse quand il dit : « Cruel envers lui-même, l'hydropique augmente de volume en ne résistant pas à sa soif ; comment guérir, tant que la cause du mal n'aura pas abondonné ses veines et que cette lymphe épaisse entretiendra la pâleur de son corps ! » La soif de l'or n'est-elle pas bien représentée par ce besoin continuel d'ingurgiter des boissons, surtout dans les derniers temps de l'ascite.

La huitième ode, dirigée contre Barines, nous initie à quelques petits préjugés du peuple-roi : « Barines, dit le poëte, si tu avais subi quelque châtiment de tes parjures, si une seule de tes dents eût été noircie, si un seul de tes ongles eût été déformé, je te croirais. » Voici donc le mensonge puni par un accident subit au menteur, carie d'une dent, déformation d'un ongle ; mais n'allez pas croire que cette superstition ait été inventée à Rome, allons donc ; comme toutes choses, elle leur venait des Grecs, puisque Théocrite en parle, et que les Grecs l'avaient empruntée à je ne sais qui. Cette croyance est encore vivace de nos jours, et comme beaucoup d'autres plus graves a traversé bien des tempêtes sans sombrer : rien d'étonnant, la bêtise et l'erreur sont, comme je vous le disais il y a quelque temps, les déesses les plus encensées du monde. Mettez donc en regard le présent et le passé, vous retrouverez les mêmes préjugés, les mêmes superstitions avec les variantes accommodées aux religions et aux mœurs des peuples : nous avons conservé les ex-voto des anciens ; nous n'avons plus d'asclépions, mais nos chapelles et nos églises les remplacent avantageusement ; nous avons conservé les miracles plus ou moins drôles que les Dieux jadis voulaient bien exécuter en notre faveur seulement, au lieu des dieux, nous avons les saints qui jaloux, paraît-il, les uns des autres, ont fait vœu de se surpasser dans ce genre d'exercices. De charlatans et de guérisseurs, le monde en fourmille ; de médecins plus ou moins bons, l'univers en est rempli. Donc nous n'avons sur les anciens que l'avantage d'être venus après eux et nous n'avons rien à leur envier de ce côté.

Poursuivons notre analyse et arrivons à la sixième ode du troisième livre. Horace ne ménage pas ses compatriotes ; il s'indigne de la corruption qui a gangrené toutes les classes de la société. Le crime détruit les familles : « Notre siècle fécond en infamies a souillé d'abord les mariages, les générations, et de là tous les maux se sont répandus sur le peuple et sur la patrie. La vierge à peine adolescente apprend avec joie les danses voluptueuses de l'Ionie ; elle y ploie ses membres dociles, et dès l'enfance rêve d'incestueses amours. Bientôt, femme adultère, elle cherche de plus jeunes amants, et, sans choix dans les ténèbres, prodigue furtivement de scandaleux plaisirs. Mais son époux devient son complice ; elle se lève en sa présence et à son ordre pour suivre quelque vil agent d'infamie, ou le maître d'un navire ibérien qui paie tant d'opprobre avec de l'or. »

Plus loin dans la vingt-quatrième ode, Horace se plaint que la chaste déesse ne protège plus les Romains ; elle détourne ses regards d'un monde corrompu, elle n'écoute pas les prières de ceux qui n'ont plus le cœur pur : « Plus heureux le Scythe sauvage..... plus heureux le Gète aux mœurs rustiques.....Là une seconde épouse traite avec douceur des enfants qui n'ont plus de mère ; là une femme n'exerce point, fière de sa dot, un empire insolent sur son époux, et n'affiche point l'adultère. » En vain on veut remédier à ces maux ; les lois sans les mœurs sont lettres mortes. Cependant Horace, avec sa douce et bienveillante philosophie, ne désespère pas de son malade ; Auguste revient victorieux, les barbares sont glacés d'effroi : « L'adultère ne profane plus nos chastes maisons ; les lois et les mœurs ont étouffé de scandaleux désordres ; la mère montre avec orgueil dans son enfant les traits d'un époux ; le châtiment suit le crime et sait l'atteindre. » C'est l'âge d'or qui va renaître. Heureux mortel qui s'est avisé de croire que les édits impériaux pourraient réfréner l'abominable corruption des peuples et de ses meneurs ! Corruption incommensurable sous les successeurs d'Auguste, et que Suétone et surtout Juvénal ont marquée d'un stigmate indélébile. — Ah ! mon ami, que nous sommes, Dieu merci, petits à côté des Romains de la décadence ! Non, jamais l'histoire n'a eu et n'aura, je l'espère, à enregistrer de pareilles hontes dans ses annales.

L'ode aux Romains est destinée à montrer la corruption du temps comparée aux vertus des premières années de la République : Horace fait allusion à ces mariages incestueux que l'on se permettait de toutes parts, à cette altération de la race qui paraît résulter d'unions entre parents, à ces répudiations banales qui chaque jour mettaient en question l'état civil des femmes et avaient pour conséquence les avortements provoqués, l'exposition des nouveaux-nés et autres crimes qui attaquaient la famille dans son origine la plus vitale : c'est dans ces désordres introduits dans le mariage et dans la famille qu'il faut voir la ruine de la patrie.

Je ne sais trop cependant si l'auteur du poëme séculaire avait une parfaite confiance dans les lois du Sénat et de l'Empereur, car dans cette ode, qui suffirait à elle seule pour l'illustrer, Horace fait parler ainsi le chœur des jeunes filles : « Douce Illythie, toi qui ouvres le sein maternel à l'enfant mûr pour la vie, protege nos mères ! Soit que tu veuilles être appelée Lucine ou Génitalis, déesse puissante, multiplie les enfants de Rome ; bénis les décrets de nos sénateurs sur les mariages ; protège cette loi conjugale qui doit être féconde en citoyens. » — Ces vœux sont d'un homme amoureux de la grandeur de sa patrie.

Vous avez vu par les quelques passages que je vous ai rappelés d'Horace et surtout par son ode à Leuconoé qu'il envisageait la vie de la bonne façon ; mais il arrivait parfois que ce doux farniente était mis à de rudes épreuves : une de ses odes adressée à Mécène montre toute sa sensibilité ; jamais plaintes plus touchantes ne s'exhalèrent d'un cœur contristé. On dirait qu'il pressentait la mort de son ami et que cette catastrophe le tuerait : « Le même jour amènera notre mort 'commune. » Moins d'un mois après la mort de son bienfaiteur, Horace mourut en effet subitement, et Auguste le fit placer à côté de l'homme qu'il avait tant chéri.

Nous allons maintenant aborder l'œuvre philosophique d'Horace, les satires et les épîtres, charmant recueil où sont entassées les pensées les plus délicates et les meilleurs conseils à l'adresse de tous les gens de bonne volonté. Mais, auparavant, peut-être ne serez-vous pas fâché de connaître, au physique et au moral, l'homme dont la lyre a chanté d'une façon si mélodieuse, l'aimable satirique qui sut si bien dorer ses pilules que ses concitoyens ne se permirent point d'élever la voix pour protester !

Horace avait les passions vives, comme vous pouvez en juger par une de ses odes adressée à Lydie ; il se sert largement pour dépeindre son état d'expressions empruntées au langage médical. « Lydie, quand tu loues la figure de rose de Télèphe, quand tu loues ses bras de neige, grands dieux ! mon foie se gonfle d'une bile âcre et brûlante ; je rougis et je pâlis tour à tour : je sue à grosses gouttes et cela témoigne assez de quels feux intérieurs je suis dévoré. » — On voit sans peine par ce passage et celui que je vous ai rapporté de ses vers à Mécène malade, que notre poëte était doué d'une exquise sensibilité ; mais il savait prendre gaiement la vie sans se soucier beaucoup de ce qui peut advenir au delà du tombeau ; non pas qu'il n'y songeât quelquefois, car le *memento mori* des trappistes se retrouve à chaque page de ses écrits : mais, philosophe, il avait pris son parti ; il adorait ses maîtresses, aimait fort ses amis et redoutait par-dessus tout les ennuis et les maladies. Il n'était pas brave, il le dit lui-même quand il raconte qu'à la bataille de Philippe, il jeta son bouclier pour déguerpir au plus vite. Quelles injures n'a-t-il pas adressées à ce malheureux arbre qui faillit l'écraser dans sa chute !

Cet accident dont il manqua d'être victime lui laissa une impression de frayeur qui dura longtemps, autant qu'on en peut juger par le soin qu'il prend de rappeler souvent ce sujet : « Ce fut dans un jour néfaste qu'on te planta, arbre fatal ; ce fut une main sacrilége qui te fit croître pour le malheur de la race future et l'effroi du hameau. — Sans doute, il avait brisé la tête de son vieux père ; et pendant la nuit arrosé ses foyers du sang de son hôte ; sans doute il avait manié les poisons de la Colchide, et conçu tout ce que l'esprit peut enfanter de forfaits, celui qui te plaça dans mon champ, arbre maudit, qui devais tomber un jour sur la tête de ton maître innocent. » Horace, moitié sérieux, moitié badinant dans ces strophes, n'y va pas de main morte ; on voit qu'il a ressenti un immense bonheur d'éviter l'arbre fatal ; aussi ajoute-t-il plus loin : « Ah ! que j'ai été près de voir le royaume de la sombre Proserpine, Eaque et son tribunal ! »

Vous voyez que l'homme moral a bien des droits à notre sympathie : délicatesse de sentiments, vivacité dans la passion, ampleur de l'idée, voilà certainement autant qu'il en faut pour le faire estimer ; l'homme physique ne le cède point au premier. Horace est sobre ; du moins il le dit dans l'ode trente et unième du livre premier. Les olives, la chicorée et la mauve si douce composent ma nourriture. Apollon, accorde-moi de jouir sain de corps et d'esprit du peu de bien que je dois à mon travail. Jamais souhait ne fut plus modeste, ni plus légitime. Une table frugale, de bon Massique dans cette bonne et large amphore née comme lui sous le consulat de Manlius, et de joyeux convives : on peut bien pardonner tout cela au poëte ; on sait du reste que le bon vin avait une singulière puissance pour ranimer la vertu du vieux Caton, et que le vieil Ennius le préférait à Pégase quand il se mettait en devoir de chanter les exploits de l'ancienne Rome. Nous pardonnons donc de grand cœur comme homme et comme médecin la petite tendance d'Horace à déguster un bon repas ; au besoin même nous pourrions l'en féliciter, certain que nous sommes d'être en cela de l'avis de la très grande majorité.

Enfin, pour achever de vous peindre notre homme, je vous dirai qu'Horace était d'une constitution débile et tourmenté continuellement par une inflammation chronique des paupières. Aussi, quand on proposait de faire quelque exercice un peu violent, comme de jouer à la paume, par exemple, il prenait par le bras son ami Virgile, dont l'estomac ne valait pas mieux que ses yeux, et tous deux allaient se coucher, car « la paume est ennemie des yeux et des estomacs malades. » Ajoutez à cela qu'il était gris et même quelque peu chauve à quarante ans, qu'il était de petite taille et qu'il avait l'abdomen passablement développé, vous connaîtrez l'homme : sa courte taille lui attirait de temps en temps quelques plaisanteries de la part d'Auguste. Tâchez, lui disait-il, si vos volumes ne sont pas plus hauts qu'une chopine, qu'ils aient du moins l'honnête ampleur de votre ventre. — Empereur et poëte se séparaient alors contents l'un de l'autre.

Horace nous a laissé deux livres de satires et deux livres d'épîtres qui depuis bientôt vingt siècles font le tourment et l'admiration de ses amis d'outre-tombe :

on l'a traduit, retraduit, commenté, sans jamais rendre pleinement ses délicatesses et ses effronteries de langage. L'édition Panckouke, que nous sommes obligés de prendre comme des meilleures, jure, nous devons, le dire souvent avec le texte, sous le rapport de l'accentuation du langage. — Que faire à cela? Notre langue s'est faite prude ; elle n'a pas osé suivre l'essor que lui avaient imprimé Rabelais et ses contemporains ; elle s'est rapetissée ! Honnis soient ceux qui l'ont couchée sur ce lit de Procuste ! Quel remède à cela ? Lire Horace dans la langue qui lui a prêté les mots et les tours de phrase heureux que notre langue pimbèche désavoue.

Là n'est pas mon compte, me direz-vous, le latin et moi nous ne sommes pas toujours d'accord. — Cela est vrai, puisque vous le dites, et j'en suis même persuadé ; aussi vais-je vous parler avec des mots français accommodés, autant que possible à vos pudibondes oreilles. Hélas !!!

« Personne n'est content de son sort. » Tel est le titre de la première satire que notre poëte développe avec une verve incroyable : « D'où vient, Mécène, que jamais l'homme, quelque état que son choix ou le sort lui ait fait embrasser, ne vit satisfait, et qu'il porte envie à ceux qui suivent une carrière différente. » Voilà certes bien là, mon ami, une des erreurs, un des préjugés qui ont le plus fermement pris racine dans toutes les sociétés depuis qu'il y a des bimanes en ce monde. Notre satirique passe en revue les diverses professions : il nous montre le marchand, le soldat, le laboureur, le jurisconsulte enviant le sort de son voisin, lequel agit de même à son égard. Quel dommage qu'il n'ait pas mis en cause le médecin ! Combien encore vous auriez entendu des plaintes plus âcres, des récriminations

plus fougueuses! — Quel affreux métier! Que de
fatigues? Que d'ennuis! Et pour qui! Pour des ingrats,
pour des méchants qui attribuent à la nature tous les
honneurs de la guérison, aux médecins tous les
accidents de la maladie! Un esclavage perpétuel! A la
merci du premier venu! Des malades imbus de préjugés, qui vous racontent leurs opinions médicales,
qui veulent être traités non pas de ce qu'ils ont, mais
de ce qu'ils croient avoir ; qui vous abandonnent pour le
premier charlatan venu, pour une somnambule extra-
lucide, pour un homœopathe extra-mystérieux. On
meurt de faim quand on ne meurt pas à la peine, et, de
toutes les professions possibles, celle du médecin est de
toutes la meilleure pour faire mourir le plus vite son
individu. — Voilà ce qu'Horace aurait dit s'il eût pensé
dans le moment aux enfants d'Esculape : il eût dit vrai.
Mais quelle cantilène psalmodient les autres ! Allez, c'est
toujours le même refrain : grand ou petit, riche ou pauvre, les ennuis et les déboires sont l'apanage de la vie et
le mieux est de se contenter de ce qu'on a. Au diable
les préoccupations incessantes. La thèse est belle à
soutenir. Mais laissons là dans cette région sereine où
l'âme seule peut atteindre (Ménière) et continuons notre
étude.

Horace s'adresse à un avare : « Que la fièvre s'empare
de toi, ou que tout autre accident te cloue sur ton lit;
sans doute tu as quelqu'un pour préparer tes médicaments, pour presser le médecin de te remettre sur
pied afin de te rendre à tes enfants et à tes parents qui
te sont si chers? Hélas non, ni ta femme, ni ton fils ne
font des vœux pour ta vie : chacun te hait, voisins,
valets, servantes, tous ceux qui te connaissent. » Le
tableau de cette misère est d'une effrayante vérité. —

Que donc faire, s'écrie l'avare? — Vivre convenablement, riposte le poëte; il est en toute chose un juste milieu, et des limites au delà et en deçà desquelles ne peut se trouver la raison. — M'est avis qu'ici le moralisateur en est pour ses frais. — Cette première satire se termine par cette phrase : « C'est assez, je n'ajouterai plus un seul mot, vous m'accuseriez d'avoir compilé les tablettes du chassieux Crispinus. C'est la première fois qu'on rencontre le mot *lippus* (chassieux), qu'on voit après cela si souvent. Il en parle sans cesse et cette infirmité est l'objet perpétuel de ses railleries, et ne trouvez pas qu'il ait mauvaise grâce à poursuivre ainsi ses confrères en infirmité : on n'est pas méchant, dit Ménière, quand on s'amuse aux dépens de ceux qui peuvent vous rendre la pareille.

La seconde satire est destinée à montrer que les sots, en voulant éviter un excès, se précipitent dans un excès opposé: « Malthinus marche sur sa tunique qui traîne à terre; un autre, au contraire, la relève effrontément jusqu'à la ceinture. Rufillus sent les parfums et Gorgonius le bouc. On ne sait garder une juste mesure. Il y a des gens qui ne veulent de femmes que celles qui traînent sur leurs talons une robe brodée de pourpre; d'autres au contraire ne les cherchent que dans — comment dirai-je? — que dans les maisons à grand numéro. » — Un jeune homme sort d'une maison de tolérance, le grave Caton l'aperçoit et lui dit: « Courage, mon ami, c'est de la vertu, c'est là qu'il faut aller plutôt que de porter le désordre dans les ménages. » — Halte là, mon maître, vous avez raison de citer Caton, puisque le mot est historique; mais au moins faut-il ajouter le bon conseil que donne le vieux républicain: « On peut y venir parfois, mais non pas y faire sa

demeure. » — Mais tel n'est pas l'avis de Cupiennus,
grand amateur des beautés patriciennes, malgré les
inconvénients, les dangers même de ces amours adultères. — Ces dangers sont à peu près ceux de nos jours
et je n'ai pas besoin de vous les énumérer ; mais « n'est-
il pas arrivé à un autre encore que le fer a coupé court
à ses ardeurs amoureuses ? Tout le monde en rit,
excepté Galba. » Il paraît que ce pauvre garçon avait
laissé ses..... deux oreilles sur le champ de bataille.
Bigre ! Voilà une chirurgie domestique qui devait bien
refréner les ardeurs des libertins.

Horace, grand amateur des plaisirs qu'il désavoue,
prête un peu plus loin un singulier langage à un Monsieur dont je vous ai déjà parlé et qu'on appelle Phallus :
la phrase latine est assez égrillarde. — Diablesse de
langue. — Ma foi, prenez-vous en au poëte.

« Que me chantes-tu ? Quand soudain ma furie
s'allume, qu'ai-je besoin des appas issus du sang illustre d'un consul et recouverts d'une longue robe. »
— « Cesse donc, imbécile, de courir après les grandes
dames ; elles n'ont ni la cuisse plus moelleuse, ni la
jambe mieux tournée. Souvent on trouve fort mieux
chez les courtisanes qui ne fardent pas leur marchandise. » Notre poëte ajoute encore des détails qui durent
lui procurer plus d'une ennemie mortelle parmi les
patriciennes : « elle n'a pas de hanches, son nez est
gros, sa taille courte, son pied long. » — Cette satire
nous montre bien les Romains dans la vie privée, elle
nous initie aux actes les plus mystérieux avec une
vigueur d'expressions que notre langue ne tolère pas,
mais qui donnent à ses peintures un singulier réalisme.
Lisez, mon ami, cette seconde satire, c'est du Juvénal
anticipé. Je crois que le doux épicurien s'est pour de

bon fâché et que le spectacle de la corruption présente a fait bouillonner chez lui la bile et l'atrabile.

La troisième satire est dirigée contre la manie que nous possédons tous à un suprême degré et qui consiste à avoir des yeux d'aigle pour les défauts des autres et des yeux de taupe pour nos imperfections particulières : « Quand tu regardes tes vices avec les yeux graissés d'un lippeux, pourquoi as-tu l'œil de l'aigle ou du serpent d'Epidaure pour découvrir ceux de tes amis ! » Cet apologue est vieux comme le monde ; la malice ou la passion nous trouble la vue, transforme les qualités en défauts, les défauts en qualités. Voyez plutôt Balbinus ; il a une charmante maîtresse, seulement elle a un polype, probablement du nez, car rien n'indique qu'on en connût à cette époque dans d'autres cavités.

Eh bien ! Balbinus est enchanté du polype de sa maîtresse ; il s'aveugle sur ce défaut ; il en a même fait un agrément. « Un père trouve que son fils qui louche a quelque chose dans le regard ; un nain ridicule comme cet avorton de Sisyphe est un enfant mignon ; ce bancal n'est pas très droit ; et le boiteux, on murmure que sa démarche n'est pas assurée. » — Vous voyez qu'Horace emprunte hardiment et largement au langage médical et qu'il se sert habilement des termes de l'art pour donner du relief à sa pensée.

La quatrième satire n'a rien qui nous intéresse, non qu'elle ne soit intéressante pour le penseur et le philosophe, voire même pour le médecin qui sait goûter les charmantes pages du chantre de Tibur. Mais, vous le savez, nous sommes avant tout anatomistes, et malheureusement, si c'est un malheur, le médecin a l'habitude de disséquer son sujet : Horace y perd,

puisque j'effeuille sa couronne de roses et que je le
contrains à avouer qu'il nous doit beaucoup'; mais nous
y gagnons dans notre étude sur les mœurs et les
superstitions de ses compatriotes. Cependant je trouve
un passage bon à noter: « Quand l'âge aura fortifié
ton corps et ton esprit, on te laissera nager sans
liége. » Les Romains, comme vous le voyez, atta-
chaient une grande importance à la natation, et comme
nous, ils se servaient d'appareils propres à soutenir les
enfants pendant l'apprentissage de ce salutaire exercice ; aussi disaient-ils d'un homme sans éducation :
nec litteras didicit, nec natare (il n'a pas fait d'études et
ne sait pas nager) ; c'était une question d'hygiène de la
plus haute importance.

L'an 711 de l'ère romaine, notre épicurien fit un
voyage à Brindes ; il nous a laissé à ce sujet la cinquième satire, afin de nous faire connaître tous les
incidents plus ou moins drôles qui signalèrent cette
épopée. Il avait pour compagnons de voyage le rhéteur
Héliodore, l'homme le plus docte dans la langue des
Grecs ; à Anxur, il rejoignit Mécène et Cocceius, ainsi
que Capiton, l'homme le plus parfait du siècle ; Virgile et
Varius, les âmes les plus pures qui soient sur terre,
avaient pris les devants et les attendaient à Sinuesse. La
traversée promettait d'être pleine d'attraits, et Horace,
en garçon prudent, avait eu soin d'emporter son collyre
noir pour lotionner ses pauvres yeux malades. Hélas ! la
route fut accidentée de bien des traverses que le
voyageur nous relate d'un ton moitié plaisant, moitié
sérieux. Il arrive d'abord à Aricie ; puis de là au forum
d'Appius ; mais en homme qui n'aime pas se presser, il
met deux jours où il n'en faudrait qu'un pour faire
cette traite, non sans maugréer contre les bateliers et

les cabaretiers fripons (c'était, il paraît, déjà une des obligations de la profession) ; puis à la nuit, moment du départ, valets d'hôtellerie, bateliers se mettent à jurer, se bousculent, se flanquent des horions ; on paie, on attelle la mule qui doit traîner le bateau et tout cela demande une bonne heure : pour comble de malheur, les cousins travaillent à belles dents et les grenouilles se sont constitué un orphéon, le conducteur de la mule s'endort, le patron de la barque en fait autant, de sorte que le lendemain matin la barque n'a pas bougé d'une ligne. C'est alors qu'un des voyageurs, moins patient que les autres, va caresser vigoureusement d'une branche de saule le dos de la mule et du batelier. Vous pensez bien que notre ami ne se serait pas aventuré pour donner cette accolade ; car il est prudent et tellement paresseux ! Il débarque à dix heures du matin et va faire sa toilette à la fontaine Féronie ; il quitte sans regret Fundi et son hôte Luscus, qui l'a fortement ennuyé de son fol orgueil, de sa prétexte et de son lacticlave. Enfin il arrive à une petite métairie qu'on voit tout près du pont de Campanie où les commissaires lui fournissent le bois et le sel qu'ils doivent à tous les voyageurs : n'oubliez pas qu'Horace voyageait avec Mécène, député vers Marc-Antoine en qualité d'ambassadeur, et ce droit au bois et au sel peut être, comme de notre temps, le droit au feu et à la chandelle qu'on nous impose quand il nous arrive des troupiers. — Horace et ses amis arrivés chez Cocceius furent témoins d'une dispute qui s'éleva entre deux esclaves bouffons : l'un d'eux, Messius, attaque son adversaire Sarmentus ; leurs propos nous intéresseraient peu certainement, si, parmi les injures que s'adressent les deux champions, il n'y avait l'indice d'une maladie qui est complétement de notre ressort : « Si l'on ne t'avait pas retranché une corne du front, dit Messius, que ne ferais-tu pas, puisque ainsi mutilé tu menaces encore? » Une cicatrice dégoûtante défigurait en effet le front velu de Sarmentus. — Alors celui-ci de parler à son tour du mal campanien de son partner. — Qu'était ce mal campanien? Le père Sanadon prétend que ce devait être le résultat des infâmes débauches auxquelles s'abandonnaient les Osques, peuple de la Campanie. Quicherat voit là une éruption dartreuse ; quant à moi, je me rangerais volontiers à l'avis du père Sanadon et je serais tenté d'y voir un symptôme de syphilis constitutionnelle, malgré que le fait rapporté ne soit pas entouré de preuves suffisantes pour trancher la question. — De là on partit pour une métairie voisine de Trévise, où notre pauvre poëte en fut pour ses frais d'éloquence vis-à-vis d'une jeune et jolie servante de la maison qui s'empressa de manquer au rendez-vous convenu et qui fut cause d'un accident érotique qui vint surprendre Horace au milieu de la nuit. Enfin, après quelques jours bien remplis encore, il parvint à Brindes.

Les quatre satires suivantes ne peuvent guère nous intéresser comme médecin, malgré qu'il y ait de précieux renseignements sur la vie journalière de la société romaine. La dixième satire sur le poëte Lucilius n'a rien non plus de médical, mais je m'y arrête, car Horace me paraît être sorti de son naturel pour avoir essayé de ridiculiser un homme dont le caractère et les vertus ne devaient pas lui permettre de pareilles épigrammes. L'ami de Mécène a manqué de justice envers un esprit des plus remarquables et à qui il a dû bon nombre d'inspirations heureuses. Si Lucilius était aimé et honoré des hommes les plus illustres de la République, nous avons le droit de croire que ce ne fut pas sans motifs. — Regardons donc son pamphlet comme une boutade de malade et passons outre.

La deuxième satire du second livre s'adresse à ceux qui font un dieu de leur ventre; je n'oserais affirmer que notre grand enfant de poëte, tout en racontant sa médiocrité dorée, n'eût parfois ressenti les effets de ces bons repas qui portaient de si rudes atteintes à sa santé. Il excelle à donner des conseils qu'il n'a certes pas toujours suivis : c'est chose si douce que de bien réveillonner ! Il dit avec raison : « Voulez-vous jouir d'un bon sommeil ? Bien frotté d'huile, traversez trois fois le Tibre à la nage; puis le soir, usez d'un vin généreux... demandez à la fatigue les assaisonnements du repas... à jeun, on ne craint point les aliments vulgaires... un morceau de pain et du sel calmera votre estomac aux abois... Rappelle-toi quelle facile digestion on a quand on ne mange que d'un seul mets. Quand, au contraire, tu as mêlé dans ton estomac des viandes rôties et bouillies, des huîtres et des grives, tout tourne en bile. » Quels excellents préceptes ; avec quel bonheur les décrit Horace ! Certes nos hygiénistes les plus en renom ne diraient pas mieux. Sobriété et santé sont in-séparables ; malheureusement, si nous aimons beaucoup l'une, nous faisons souvent des infidélités à l'autre. — Nous sommes de si bonne composition !.....

Horace est un des meilleurs médecins que je connaisse. — Vous avez l'air d'en douter. Lisez donc sa troisième satire, où il développe ce singulier texte que tous les hommes sont également fous et qu'ils ne diffèrent que par leur genre de folie. — Damasippe et Horace se renvoient la riposte à ce sujet et fournissent les raisons du pour et du contre. Damasippe avoue qu'il a eu longtemps la manie des statues antiques : « Je le savais, dit le poëte, et je m'étonne que tu aies pu te guérir de cette maladie. » — Damasippe : « Tout le prodige se réduit à ce qu'une nouvelle a chassé l'ancienne, comme une douleur qui passe du côté au cœur ou à la poitrine ; ainsi le délire succède au collapsus et le malade tombe à coups de poing sur son médecin. »

Horace est un véritable professeur de clinique mentale ; il ouvre son cours comme pourrait le faire Moreau de Tours ou mon vénérable maître M. Voisin : « Ecoutez, et disposez convenablement votre toge, vous tous dont une funeste ambition ou l'avarice pâlit le front ; vous qu'enflamme la soif des plaisirs, la triste superstition, ou toute autre maladie de l'âme ; approchez chacun à votre tour, tandis que je vous prouve que vous êtes tous atteints de folie. La plus forte dose d'ellébore est pour les avares ; je ne sais pas même si la raison ne leur donne pas Anticyre tout entière. » (L'ellébore était le souverain remède contre la folie ; le meilleur était récolté dans l'île d'Anticyre).

Partant de ce principe, qu'une certaine dose d'ellébore nous est à tous nécessaire, notre satirique va folâtrant de droite et de gauche, ramassant dans toutes les classes de la société les nombreuses observations qui servent d'étais à sa leçon de pathologie mentale. Un troisième personnage, Stertinius, arrive en scène ; digne élève du Portique, il prétend prouver que les gens à passions vives sont fous et que les ignorants ne leur cèdent en rien, ce qui, pour parler en bon français, signifie que la sagesse en ce monde est presque aussi introuvable que la corne · de Licorne ou le Phénix. Stertinius, pour appuyer sa thèse, raconte la triste aventure qui vient d'arriver à Opimius, type d'avare, riche comme un Crésus, et qui se condamne à des privations impossibles. Opimius tomba dans une profonde léthargie : déjà l'héritier, ivre de joie, courait aux coffres et aux clés. Un médecin fidèle et empressé trouve moyen de réveiller le malade ; il fait dresser une table, vider dessus ses sacs d'écus, que plusieurs mains se mettent à compter. Notre homme revient à lui. « Si tu ne veilles sur ton argent, dit le médecin, ton vide héritier va s'en emparer. — Moi vivant ! — Si tu veux vivre, éveille-toi, allons. — Que faire pour cela ? — Les forces vont te manquer si tu ne manges un peu pour soutenir ton estomac défaillant. Tu hésites ! allons, prends cette eau de riz. — Qui coûte ? — Peu de chose. — Encore ? — Huit as. — Hélas ! qu'importe de mourir de maladie ou ruiné par des fripons et des voleurs ? » — Oh ! Molière, quel beau portrait entre tes mains ! Un homme qui tient plus à son argent qu'à sa vie. Allons, décidément, l'homme fut toujours le même ; cela me console pour notre époque ; on crie, on grince, on flagelle comme autrefois : A quoi cela sert-il, grand Dieu ! Prenez-en votre parti, mon cher, et croyez-moi, tâchons de vivre comme Horace. — Que dites-vous de notre médecin dans cette occasion ? N'a-t-il pas pris le bon parti en touchant la corde sensible de son malade ? Il a frappé dur et fort, il a presque accompli un miracle. Cela était digne de Craterus, célèbre médecin du temps, que notre poëte met en cause. Craterus affirme qu'un malade a l'estomac en bon état. En concluez-vous que le malade se porte bien et peut se lever. Non, répondra le médecin, car une douleur aiguë déchire son flanc ou ses reins. — Nous sommes de son avis ; mais combien ne seront pas du nôtre ?

Après les avares, Horace ne manque pas de s'attaquer aux dissipateurs, race aussi folle que la première. Nomentanus , le fils d'Esopus, les deux fils d'Arrius sont mis en cause. Folie par-ci, folie par-là ; les glorieux, les amoureux viennent ensuite; puis les bâtisseurs, les démolisseurs, les grenouilles qui veulent égaler le volume du bœuf et crèvent à cette rude besogne : que sais-je encore. Enfin les superstitieux que la passion domine au point de les rendre criminels par une dévotion mal entendue. Une mère plus tendre qu'éclairée veut guérir son fils que tourmente depuis cinq mois une fièvre quarte : médecins, sorciers, charmes, tout en vain a été prodigué au moribond sans résultat ; la mère alors recourt au plus puissant des dieux et lui adresse cette prière : « si cette fièvre abandonne mon enfant, le matin du jour où tu nous imposes le jeûne, je le plongerai nu dans le Tibre. Que le hasard ou la médecine arrache donc ce pauvre enfant à la tombe ; sa mère en délire va le tuer en le retenant sur la rive glacée et lui rendre la fièvre. Quelle maladie a frappé son cerveau ? La superstition. » Les anciens regardaient les bains par immersion comme un acte expiatoire ; le corps était purifié, ce qui était agréable aux dieux ; je me permets d'en douter ; mais certes ce ne devait guère l'être aux convalescents ; aussi Horace, et après lui Perse et Juvénal n'ont-ils pas craint d'adresser à Messieurs de l'Olympe de violentes critiques pour avoir suggéré aux garde-malades cette manie de vœux et de promesses qu'il est toujours fort désagréable de tenir. J'incline à croire qu'on en agissait envers le dieu comme envers le médecin.

> On lui promet un monde à l'heure du danger,
> Le malade guéri n'y paraît plus songer.
>
> (Ecole de Salerne).

Horace, s'il eût vécu dans notre siècle, eût été l'un des plus brillants apôtres du dieu Brillat-Savarin. Le soin qu'il a pris à recueillir les fines formules culinaires de son époque témoigne bien haut de son ardent amour pour la bonne chère. Voyez sa quatrième satire, elle est toute consacrée aux gourmands, à ceux qui s'occupent de cuisine et qui mettent le suprême bonheur dans les satisfactions du palais et de l'estomac ; vous verrez que les Romains avaient singulièrement perfectionné ce grand chapitre de la vie. Quelles recherches délicates dans le choix des mets et des vins ! Vous pensez bien que nous ne suivrons pas notre gourmand dans cette longue énumération des vins les plus fins, des fruits les plus savoureux, des poissons des plus exquis, les sauces que chaque espèce réclame : on pourrait croire que d'en parler seulement, l'eau nous en vient à la bouche ! tandis que je ne fais que vous rappeler ces superfluités comme une simple affaire d'hygiène. Vous connaissez le procédé de Caton pour bien boire et bien manger ; il y a dix-neuf siècles, on préparait l'estomac, pour le rendre apte à de nouvelles ingurgitations, par des vomissements répétés : le procédé étant encore actuellement en vigueur, je n'ai pas à vous en décrire les effets qui ne vous sont pas, je le crois, inconnus complétement. Continuons donc notre excursion et voyons un peu quels renseignements nous en pourrons tirer au point de vue de notre art.

Vous connaissez les saturnales que les Romains célébraient au mois de décembre ; les esclaves, pendant ces fêtes, étaient autorisés par une ancienne coutume à parler librement à leurs maîtres et profitaient parfois de l'occasion pour leur faire entendre de dures vérités dont il devait toujours rester quelque chose. Horace a consacré la septième satire du second livre à un entretien de ce genre ; il se met lui-même en scène avec Dave, son serviteur, et je reconnais à sa louange qu'il ne se ménage pas : c'est une véritable confession qu'il nous fait.

Dave : « Quoique esclave, je désirerais vous dire quelques mots. — Horace : « Allons, profite de la liberté de ces jours de décembre... Parle. »—Mons Dave, alors, démontre à son maître que chacun est enclin à mal faire, qu'on se plaît dans le mal, et qu'on caresse ses passions au lieu de les combattre : « Voyez plutôt le bouffon Volanerius dont les doigts sont paralysés par une goutte qu'il a bien méritée ; c'est un joueur tellement passionné qu'il nourrit et paye, tant par jour, un homme pour ramasser ses dés et les jeter dans le cornet. »

Horace est prêt à se fâcher ; mais l'esclave, qui se sent fort du droit commun, lui dit tranquillement : « Ne croyez pas m'effrayer avec vos airs menaçants ; point de coups, point de menaces ; et laissez-moi vous répéter ce que j'ai appris du portier de Crispinus.

» Vous aimez la femme de votre voisin, Dave n'aime que les courtisanes ; qui de nous deux mérite le mieux d'être pendu ? Quand mes sens sont enflammés.... »

Aïe ! je ne sais plus comment vous exprimer la pensée du poëte ; le latin est ici d'une merveilleuse énergie, mais aussi il est d'une crudité terrible ; ma foi, mon ami, supposez tout ce qui vous passera par la tête, je m'en lave les mains. — Quoi qu'il en soit, Dave démontre victorieusement que les passions qu'on lui reproche, son maître les a aussi nombreuses et plus violentes. « Ma gourmandise, dit-il, m'est souvent fatale ; mon dos en souffre ; mais vous, n'avez-vous pas à souffrir de votre gloutonnerie ; tous ces aliments entassés s'aigrissent dans votre estomac et vos pieds incertains refusent de porter votre corps affaibli par l'intempérance. Le maître se conduit bien quelque peu comme un esclave ; car l'homme véritablement libre est celui qui a de l'empire sur son propre cœur. » Cette satire, à mon avis, l'une des meilleures du second livre, si tant est qu'on puisse dire qu'en lisant toutes ces charmantes pages, que ceci vaut mieux que cela, est un excellent modèle de raison et elle nous conduit tout naturellement, d'après la dernière citation que je vous ai faite, au splendide souper de Nasidienus, dans lequel nous trouvons indiquées beaucoup des coutumes journalières de l'époque. — Ce festin, dont Horace nous a recueilli la description plaisante, était ma foi assez bien conditionné ! Que de mets ! que de vins ! le cécube, le chio, l'albe, le palerme foisonnent ; les buveurs sont de solides gaillards qui eurent bientôt mis les brocs à sec, au grand désespoir du maître du logis, soit parce que le vin permet plus de liberté, soit parce qu'il émousse la délicatesse du palais. Nasidienus tenait par dessus tout à faire apprécier sa cuisine. — Un sanglier de Lucanie fut d'abord servi comme pièce de résistance, et, pour réveiller les estomacs blasés, on l'avait entouré de raves, de laitues, de racines, de chervi, d'anchois bien marinés, et enfin de lie de vin de Cos. Imaginez-vous quel superbe arlequin cela devait faire. Je ne m'étonne plus maintenant des malheurs répétés des estomacs de la fine société du grand peuple ; puis après, manger encore gibier, poissons, coquillages, carrelet, turbot, pommes de paradis cueillies au déclin de la lune ! Ah ! pauvre gaster ! de quelle façon te traitaient tes propriétaires. Mais ce n'est pas tout : arrive une lamproie pleine escortée de squilles et assaisonnée avec de l'huile de Vénafre, de la saumure d'Espagne, du vin de cinq ans, du vin de Chio, du poivre blanc et du vinaigre de Lesbos. — Ouf ! et dire qu'il y a encore un service composé d'une grue saupoudrée de sel et de farine, de foies d'oies blanches farcis de figues, de merles, de demi-pigeons et de filets de lièvres. — Quelle cuisine, grands dieux ! Quels gosiers tannés avaient donc les convives parmi lesquels se trouvait Mécène ! Et l'on viendra nous dire que je ne sais quel baron actuel, à la mode parmi les gourmets, est l'homme qui sait le mieux vivre à notre époque ! Allons donc ! Allez, Monsieur le baron de Brisse, faire un tour dans la ville du dieu César ; vous pourrez apprendre le menu d'un dîner : mon cher poëte vous rendrait des points.

Cette dernière satire, au point de vue médical et hygiénique, me donne une bien triste idée des enfants de Romulus. Comment ! Vous avez bien bu, bien mangé, peut-être trop déjà, et vous voulez boire et manger encore ! Vous engouffrez malgré les protestations de votre estomac qui vous demande grâce et vous crie : assez, assez ! — Puis vous ingurgitez toujours... Ah ! Messieurs du Capitole, ce n'est vraiment pas propre !

Croyez-vous qu'Horace médecin n'avait pas le droit de protester contre un tel genre de vie ?

Arrêtons-nous ; nous avons fait une abondante récolte médicale dans les odes et les satires ; nous aurions autant à faire dans les épitres ; mais vous connaissez le vieux dicton : « Il n'est si bons amis qui ne se quittent. » Plus tard, peut-être, reviendrons-nous sur les œuvres de l'aimable épicurien ; mais il est temps de rentrer à la maison, où nous allons trouver un régiment d'erreurs et de préjugés qui ne demandent qu'à voir le jour, espérant que, grâce à nos intelligences françaises, ils pourront quelque temps encore être maîtres du monde. Allons nous coucher.

DOUZIÈME SOIRÉE.

Le mal de dents. — Les mages.

Ah ! mon ami, vous me demandez plus que je n'ai l'intention de vous donner ; je trouve charmant et agréable de déguster quelques rasades de Cécube en compagnie de notre cher Horace, et à l'occasion je ne renonce pas aux douceurs de son intimité ; mais, pour l'instant, je me vois obligé de vous prendre le bras afin de m'accompagner dans le voyage d'exploration qui nous reste à faire dans l'infini domaine de la balourdise de nos grands parents. Allons, c'est convenu ; partons, et si vous êtes gentil, vous serez récompensé. — Vous vous rappelez m'avoir entendu dire que mon sac était bien rempli d'historiettes sur cette société romaine qui, dans le cycle des nations, a tenu les deux extrêmes de la grandeur et de la petitesse ! La gloire, vous la connaissez ; le courage, vous avez pu l'apprécier souvent ; mais l'opposé de tout cela, l'avez-vous quelquefois médité ? — Non. — Tant pis pour vous, car alors vous vous êtes fait une sotte opinion sur ces conquérants de la terre. J'ai pris le vilain rôle : que voulez-vous, c'était écrit. — Vous savez que quand le vainqueur se rendait triomphant au Capitole, quelques personnes désignées étaient chargées du soin de rappeler à l'heureux du jour ses défaillances passées, et de lui faire sentir que

8

. la Roche Tarpéïenne se dresse près du temple de Jupiter.

— Admettez que je sois un de ces revêches destinés à faire ombre au tableau, mais je ne m'en égaudirai pas moins sur le compte de tous ces braves gens qui furent, dit-on, le plus bel ornement de leurs siècles.

Dieux ! quelle bonne pâte d'hommes étaient les fils de la Louve quand ils étaient écloppés ! Soyez tranquille, ils ne se laissaient pas prendre au dépourvu, et il y avait dans l'émpire une certaine caste d'individus venus de l'Orient qui, moyennant salaire bien entendu, ne leur donnaient que l'embarras du choix parmi les millions de recettes dont leur grimoire fourmillait. Vous vous plaignez parfois du mal de dents, cher ami, et cette douleur est si intense, que vous m'avez obligé l'autre jour à vous extraire une dent de sagesse, la seule que vous possédiez. Que n'êtes-vous apparu sur terre il y a une quinzaine de siècles ! Que n'êtes-vous né Romain, malheureux ! Je vous eusse enseigné cinquante procédés très-radicaux pour mettre un terme à votre infortune.

. Ecoutez, je veux vous divulguer mes secrets : mais chut..... Vous ne les communiquerez pas à tout le monde. — Eh bien ! quand vous souffrirez, allez vite chercher une taupe vivante, arrachez-lui une incisive et attachez la susdite par un moyen quelconque au chicot qui vous taquine. — Ce petit procédé vous ennuie, parce qu'il vous faut courir après une taupe sans peut-être avoir le bonheur de la rencontrer ? Prenez donc un chien enragé et faites attention qu'il ne vous morde pas (car on prétend que ces morsures sont assez sérieuses), tranchez-lui la tête ; réduisez-la en cendres après l'avoir brûlée bien dégarnie des chairs ; mélangez cette cendre avec de l'huile de *cyprus*, espèce de jujubier que vous irez chercher en Egypte, et injectez cette excellente préparation dans l'oreille, du côté malade. Je sais que vous allez m'objecter que le pays des Pharaons est un peu loin de la Beauce, raison de plus ; le temps de vous y rendre permettra peut-être à l'angoisse de cesser ; cependant, si le cas est pressant, vous pourrez au besoin scarifier la gencive avec la plus grossè dent gauche d'un chien ; la plus grosse, vous m'entendez bien : autrement la médication serait non avenue. — A défaut de la grosse dent, si le chien l'avait perdue, vous vous trouverez fort bien de pratiquer votre petite opération avec un os de l'épine d'un serpent d'eau mâle et blanc, ou même avec sa grosse dent (la vive). Je vous autorise même à faire des applications d'arête de tout poisson salé ; ah ! c'est qu'elles ont de grandes vertus, les arêtes de poisson salé, surtout quand elles se plantent sur les amygdales ou dans l'arrière-gorge ! — Voici encore une recette qui n'est pas à dédaigner : une dent, quelle qu'elle soit, vous fait-elle mal ? Incisez la gencive avec les os du front d'un lézard ; mais, pour que le miracle s'accomplisse, faites en sorte d'extraire les os pendant la pleine lune, sans leur laisser toucher la terre : cela est de la plus haute importance. — Si par hasard vous aviez une dent creuse, chose désagréable quand on complimente une jolie femme, ne vous inquiétez pas, et contentez-vous de remplir la cavité avec de la crotte de rat ou du foie sec de lézard, ou bien mangez un rat deux fois par mois, et, si cela vous répugne, portez autour du cou le cœur d'une couleuvre. Au lieu d'arracher votre dent, j'aurais pu faire passer la douleur par une injection, dans l'oreille, de vers de terre bouillis dans de l'huile, et qui plus est faire tomber la dent par le contact du même médicament. — Dégoûté que vous êtes, je vous offre une foule de panacées, vous semblez en faire fi ; aimez-vous mieux les chenilles ou une injection de punaises dans l'oreille avec de l'huile rosat ?

Non. — Vous êtes bien délicat. — Il me semble pourtant que nos pères nous valaient bien. — Ils ne rougissaient pas de se servir de toutes sortes d'ordures pour calmer le mal d'amour. Aimez-vous mieux la cendre de coquilles de limaçon, la cendre de serpent, la peau de lézard, une infusion d'araignée, des os de poule conservés dans un trou de muraille? Le simple attouchement de ces os vous soulagera si vous prenez la précaution de jeter l'os aussitôt. Préférez-vous la fiente de corbeau délayée dans du vinaigre. — Ah! par ma foi, allez au diable, puisque vous ne voulez pas tâter de ma pharmacie.

Que je connais pourtant de gens, parmi les plus raisonnables, qui voudraient m'entendre, et combien de chances ils auraient de faire fortune à l'aide de mes petits moyens! Ingrat. Vous mériteriez que je vous abandonnasse à la rage de dents, mais je veux bien encore vous indiquer quelques procédés dont je vous engage à faire usage dans les grandes occasions. — On fait cuire une grenouille dans du vinaigre, on se lave les dents avec ce suc et on le garde dans la bouche. Si l'on avait de la répugnance pour cette pratique, Sallustius Dionysius faisait suspendre par les pattes le derrière des grenouilles, de manière que l'humeur découlât de leur bouche dans du vinaigre bouillant; à ceux qui avaient l'estomac moins susceptible, il faisait manger les grenouilles dans leur jus. Cette recette guérit surtout les dents molaires et raffermit les dents mobiles, ainsi que le fait le remède préparé avec deux grenouilles auxquelles on a coupé les pattes et qu'on a fait macérer dans du vin. D'autres conseillent d'attacher les grenouilles entières à la mâchoire ; d'autres font cuire dix grenouilles dans trois setiers de vinaigre, à l'effet de raffermir les gencives ; d'autres enfin font cuire trente-six cœurs du même animal dans un setier de vieille huile et s'en servent en injection dans l'oreille du côté dolent. — Que sais-je encore, j'en aurais bien d'autres à vous débiter sur le mal de dents ; mais c'est assez pour ce soir.

Que dites-vous des Romains, mon bon?

Ne croyez pas que j'invente toutes ces rapsodies ; tout cela est écrit et dans un beau latin.

Penser que toutes ces superstitions ont longtemps été à l'ordre du jour ; qu'il y a eu des faiseurs assez forts pour les enseigner et des niais assez niais pour les accepter sans réserves ! Que d'audace chez les promoteurs de pareilles médications ! En médecine, plus on s'écarte du sens commun, plus on attache au succès de moyens extravagants, dangereux même parfois, plus le vulgaire se passionne, car le surnaturel a toujours eu de puissants attraits sur le peuple ignorant et grossier...

C'est ce qui fit la fortune des *mages*, dont je viens de vous indiquer quelques-unes des recettes contre les maladies des mâchoires et de leurs dépendances.

La magie fut une des sublimes balançoires inventées à l'usage de l'espèce animale qui s'intitule la reine de la terre ; et vraiment notre espèce est reine... par l'absurdité, par la bêtise, par.... Je crois que je me surprends en veine de mauvaise humeur. — Bigre, ça trouble la digestion.

Magie, magicien ; commerce avec les mauvais génies, avec le diable, si tant est que ce pauvre garçon ait jamais existé dans l'ancien temps. En tout cas, dans ces formules banales qui firent la fortune des mages, il y avait certaines prescriptions qui se rattachaient à des idées surnaturelles, c'est-à-dire en dehors de la raison.

Les impostures magiques eurent de tout temps le plus grand crédit, et ne vous étonnez pas des influences extrêmes qu'elles purent acquérir, car la magie, à elle seule, confondit et embrassa les trois arts qui ont le plus de pouvoir sur l'esprit humain : elle eut pour mère la médecine, et en fille ingrate et dénaturée elle s'empressa de joindre à son lot la religion avec ses dieux et ses diables ; enfin elle en vint à s'assimiler l'astrologie : or, vous le savez, tout homme est avide de connaître son avenir et tout homme pense que cette connaissance se tire du ciel avec le plus de certitude. Aussi, tenant les esprits enchaînés par le triple lien de la religion, de la médecine et de l'astrologie, les jongleurs ne purent manquer de faire fortune.

Inévitablement la magie fut inventée en Orient ; l'Asie, berceau de l'humanité, peut s'honorer aussi d'être la pépinière des plus énormes balourdises ; la Perse et l'Inde jouissent sous ce rapport d'une incontestable supériorité. Le Persan Zoroastre est, de l'aveu des auteurs, le chef de cette secte dont les adeptes se décernaient le nom de philosophes. Zoroastre vivait, au dire d'Eudoxe, six mille ans avant la mort de Platon, bien avant, par conséquent, la venue de notre père Adam ; Hermippe, qui fit de longs commentaires sur les deux millions de vers composés par le maître, rapporte que Zoroastre a puisé sa doctrine chez Azonaces, et qu'il vécut cinq mille ans avant la guerre de Troie, ce qui est d'accord avec le témoignage d'Eudoxe. Puis vinrent Apuscorus et Zorotus de Médie, Marmarus de

Babylonie, Tarmendas d'Assyrie, puis Homère, dont l'Odyssée n'a guère d'autre fondement que les œuvres magiques ; car on ne peut guère expliquer autrement Protée, le chant des sirènes, Circé, l'évocation des enfers. A cette époque, déjà la Grèce subissait l'influence de ces doctrines, et Ménandre, l'illustre poëte, avait intitulé Thessaliennes une de ses comédies représentant les cérémonies mystérieuses par lesquelles des femmes obligeaient la lune à descendre sur la terre. Tous ces prodiges, toutes ces erreurs étaient perpétués par la tradition, quand Osthanès, le mage du roi Xercès, vint en Grèce à la suite de son maître : Osthanès dissémina pour ainsi dire les germes de cet art monstrueux, et en infecta, dit Pline, tous les lieux qu'il parcourut, inspirant ainsi aux Grecs non l'amour, mais la rage de cette science, et ce fut par elle qu'on tenta d'arriver à la célébrité. Pythagore, Démocrite, Empédocle, Platon traversèrent les mers pour s'y instruire, et, revenus dans leur patrie, s'entourèrent de prestige par son moyen. Ce furent de fort habiles jongleurs. C'est à Démocrite surtout que la classe privilégiée des vertébrés doit l'heureux assemblage de la médecine et de la magie. Démocrite, le rieur éternel, avait eu pour maître un certain Darnanus de Phénicie, lequel n'avait dévoilé à son élève qu'une partie de ses secrets, voulant, comme c'est l'habitude, conserver une certaine autorité sur son initié, et, le jour de sa mort, il avait expressément recommandé d'enfouir ses livres avec son cadavre. Démocrite, nouveau Jason, partit à la recherche de cette autre toison d'or, fouilla le tombeau et revint en Grèce avec les livres merveilleux ; il en fit alors un petit plat de sa façon, que chacun s'empressa d'aller goûter. — Mêlant ensemble la science et la fourborie, il fit avaler aux hommes cette énorme pilule que nous sommes en train de digérer, et dont la digestion complète ne finira qu'avec l'anéantissement du roi de la terre. Pauvre roi ! quel assemblage du grand et du petit !

> *Borné* dans sa nature, infini dans ses vœux,
> L'homme est un dieu tombé qui se souvient des cieux.

Il y a du vrai dans ces deux vers de notre merveilleux poëte ; — mais parfois nous sommes vraiment si bêtes, que..... je me suis souvent demandé si jamais âme qui vive s'est rappelé *l'alpha* de ces mystérieux souvenirs. — Le grand ouvrier ne l'a pas permis, et bien il a fait.

Comme l'enseignait Osthanès, il y a plusieurs sortes de magie ; il en faut pour chaque individu, puisque nous n'avons point été tous élevés de la même façon et que nos goûts, nos aptitudes et nos croyances ont été modifiés par le milieu dans lequel nous avons vécu ; la magie emploie l'eau, les boules, l'air, les étoiles, les lampes, les bassins, les haches et beaucoup d'autres moyens ; toutes pratiques qui promettent la divination et en outre quelques conversations avec les ombres et les enfers. Vous voyez que la science du *marcou* et celle du *spirite* datent de loin. — Le hideux César, qu'on appelait de son temps le divin Néron, fut un de ceux qui se passionnèrent le plus pour la magie ; rien d'étonnant ! Cette bête furieuse, arrivée au *summum* des grandeurs terrestres, malgré ses taches de gangrène morale et physique, désirait avant tout commander aux dieux, ses ancêtres ; aussi, pour apprendre, rien ne lui coûta. Jamais personne ne prodigua plus d'encouragements à un art ; Néron était aussi passionné pour

cette absurdité qu'il le fut pour la tragédie et les jeux
du cirque; ses richesses, son intelligence, son pouvoir
furent mis à la discrétion des maîtres qui le leurraient
de l'espoir d'acquérir des données qu'eux-mêmes igno-
raient. — Mais malgré tout le pouvoir de l'homme, que
dis-je! de César! il ne put rien obtenir; il n'eut pas
même la consolation de pouvoir évoquer le premier
des Auguste, son sacripant de grand-oncle. — Ah!
c'est qu'il avait un grand vice, le senor Néron; vice ou
infirmité qui ne plaît guère aux gros bonnets qui trô-
naient à l'époque dans ce coin de l'infini qu'on appelait
l'Olympe. Il avait beau immoler des brebis noires, immoler des hommes quand cela lui était agréable, le
guignon s'en mêla, et jamais il ne put recevoir de Tiridate l'art de la magie, bien qu'un royaume en eût été
la récompense; cependant Tiridate, le grand mage de
l'époque, était venu trouver l'empereur à Rome, ap-
portant dans sa personne le triomphe d'Arménie, et
foulant à cause de cela les provinces sur son passage.
Ce bon Monsieur, qui prétendait soulever le voile de
Dieu, n'avait pas voulu se rendre auprès de son élève
par le chemin le plus court, c'est-à-dire par mer, car il
regardait comme abominable de cracher dans les
champs de Neptune et de souiller les plaines liquides
par quelques-unes des excrétions nécessaires à notre
animalité: chose qui me paraît fortement ridicule, le
roi des mers étant un individu d'assez mauvais caractère, tandis qué Cybèle, la déesse de la terre, est une
bien excellente créature: puis elle était femme. J'aurais
préféré, moi, pisser sur la barbe du mari d'Amphy-
trite et même... Mais je ne suis pas mage. Tout cela,
me direz-vous, ne me dit pas quelle fut la raison pour
exclure Ænobarbus Nero de la société magique. Je

vais vous le dire, mon Dieu!... Il avait des taches de rousseur. Oui, mon ami, des *taches de rousseur*. — Les dieux n'aiment pas cela du tout, cela les offusque. Pourquoi? Si vous vouliez me le dire.

Il ne faudrait pas croire que la magie créée par les Asiatiques, cultivée par les Egyptiens et apportée en Grèce par les hommes qu'on veut bien appeler philosophes, n'était en honneur que dans ces pays; détrompez-vous: Rome, avant qu'elle ne fût à la merci de ces fourbes, avait déjà quelques notions sur cette noble science; il en existe quelques exemples dans les lois des douze tables. Ainsi Pison, dans le premier livre de ses annales, rapporte que Tullius Hortilius ayant voulu, d'après les livres de Numa, évoquer Jupiter, fut frappé de la foudre pour n'avoir pas complétement accompli le rit, et d'ailleurs beaucoup d'auteurs de l'ancienne Rome font voir qu'avec des paroles, des signes, on change de grandes destinées et d'importants présages. Et il arriva qu'un jour la future ville éternelle l'échappa belle : on jetait sur le Mont Tarpéïen les fondations d'un temple; une tête fut trouvée; des députés furent alors envoyés à Olenus Calénus, le plus célèbre des devins d'Etrurie qui, comprenant la gloire et le succès attachés à ce présage, essaya de les transporter à sa nation; il traça devant lui sur la terre la figure d'un temple, et s'adressant aux députés: « Voici donc ce que vous dites, Romains, c'est ici que sera le temple de Jupiter très-bon, très-grand; c'est ici que nous avons trouvé la tête! » Mais les Romains avaient été prévenus par le polisson de fils du devin, et ils répondirent simplement ces paroles : « Ce n'est pas ici précisément que nous dirons que la tête a été trouvée; c'est à Rome. » Heureux mortels; sans cette réponse Rome était perdue et l'empire du monde eût passé à l'Etrurie. — Vous vous souvenez des augures qui ne pouvaient s'entre-regarder sans rire...... quand ils étaient entre eux !..... Mais alors les dictateurs étaient puissants et la doctrine devait fatalement se plier aux exigences du maître ; les présages naissaient à sa volonté, et les révélations se manifestaient au commandement du César ; le tout, bien entendu, avec des charmes, des formules et toutes les simagrées d'ordonnance pour berner le troupeau de Panurge. L'illustre collége des augures obéissait, mais au moins on sauvait les apparences ; le berger et les moutons se trouvaient satisfaits.

. . . .

Quand la révolution, à sa naissance, s'en allait de par l'Europe, démolissant les trônes et brisant les couronnes, elle avait fait, je le crois, quelque pacte avec la magie ; les miracles s'opéraient à sa volonté. Je ne veux point vous entretenir de tous ceux qu'elle fit éclore puisqu'ils étaient en germe dans son sein. Lisez Michelet, il vous les dira ; je ne vous rappellerai que le grandissime spectacle donné par saint Championnet lors de l'inauguration de la république Parthénopéenne. Le saint avait accompli sa tâche ; Naples s'était résignée à se laisser imposer le gouvernement de la France, ne pouvant faire autrement ; mais les intéressés en avaient autrement décidé, et l'on avait fait courir les bruits, dans la grande cité napolitaine, qu'un autre saint du nom de Janvier ne voulait pas donner son concours au nouvel ordre de choses qui venait briser tant de siècles de bonheur et de béatitudes. — Or donc il advint que la liquéfaction du bienheureux sang ne pouvait s'opérer, et le peuple de murmurer contre l'homme qui, renversant les Bourbons du trône, avait attiré la malédiction céleste sur la ville. Saint Championnet se tordait la moustache; il entendait la vague populaire qui commençait à mugir; autour de lui des visages irrités; les amis de la veille étaient déjà presque des ennemis; des clameurs menaçantes se faisaient entendre. Alors, calme, froid comme il le fut toujours, l'homme tira sa montre et dit à son voisin : « Va dire à ce bonhomme que d'ici cinq minutes le sang de saint Janvier doit être liquéfié; autrement je le fais pendre au portail de l'église..... » — Miracle ! trois minutes ne s'étaient pas écoulées à la montre de Championnet, que le prêtre présentait aux assistants ébahis le sang du bienheureux parfaitement liquide. Je ne suis pas bien sûr que cette montre ne fût pas enchantée, pour commander ainsi aux habitants des cieux.

Mon très-cher, tous les miracles se produisent ainsi, ou à peu près; mais il faut que saint Janvier ait eu une fameuse venette ce jour-là pour s'abaisser à obéir à un infâme scélérat comme notre Championnet : je m'étonne que notre général, qui sut si bien opérer un prodige, n'ait pas encore été canonisé, et qu'il ne soit même pas dans la phalange des bienheureux.   .   .   .   .

.   .   .   .

.   .   .   .

Verrius Flaccus nous apprend que les Romains, partant en guerre ou faisant des siéges, commençaient par faire évoquer par leurs prêtres le dieu tutélaire de la ville ou du pays ennemi; on lui promettait le même culte, ou même un culte plus grand; ce qui me paraît de la plus insigne corruption. Comment voulez-vous qu'un dieu, si sévère qu'il soit sur l'étiquette, ne se laisse pas séduire par de pareilles avances? Les dieux de ce temps-là étaient comme les femmes d'aujourd'hui ; ils se laissaient souvent aller... Je ne m'étonne plus maintenant que les Romains aient conquis le monde ! les intrigants ! Il faut dire qu'ils étaient bien coquins, ils allaient raccolant partout toutes les divinités possibles, mais ils n'avaient garde de dévoiler le nom de leur déesse tutélaire, de peur que quelque ennemi ne lui donnât l'hospitalité et ne s'en fît par trop aimer.

Tous les Romains, même parmi les plus grands, eurent foi dans des puissances occultes qu'on pouvait au besoin forcer de se manifester par certaines pratiques ou par des évocations. Nous avons eu plusieurs fois l'occasion de l'observer. Je vous ai parlé des charmes de Caton, de l'amulette de Scribonius Largus, des paroles prononcées par Ulysse pour arrêter les hémorrhagies : partout ce sont des mots barbares presque impossibles à prononcer, ou des mots latins bizarres qu'on ne peut d'autant moins s'empêcher de trouver ridicules que l'imagination attend toujours quelque chose d'infini et capable d'ébranler la divinité, ou même d'assez puissant pour l'obliger à fouler aux pieds les lois inflexibles de la nature. César, le grand Jules, avait aussi cette manie, et jamais il ne manquait, dès qu'il était assis en voiture, de prononcer une certaine formule qui devait le garantir d'accident en voyage : il n'y croyait pas, sachez-le bien, lui, qui dans le procès de Catilina s'enorgueillissait de ne pas croire même à l'immortalité de l'âme ; mais c'était d'un bon exemple pour la multitude. — Comprenez-vous maintenant que le pauvre peuple, tout ahuri des comédies qu'il voyait représenter par les grands, ait à son tour cherché dans des formules, des conjurations, des pratiques en dehors du bon sens, quelque soulagement à ses infirmités physiques ? C'est ainsi que la magie se trouva marcher de pair avec la médecine, et c'est pour cela que de nos jours encore nous voyons, dans les classes déshéritées d'instruction, persister des moyens de guérison employés depuis deux mille ans.

Cela est triste, mon pauvre ami... Bah ! espérons que nos petits-fils secoueront la poussière de nos vieux manteaux, et qu'un jour viendra où la raison humaine, affranchie des préjugés, rayonnera froide et tranquille, marchant toujours en avant afin de se rapprocher autant qu'il en est possible de la lumière éternelle qui jaillit du sein de Dieu !

Vous ne pouvez vous imaginer quel immense pouvoir la magie, cette science insolente, a toujours eu sur le peuple ; de l'extrême Orient jusqu'aux pâles régions où s'endort le soleil, la magie régna continuellement en despote. L'Asie, l'Afrique, furent et sont encore ses tributaires, au profit, bien entendu, des intelligents qui savent l'exploiter ; les Juifs ne pouvaient s'en passer, ce qui leur valut pas mal de corrections sévères de la part de Jéhovah ; la Bible est, je dirais presque, un traité de magie, et l'on se demande, en lisant cet ouvrage unique en son genre, si vraiment le diable n'est pas plus fort que le bon Dieu (celui des Juifs, bien entendu). — Nos ancêtres les Gaulois étaient aussi possédés par la magie et, après la proscription des Druides par Tibère, la magie passa dans la Grande-Bretagne, qui lui resta soumise jusqu'au siècle de la renaissance.

Ainsi donc tous les peuples, quoique inconnus ou en guerre les uns avec les autres, se sont accordés sur ce point et la *cabale* était honorée sur toute la terre pendant les grands jours de l'univers romain. Mais revenons aux pratiques employées par les mages dans la guérison des maladies.

TREIZIÈME LETTRE.

Médicaments tirés du corps humain. — Quelques préjugés anciens.

Vous ne sauriez vous imaginer tout ce que le besoin de se produire sur notre planète, allié à ce désir de richesses et d'honneurs qui couve dans un des recoins du cœur humain, a produit d'infamies et de scélératesses, lesquelles sont et seront toujours acceptées avec empressement et bienveillance de la part des populations. Je parle, bien entendu, au point de vue médical; et n'allez point appliquer ce que je vous dis à toute autre des choses terrestres, à moins que cela ne vous plaise : c'est là votre affaire. Pour en revenir à Messieurs les mages ou magiciens dont je vous ai révélé déjà quelques-uns des secrets relatifs aux maladies des dents, je dois vous prévenir que toutes leurs recettes comportaient certaines *formules et évocations* qui rendaient les remèdes, à leur dire du moins, bien supérieurs à ceux préparés par la tourbe charlatanesque. — De même que leurs confrères moins élevés dans la hiérarchie des saltimbanques, ces braves gens avaient fait entrer dans leur pharmacie tous les détritus d'animaux les plus propres à imposer au vulgaire : depuis les membres de l'homme jusqu'aux punaises, aux poux et aux puces, tout leur était bon pour contenter leurs clients. Ecoutez-en la lourde énumération et tâchez d'en faire votre profit, car on ne sait pas ce qui peut arriver.....

Mais, Dieu de miséricorde ! comment et par où commencer ? Quel fil d'Ariane pourra nous guider dans ce tohu-bohu de grosses inepties, de comédies tragiques et d'impuretés qui font rire ! Je vous en ai dit quelques mots dans nos premières soirées, et j'avais pris la ferme résolution de les mettre de côté. — Vous désirez savoir plus ? C'est bien, je m'exécute ; je vais vous promener dans ces sentines hideuses, dans ces égoûts infects, où le roi de la création a pataugé avec ampleur, j'oserais presque dire avec frénésie ! La vie est donc un si grand bien que, pour la conserver, nous ayions voulu condescendre à de pareilles turpitudes ! Quoi ! l'homme n'a pas reculé en présence de ces basses saletés ; il leur a tendu les bras, il les a enserrées comme espoir suprême ! Je parle du bonhomme *Jadis*... Hélas, pourquoi lui jeter la pierre ? Nous ne valons pas mieux que lui, et le peuple, qu'on l'appelle Jacques Bonhomme, John-Bull ou Jonathan, me paraît pour le moins aussi idiot que ses grands-pères.

Oui, mon ami, ce que je vais vous dire des anciens s'applique à notre génération, au grand 19e siècle ; rien en deçà, rien au delà ; nous ne valons ni pis ni mieux que ceux qui nous ont frayé le chemin (au point de vue des erreurs médicales). Qu'elle s'appelle charlatans, qu'elle s'honore du nom de mages, ou qu'elle s'enorgueillisse de sa qualité de prêtres, la phalange des guérisseurs n'a changé ni ses allures, ni ses arcanes. — Plus tard je vous dirai quelques mots sur l'état actuel ; je me contenterai pour aujourd'hui d'effleurer le passé, quitte à vous répéter sous une autre forme les hauts faits des guérisseurs et les inepties de nos contemporains.

Je puis affirmer sans crainte d'être désavoué, à moins que ce ne soit par un ignare, que toutes les individualités de la création ont été mises à contribution par l'homme toutes les fois qu'il s'est agi, pour lui, de se préserver des maladies ou de reconquérir une santé perdue par quelque cause qu'il vous plaira d'invoquer. Etres organisés, êtres inorganiques se sont vus obligés de payer un large tribut au prince de la terre. — Cela est de bonne guerre ; au plus intelligent, au plus fort la victoire est due. Que nous ayions soumis à notre joug, brutal quelquefois, tout ce que produit notre humble petite planète, je ne demande pas mieux ; j'en suis même fort satisfait : ce qui me répugne, c'est de m'arrêter aux usages auxquels on a fait et on fait encore servir ce tout, que nous avons su nous approprier. Que voyez-vous en furetant le livre des erreurs populaires ? Absence de bon sens, de raisonnement, d'un peu de réflexion. Il en faudrait cependant si peu à toutes les classes de la société..... Mais ne demandons pas à l'homme ce qu'il ne peut donner d'ici bien longtemps... Peut-être, quand l'instruction aura fertilisé les âmes, les vieux préjugés crouleront-ils. Quand arrivera ce nouvel âge d'or ? Quoique jeunes encore, nous avons quelques chances d'avoir fait du carbonate d'ammoniaque et du phosphate de chaux, avant que cette ère de régénération soit arrivée. Le grand patron est vraiment bien heureux de voir pendant l'interminable série des siècles, de son grand œil toujours jeune, les luttes titanesques de notre présente société... Pardon, je parle de Titans, quand je mets Dieu en cause !

Allons, prince du monde, triple niais ! avance ici. Raconte à l'ami qui t'écoute quels services, vivant ou putréfié, tu rendis à tes frères.

La main d'un individu enlevé par une mort prématurée guérit par le contact les scrofules, les parotides, les angines : il suffit même pour ces maladies d'être touché du revers de la main gauche d'un mort quelconque, pourvu qu'il soit du sexe du malade. La terre trouvée dans un crâne fait tomber les cils, et si de l'herbe a poussé sur cette terre, vous pouvez en la mâchant faire tomber les dents qui vous gênent. Les ulcères circonscrits avec un ossement humain ne font plus de progrès. Les fièvres disparaissent comme par enchantement si l'on attache au cou du fébricitant, et enveloppé dans la laine, un fragment de clou pris à une croix ou une corde ayant servi à un crucifiement (la corde de pendu l'a détrônée chez nous), et après la guérison, afin de prévenir toute récidive, il faut cacher cette amulette dans une caverne où le soleil ne puisse pénétrer.

La guérison des tumeurs des aînes est plus simple encore : il suffit d'y attacher un fil pris à la toile, d'y faire sept ou neuf nœuds et de nommer une veuve à chaque nœud. On arrache les verrues en regardant la lune depuis le vingt-cinquième jour, étant couché sur le dos dans un sentier et en se frottant avec tout ce qu'on peut àttraper.

Qu'une arête de poisson soit plantée dans la gorge, il suffit pour la faire tomber de plonger les pieds dans l'eau froide. Il faudra que j'en essaie.

En Grèce, dit Pline, où l'on fait argent de tout, les gymnastes se sont avisés de mettre au rang des remèdes les plus efficaces jusqu'à la crasse du corps humain. Les raclures du corps des athlètes sont émollientes, échauffantes, résolutives, incarnantes, propriétés résultant du mélange de la sueur et de l'huile ; aussi cette marchandise était-elle cotée à des prix très élevés. Dans un seul gymnase les employés en vendirent en peu de temps pour 80,000 sesterces (18,500 fr.). Mais c'est qu'aussi ces raclures ont des vertus mirobolantes ; jugez-en par vous-même. On les emploie en pessaire dans l'inflammation et la contraction de la matrice. Elles guérissent l'inflammation du siége et les condylomes, les douleurs des nerfs, les nodosités des articulations, les luxations. — Ah ! par exemple, c'est trop bête, guérir des luxations par l'application de cette crasse ! — Mais ce n'est rien, quand les raclures sont obtenues à la suite d'un bain, leur action est tellement efficace, qu'une simple application, un simple attouchement fait disparaître instantanément la kyrielle des maux que je viens de vous indiquer. Si vous les incorporez avec du cérat et de la boue, elles acquièrent pour la résolution des tumeurs des qualités admirables. On a même étéjusqu'à racler les murailles même des gymnases, prétendant que ces ordures ont une propriété échauffante ; il me paraît qu'autrefois, elles avaient des vertus particulières contre les ulcères, les écorchures et les brûlures.

Je vais maintenant vous faire tâter d'un médicament qui eut toujours et conserve encore aujourd'hui une étonnante popularité : c'est vous indiquer l'urine. C'est une substance si facile à se procurer et d'un prix de revient si minime, qu'il est tout naturel qu'on l'ait fait entrer dans la thérapeutique ; aussi nos ancêtres réservèrent-ils à ce liquide une foule d'usages dont je vais vous indiquer quelques-uns. Celle des eunuques est excellente en boisson pour rendre les femmes fécondes ! Ah ! mon ami, vous ne vous doutez pas de la chose, n'est-ce pas ? C'est pourtant comme cela ; les malheureuses auxquelles la nature semblait refuser les gloires de la maternité priaient Messieurs les castrats de leur délivrer la miraculeuse liqueur. Il était bien rare que cela ne réussît pas, surtout quand, après l'avoir bue, la femme allait tendre la main au fouet d'un Luperque (prêtre de Pan). Vous voyez que la profession d'eunuque, si elle avait quelques légers désagréments, avait bien aussi quelques charmes. — C'est le système des compensations. — Je crois cependant que cette classe de guérisseurs aurait peu de chances de faire actuellement fortune. — Etes-vous pas de mon avis ?

Parmi les remèdes tirés de l'urine et dont on peut parler sans trop faire dresser l'oreille, on dit que celle des enfants impubères est souveraine contre la bave de l'aspic *ptyas*, ainsi nommé parce qu'il lance comme en crachant son venin dans les yeux des hommes. — Drôle d'aspic ; nous n'avons pas heureusement le bonheur d'en posséder aux environs ; mais, comme la même urine donne des résultats satisfaisants contre l'albugo, les taches, les taies, les maladies des paupières, je vous invite à caser cette recette dans quelque recoin de votre cerveau, afin d'en user le cas échéant. Si avec tous les moyens que vous devez à mon obligeance vous ne devenez pas dans quelques années, lorsque vous serez retiré à la campagne ou même si vous restez à la ville, si vous, dis-je, vous ne devenez pas le plus gros bonnet du pays, vous pourrez faire votre mea culpa, car les précieuses ressources que je vous livre pourraient vous amener fortune et considération, et........ peut-être quelques démêlés avec la police correctionnelle. Il est vrai que dans l'antiquité on n'avait pas encore invent cet enjolivement à la profession ; l'art de guérir étant de droit commun. Au fait, vous agirez comme bon vous plaira. Salpé, un grand uropathe du temps, distribuait largement à ses malades le produit d'excrétion dont nous parlons, principalement dans les maladies des yeux, depuis la simple inflammation jusqu'à la cataracte et l'amaurose : cet homme a dû faire à l'époque d'excellentes affaires. — N'allez pas croire que l'urine ne servît que dans les cas que je viens de vous indiquer ; l'urine de l'homme guérit la goutte : laissez-la vieillir ; incorporée à la cendre d'huîtres calcinées elle guérit tous les ulcères humides, les affections du siége, les rhagades, les piqûres de scorpion. Les accoucheuses les plus célèbres déclarent qu'aucune autre lotion n'est plus profitable contre les démangeaisons et les ulcères de la tête. Enfin, on l'a mise à toutes les sauces ; on l'a mélangée avec des blancs d'œufs, de la farine, du nitre et toutes les substances dont le nom a passé par la tête des apothicaires du temps ; on l'a employée dans une foule de maladies et toujours avec succès, sachez-le bien. C'est égal, cela n'est guère propre, très chers devanciers.

Eh bien ! Quoi ? — Vous avez l'air tout ébahi de m'entendre raconter ces prodiges. — Vous n'êtes cependant pas au bout et j'en ai bien d'autres à vous dire sur les médicaments tirés du corps de la femme : cela approche du prodige. Je ne parlerai pas des enfants nés avant terme et coupés par morceaux pour de criminelles pratiques, ni des horreurs du sang menstruel, ni de tant d'autres recettes révélées non-seulement par les sages-femmes, mais encore par les courtisanes elles-mêmes.

La cendre des cheveux de femme, incorporée à la litharge, est bonne contre les granulations des yeux ;

avec du miel contre les ulcères des enfants et les verrues ; avec du miel et de l'encens contre les plaies de tête et les clapiers des ulcères ; avec la graisse de porc contre les tumeurs de la goutte ; cette même cendre en topique arrête l'érysipèle et l'hémorrhagie.

Les anciens attribuaient aussi d'excellentes qualités au lait de femme. Mais, avant d'aller plus loin, j'ai besoin de vous faire une toute petite réflexion : toutes les pratiques que je suis en voie de vous énumérer sont vaines ou ridicules ; cependant, regardez de près, beaucoup d'entre elles présentent un côté sérieux ; dégagez la formule du vêtement qui la cache ; souvent vous trouverez un véritable médicament, un joyau au fond de cette ordure : ainsi je viens de vous dire que les anciens voyaient une bonne préparation dans le mélange de la litharge avec la cendre de cheveux de femme ; supprimez la cendre, ôtez de côté la femme, la litharge restera, véritable base de la préparation. Mais le vulgaire laissera de côté la substance sérieuse pour s'attacher aux cheveux brûlés de la femme seulement, et c'est en cela que je montre la sottise ; tandis que le guérisseur, le jongleur a soin de cacher son moyen au bon public, qui, n'y voyant pas plus loin que le bout de son nez, ne découvre que le manteau et les oripeaux qui le garnissent. Vous avez compris ? Continuons donc et tâchez d'observer.

Dans les crampes d'estomac, les fièvres, la diarrhée, on doit en première ligne administrer le lait de la femme, mais d'une femme qui a *sevré :* ce lait acquiert de nouvelles propriétés quand on y délaye de l'encens ; on l'instille alors directement dans l'œil où un coup a fait extravaser le sang et qu'il y a douleur et fluxion. Mais, dans tous cas, le lait d'une femme accouchée d'un enfant mâle est de beaucoup le plus efficace et encore plus celui d'une femme qui a mis au monde deux jumeaux mâles. Il y a mieux encore contre les affections de l'œil: on assure, et Pline le dit avec beaucoup d'aplomb, qu'une personne qui a été frottée avec le lait de la mère et de la fille en même temps est préservée pour la durée entière de sa vie. — Ne croyez pas que le lait d'une femme accouchée d'une fille n'ait pas aussi ses propriétés; il guérit toutes les affections du visage, telles que plaies, écorchures, macules, dartres, etc.

Enfin le lait, quel que soit le sexe du nouveau-né, est excellent dans les maladies des poumons, si l'on y mêle une cuillerée d'urine d'enfant impubère et une cuillerée de miel attique. Mais, chose plus merveilleuse encore, les chiens auxquels on fait boire le lait d'une femme accouchée d'un garçon ne deviennent jamais enragés.

Que vous dirai-je de la salive du beau sexe? Sinon qu'elle jouit aussi d'une foule de précieuses qualités qu'il est inutile d'énumérer et qu'elle est employée dans des cas analogues à ceux qui réclament l'emploi du lait.

Après ces bienfaits que la femme tient à notre disposition pour nos souffrances physiques, il n'y a plus de limites: la grêle, les tourbillons, la foudre, toutes les tempêtes célestes sont détournés par une femme qui ayant ses règles se découvre. Sur mer, il n'est même pas besoin de cette dernière condition, il suffit qu'elle se découvre, pour calmer l'orage. — Je ne m'étonne pas autant que Pline de cette toute-puissance de la belle moitié du genre humain; notre naturaliste, qui cherche habituellement à tout expliquer, n'avait pourtant pas à faire de grands frais d'imagination. Vous savez que les dieux, soit qu'ils trônassent dans l'Olympe ou dans les plaines liquides de l'Océan, soit que plus modestes ils eussent établi leur quartier général sur notre globe, eurent toujours, ainsi que l'atteste la mythologie, les plus délicates attentions pour les filles de la terre ; vous savez que ces Messieurs poussaient la galanterie jusque dans ses dernières limites. Jugez donc de l'effet, quand un dieu quelconque en courroux apercevait une jolie femme retroussée jusqu'à la ceinture ! Quelle colère eût pu tenir à la vue de pareils trésors étalés à la lumière ! Le dieu s'arrêtait interdit, fasciné, il admirait et..... redevenait bon enfant. Je crois cette démonstration plausible pour expliquer la puissance de la femme ; je vous la donne du reste sous toutes réserves.

Je n'ose, cher ami, vous rappeler les opinions des anciens, tels que Métrodore de Scepsis, de Laïs, d'Icétidas sur les propriétés bonnes et surtout mauvaises qu'on attribuait au sang des règles : c'est à faire frémir... tant c'est absurde ; puis, je me lasse de toujours barboter au milieu de ces détritus organiques dont la repoussante odeur affecte douloureusement mes papilles olfactives. — Permettez-moi donc de terminer cette soirée par le rappel des remèdes qui dépendent de la volonté humaine, par quelques préjugés de la société antique, préjugés pour la plupart existant encore aujourd'hui et modifiés seulement par le génie particulier de chaque nation.

Servilius Nonianus, l'un des princes de la cité, à la première crainte de l'ophtalmie, avant d'articuler le nom du mal, et avant que personne lui en eût parlé, portait autour du cou un papier enveloppé dans du linge, et marqué des deux lettres P et A ; Mutianus, qui fut trois fois consul, portait de la même façon une mouche vivante dans un petit linge blanc ; et ces deux personnages affirmaient qu'à l'aide de ces amulettes, ils avaient toujours été préservés des maladies des yeux. Il existait en outre, contre une foule de maladies, certaines incantations dont les effets avaient été depuis longtemps éprouvés. Partant de si haut, il eût été bien extraordinaire que ces niaiseries ne fussent pas tombées dans le domaine public : un prince de la cité, un consul donnaient des leçons d'absurdité au peuple ; il est vrai que de nos jours cela n'a pas changé, puisque je sais des hommes très élevés dans l'ordre social appeler auprès d'eux des rebouteurs et des somnambules. Enfin !

Il y a dans le catalogue des superstitions de l'antiquité de ces drôleries qu'on dirait être nées avec le monde. Ainsi, l'on attribuait toutes sortes de vertus aux nombres impairs, vertus qui se reconnaissaient dans les fièvres quartes à l'observation des jours (Numero deus impare gaudet). Le divin Tibère, qui fut certainement le plus sombre des hommes, n'aurait pas manqué de saluer quelqu'un qui éternuait, et il exigeait ce salut de tout le monde ; quelques personnes même trouvent qu'il est plus religieux, quand faire se peut, de nommer ceux qu'on salue. Les absents, vous le savez comme moi, sont avertis que l'on parle d'eux par le tintement de leurs oreilles. — On dit que toucher à ses cheveux le 17e jour de la lune et le 29e les empêche de tomber et préserve du mal de tête. Attale Philométor assure que si en voyant un scorpion prêt à vous piquer, on prononce le mot *deux*, l'animal s'enfuit. A propos de scorpion, personne en Afrique n'entreprend quoi que ce soit sans avoir prononcé le mot Afrique ; tandis que dans les autres pays, on commence par prier les dieux de façon à se les rendre propices.

Je ne veux pas oublier non plus les remèdes qui dépendent de la volonté humaine : la liste en est longue et même assez originale. Je vous ai dit l'influence fâcheuse qu'exerçait sur la grossesse l'entrelacement des doigts par une personne assise dans la chambre de la patiente ; mais c'est encore bien pis, si les doigts embrassent un seul genou ou tous les deux, ou si l'on croise les jambes : c'est alors un obstacle invincible à l'accouchement. La malheureuse Alcmène ne le sut que trop bien quand elle accoucha d'Hercule. Junon, le type de la femme acariâtre, voulant punir les infidélités sans cesse renaissantes de Monseigneur Jupiter, avait fait installer au seuil de la porte une de ses femmes d'honneur, avec ordre de croiser les doigts et les jambes. La pauvre malade avait beau se tordre sur son lit de misère et jeter des cris à fendre l'âme, l'implacable déesse se bouchait les oreilles et la laissait crier ; quand tout à coup Jupin, occupé dans l'Olympe à régler quelques affaires d'intérêt, entendit ces cris de détresse, et se doutant bien de quelque mauvais tour de sa chère épouse, leva vite la séance et descendit sur terre à la hâte, non sans avoir planté le bout de sa botte dans la partie la plus charnue de sa grondeuse moitié. Vous vous doutez que la sentinelle placée par la reine de l'Olympe, voyant le maître arriver dans tout l'éclat de sa puissance et de sa colère, se garda bien de rester à son poste : aussi les douleurs disparurent-elles comme par enchantement ; le maléfice fut rompu et Jupiter voulut qu'Alcmène accouchât sans douleurs.

Voilà un exemple bien avéré de l'influence de la volonté ; en voici d'autres qui ne sont pas moins étonnants et pas moins profitables : quand il est entré quelque chose dans un œil, le plus pressé, c'est de comprimer l'autre ; quand de l'eau a pénétré dans l'oreille droite, il est nécessaire de sauter sur le pied gauche, la tête penchée sur l'épaule droite; si au contraire l'eau a pénétré dans l'oreille gauche, il faut répéter la même gymnastique en sens opposé. Mais voici qui est plus fort : quand malheureusement la luette vient à tomber, de nos jours nous la relevons assez parfaitement avec un grain de poivre ou une pincée d'alun, mais autrefois il fallait courir à la halle et en ramener un des forts pour procurer la guérison. Il s'agit tout bonnement de prendre le malade par le sommet de la tête, avec les dents, et de le tenir suspendu. L'heureux mortel qui cultivait cette partie de la science devait être doué pour le moins de doubles et même triples masseters. Il est vrai que, soulevant le malade, il soulevait la luette par la même occasion. Allons, je vais vous enseigner quelque chose de moins difficile : lors donc que vous aurez mal au cou, frottez-vous les jarrets et surtout n'y allez pas de main morte; frottez, frottez, mon camarade, frottez jusqu'à extinction de la douleur; il va sans dire que si c'est le jarret qui souffre, vous frictionnerez le cou d'une façon aussi désintéressée.

Si par hasard vous étiez pris au lit de crampes dans les jambes, ne vous en inquiétez pas, mettez pied à terre, et si la crampe siége à gauche, attrapez vite avec la main droite le gros orteil gauche et *vice versa*; dans le cas où la crampe occuperait les deux jambes, vous feriez comme vous pourriez.

Le saignement de nez se guérit en serrant les extrémités du corps ou le bout de l'oreille. — L'incontinence d'urine disparaît en attachant la cuisse au milieu avec une bande de toile ou de papyrus. — Les faiblesses d'estomac s'en vont quand on se serre les pieds.

Mais, chose magnifique, vous pouvez guérir un épileptique en enfonçant un clou de fer dans l'endroit où la tête a porté lors de l'accès. Le difficile est de trouver juste la place où le crâne a frappé ; autrement votre peine est perdue.

Eh bien ! avez-vous assez des coquecigruâneries de l'univers romain ; avaient-ils de fortes idées l'an 760 de la ville éternelle ? Hein ! Bonsoir, mon bonhomme.

Bonsoir, mon bonhomme.

QUATORZIÈME SOIRÉE.

—◦◦—

Particularités des nations. — Recettes médicales.

L'austère Caton, dont la prudence égalait la superstition, avait, alors qu'il était consul, été commis par le sénat afin de terminer la guerre en Espagne ; mais, outre l'ennemi vaillant qu'elle avait à combattre, l'armée romaine se trouvait aux prises avec des difficultés d'une nouvelle espèce. La péninsule était infectée de légions de serpents, tous plus ou moins terribles, dont la morsure venimeuse semait la mort dans les camps et éclaircissait les rangs des guerriers ; aussi, pour atténuer les ravages de ces hôtes incommodes, le vieux républicain avait-il embrigadé un nombre respectable de *Psylles,* qu'il s'était à grands frais procurés en Afrique. Les Psylles, ainsi nommés du nom de leur roi, possédaient naturellement un venin funeste aux serpents ; l'odeur de leur corps assoupissait ces animaux, au dire d'Agatarchide. Cette nation, à l'époque dont je vous parle, avait été presque entièrement détruite par les Nasomons ; mais cependant cette race singulière s'était perpétuée par ceux qui échappèrent au combat ou qui étaient absents au moment où il se livra ; il en restait même encore au premier siècle de notre ère. Croyez bien que je n'ai pas la prétention de garantir la pureté de race des derniers débris de ce peuple; je croirais plutôt volontiers que quelques faiseurs se disaient Psylles, comme nous avons vu que d'autres individus s'intitulaient médecins. Toujours est-il qu'on avait grande croyance en leur pouvoir, et que cette croyance était partagée par l'élite des Romains, témoin les précautions que prit Caton pour son armée.

Voici donc une classe d'hommes dont la vertu préservative et guérissante était bien constatée, mais elle n'était pas seule à jouir de ces bénéfices; les Marses, peuple de l'Italie, avaient la vogue, par la simple raison qu'ils se prétendaient issus d'un fils de Circé, la fameuse magicienne. Cratès de Pergame avait aussi doté la tribu des Ophiogènes, qui habitait l'île de Chypre, de pareilles prérogatives, et Pline rapporte gravement qu'un certain Evagon, appartenant à cette famille et député à Rome, fut, par forme d'expérience, mis par ordre des consuls dans un tonneau rempli de serpents, qui, à l'admiration universelle, ne firent que le lécher. Le signe commun à cette famille était une odeur forte qui se dégageait du corps, surtout au printemps. Leurs sueurs même n'étaient pas un remède moins efficace que leur salive : en un mot, leur corps tout entier était un véritable médicament; ils guérissaient même par un simple attouchement. Je m'étonne que les anciens, qui tiraient parti de tout, n'aient pas songé à s'administrer, sous forme de poudre, de potion ou de pilules, les diverses parties du corps de Messieurs les Marses et Ophiogènes; ils ont certainement, là, négligé d'enrichir leur thérapeutique d'un médicament précieux. — Voyez comme on ne réfléchit pas à tout !

Quel impérieux besoin l'homme éprouve-t-il donc de franchir les barrières de la nature? Partout et dans toutes les circonstances, sa raison chancelante recherche avec avidité le surnaturel : le tout rapporté, comme de juste, à la nécessité de vivre et de prolonger l'existence. Je ne sais vraiment tout ce qu'on peut faire croire et faire au mortel qui veut éluder la caresse du sépulcre. Je viens de vous toucher un mot des particularités des nations ; descendons dans les familles et jusqu'à l'individu, vous verrez toujours le vulgaire complaisant pour se laisser tromper ; la persuasion, la foi sera d'autant plus complète que ces familles, ces individus seront pris dans des conditions exceptionnelles et enveloppés des voiles du mystère.

Isigone et Nymphodore, dans des relations sur l'Afrique, parlent de familles de fascinateurs qui, par la vertu de paroles enchantées, font périr les troupeaux, sécher les arbres et mourir les enfants. Le premier ajoute que chez les Triballes et les Illyriens, il y a des individus qui fascinent par leur regard et donnent la mort à ceux sur lesquels ils fixent longtemps les yeux, surtout s'ils sont courroucés ; notez que chaque œil est armé de deux pupilles ; il y a même en Ethiopie, au dire de Damon, la famille des Pharnaques dont la sueur cause la consomption à ceux qu'elle touche.

Voilà de bien mauvais médicaments entre des mains déshonnêtes ; mais il y a, par contre, quelques bonnes choses, et il n'est pas rare de trouver, dit Pline, certains individus dont quelques-unes des parties du corps sont douées de propriétés merveilleuses : par exemple, le gros orteil du roi Pyrrhus, qui guérissait par le contact les affections de la rate, et qui ne put être brûlé avec le reste du cadavre ; je vous rappellerai encore le bout du soulier de Vespasien, qui guérissait les boiteux quand ce César voulait bien le flanquer chaussé dans le derrière de ses sujets. Riez, riez, cela m'est égal, j'en atteste Suétone. Je ne vois cependant pas qu'il y ait de quoi tant s'égaudir. Les haillons qui recouvrent nos saints, leurs bouts de tibias ou de mâchoires ne sont-ils pas excellents dans une foule de maladies? Nos rois de France n'avaient-ils pas le pouvoir de guérir la scrofule, et le marcou de nos campagnes ne partage-t-il pas cet honneur avec ceux qu'a touchés la sainte ampoule? Cessons donc de railler nos pères; nous sommes aussi bons enfants qu'eux.

Pauvre cher homme, va, tu auras beau faire, il te faudra la danser, malgré toutes tes précautions!

Mais cependant, comme cet exercice n'est généralement du goût de personne, furetons dans le grand livre de la superstition ancienne, et voyons encore quelques-unes des entraves que notre *génie* voulut opposer à nos maux.

La plupart des gens dont je viens de parler excellaient surtout dans la méthode de sucer les plaies; se regardant doués d'une vertu contraire aux venins, ou se croyant du moins à l'abri de ses atteintes, la succion était devenue leur apanage. Il est probable que cette classe d'hommes ne croyait pas en ce prétendu pouvoir, et peut-être ne faisaient-ils valoir cette prétention que pour écarter d'une profession lucrative ceux que l'espoir du gain aurait portés à s'en mêler, et la concentrer dans quelques familles. Une chose certaine, c'est que les médecins n'étaient pas les dupes de leurs impostures, et qu'ils ne voyaient dans la succion qu'une opération mécanique dépouillée du *don* merveilleux que le vulgaire y supposait. Celse, le plus brillant et le plus instruit des médecins de son temps, dit expressément que « les Psylles n'ont point d'art particulier; ce qu'ils ont de plus que le reste des hommes est une certaine hardiesse, une confiance qui leur est propre et qui naît de la certitude de l'impunité. En effet, le venin des serpents ne nuit pas par son contact avec les parois de la bouche; c'est quand il pénètre dans les plaies qu'il est mortel..... Tout homme pourra donc sucer les plaies venimeuses, pourvu qu'il n'ait ni plaie ni excoriation dans la bouche. »

Vous ne pensez pas, je l'espère bien, que je vais vous énumérer toutes les maladies, *de capite ad calcem*, comme on disait autrefois, et vous entretenir des médications plus ou moins dévergondées qui furent employées pour arriver à guérison : le plus compact in-folio ne suffirait pas à les réunir, et la vie de plusieurs bénédictins serait trop courte pour les relater.

Mes recherches ont porté spécialement sur l'épilepsie, les fièvres d'accès, et les variétés de maladies de la hanche que nous désignons sous le nom de coxalgies : chemin faisant, cependant, je ne renonce pas au plaisir de vous offrir comme entremets quelque grosse ineptie touchant d'autres lésions, et de vous faire apprécier certaines croyances qui vous donneront une idée du nombre prodigieux des superstitions qui étreignaient l'intelligence humaine.

Les anciens désignaient, ainsi que vous le savez probablement, sous le nom de *præcordia* les différents viscères du corps de l'homme : aussi, quand il arrivait qu'un organe était en souffrance, on appliquait sur la partie douloureuse un jeune chien qui tette, ce qui ne tardait pas à dissiper les troubles ressentis ; par contre le chien héritait de la maladie, et le même viscère chez lui devenait malade, ce qu'on reconnaissait en éventrant l'animal, que la religion prescrivait ensuite d'enterrer. Mais, parmi les chiens médicamenteux, tous n'avaient pas la même vertu ; les plus prisés étaient ceux de Mélita, petite île située sur les côtes de l'Illyrie ; ils agissaient spécialement, en outre, sur l'estomac, dont ils prenaient certainement la maladie, car ils ne tardaient pas à perdre la santé et à mourir. Pauvres chiens, on les mit presque à toutes les sauces comme substance pharmaceutique ; cependant, on leur rendait aussi des honneurs qu'ils n'auraient certes pas demandé mieux que de décliner ; les vieux Romains, ceux de la vieille souche, les regardaient comme un aliment si pur qu'ils s'en servaient dans les sacrifices expiatoires. La déesse Genita Mana en faisait à elle seule une immense consommation : leurs membres cuits faisaient l'ornement des tables dans les repas d'inauguration des pontifes. Triste retour des choses de ce monde ! A côté de ces honneurs, on les taxait tous les ans d'infamie en les crucifiant vifs sur une fourche de sureau entre le temple de la Jeunesse et celui de Summanus, pour s'être endormis quand les Gaulois nos ancêtres escaladaient le Capitole, tandis que les oies, qu'on prisait seulement à cause de leur foie que Scipion Métellus avait enseigné à engraisser, étaient pendant ce temps portées en triomphe, bien hébergées et bien nourries aux frais du trésor public.

La gent canine subit donc toutes les vicissitudes de la grandeur et de l'abjection. Les mages ne pouvaient manquer de comprendre dans leur lot un animal si agréable aux dieux et auquel on n'avait en somme qu'à reprocher un moment de paresse ; aussi le fiel d'un chien noir et mâle était-il une amulette pour toute la maison ; il suffisait de faire des purifications ou des fumigations avec ce fiel pour la préserver, hommes et bêtes, de tous les maléfices; ou bien encore d'asperger les murailles avec le sang, ou même d'enfouir les parties génitales sous le seuil de la porte. Du reste tout cela dépendait du prix reçu, car toutes ces ridicules jongleries étaient accompagnées de simagrées plus ou moins grotesques. Quand il arrivait malheureusement que le charme ne réussissait pas et qu'un des membres de la famille était atteint, je suppose, par éxemple, de fièvres intermittentes, on lui faisait manger la rate d'un chien, crue ou cuite, à volonté, et, si le remède était insuffisant, on passait à d'autres exercices, ainsi que vous l'allez voir.

Immense est le nombre et la variété des moyens mis en œuvre pour déraciner les fièvres. Afin de vous en dégoûter de prime-abord, je vous annonce qu'il s'agit des punaises; oui, très-cher, des punaises, ces affreux tyrans qui nous ont fait jadis passer des nuits si atroces dans nos galetas d'étudiant : vous pouvez vous débarrasser de cette engeance en la croquant dans un œuf à la coque, ou l'avalant dans des fèves sous forme de pilules, soyez assuré qu'ainsi vous guérirez votre fièvre, surtout la fièvre quarte. Les autres fièvres, au dire de Sotira, illustre sage-femme du temps, cèdent très-bien en frottant de sang menstruel la plante des pieds du patient, surtout si l'opération est faite par la femme elle-même et à l'insu du malade. Icétidas même garantit la guérison par..... Oh ! Oh ! je ne puis pourtant pas vous dire cela en français : « *Icetidas quartanas coitu finiri, incipientibus dumtaxat menstruis, spopondit.* » Quelle drôle et facile médication. Passons à une autre : pour ma part, je préfère manger un cœur de lion ou même une tartine de sa graisse si la fièvre quotidienne vient me rendre visite, ou bien avaler dans un verre d'eau trois gouttes de sang tiré de la veine de l'oreille d'un âne. De pareilles ressources devaient souvent, vous le pensez bien, trouver des incrédules et des rébarbatifs ; c'est pourquoi les grippe-sous avaient imaginé quelques recettes aussi malpropres et non moins nauséabondes ; ainsi l'on portait en amulette l'œil droit salé d'un loup, la patte d'un hibou enduite des excréments d'un chat, les dents canines d'un crocodile remplies d'encens, la tête coupée d'une vipère et enveloppée dans un petit linge, le museau d'un rat conservé dans une étoffe rose, l'œil droit d'un lézard vivant conservé dans un sachet de peau de chèvre, etc., etc. J'ai compté de la sorte près de deux cents procédés de traitement : allons, demandez, faites-vous servir.

Quel abrutissement ! Décidément, je n'ai plus le courage de continuer ; je vous fais grâce des moyens curatifs de la coxalgie et de l'épilepsie, ce serait toujours la même rengaîne ; je vous préviens seulement que les habitants de la mer fournissent un contingent médicamenteux pour le moins aussi respectable que la surface de la terre, et que ces pauvres poissons ont été assaisonnés de la même façon.

Je dis donc adieu aux erreurs populaires de l'antiquité relativement à la médecine, et demain, puisque vous m'y conviez, nous nous récréerons en société de Tibulle, d'Ovide et du vieux Juvénal.

QUINZIÈME SOIRÉE.

Notes médicale (sur Tibulle et Catulle.

Vous êtes pressé, ce soir, mon ami. A peine si les dernières spirales de fumée de votre londrès sont évaporées que vous vous hâtez de me rappeler la promesse que je vous fis hier. Votre impatience m'est souverainement agréable, puisqu'elle semble me prouver que l'étude assez ingrate des erreurs et des superstitions médicales ne vous a pas été tout à fait insipide, et que même j'ai pu réveiller chez vous quelque intérêt. Je prends acte de votre déclaration; je suis persuadé maintenant que vous arriverez à reconnaître la vanité de cette médecine ignorante qui tient encore une si large place dans notre civilisation.

Les noms de Tibulle et de Catulle vous font sourire, et vous vous demandez, à l'aspect de ces noms, symboles des amours faciles, s'il est possible de trouver quelques renseignements sur la médecine romaine aux derniers temps de la république. Quel rapport les brouilleries et les réconciliations de deux amoureux peuvent-elles avoir avec notre sujet? Détrompez-vous, nous avons là peut-être la plus belle occasion de voir les Romains en déshabillé. Ah çà, n'auriez-vous jamais été amoureux? Non!! Cela me paraît difficile à digérer ;

mais tant mieux pour vous... Vous saurez donc que les amoureux sont d'une indiscrétion à nulle autre pareille, et que, dans le délire de la passion, ils nous initient à tous les mystères de leur vie ; que toujours chantant ce charmant égoïsme en partie double, cette maladie qui cause tant de jouissances et produit tant d'ennuis, ils nous livrent leurs plus intimes secrets, actions et sentiments, infirmités physiques et morales.

Voyons donc si Tibulle confirmera ce que j'avance, et si cet éternel langoureux ne nous donnera pas quelques détails sur la vie intime des femmes charmantes qu'il a tant aimées.

Comme tous les amoureux, notre poëte est de la plus admirable crédulité ; il a recours aux enchantements et à toutes les folies qui flattent sa passion ; aussi a-t-il pleine confiance en une magicienne des plus honnêtes et des plus savantes, et dont le mensonge n'a jamais souillé les lèvres : Délie peut être tranquille, personne ne surprendra jamais le secret de leurs amours ; la *Saga* (la sorcière) l'a juré. Pour convaincre pleinement sa maîtresse, notre amoureux lui raconte les prouesses de la vieille et c'est vraiment à faire frémir. « Elle abaisse à sa voix les astres du ciel ; elle change à son gré le cours des fleuves. A ses enchantements, la terre s'entr'ouvre, les mânes sortent de leurs tombes et les ossements encore chauds descendent du bûcher... Seule, elle connaît les herbes malfaisantes de Médée et endort les chiens terribles de la triple hécate... Si elle donne l'amour, elle peut, par ses chants et ses breuvages, empêcher d'aimer. » Voilà une botanique dont nous avons à peu près les équivalents, car, en ce genre de drogues, les succédanés n'ont jamais manqué. Ainsi, par des breuvages, des potions enchantées, on pouvait guérir ou donner la maladie amoureuse ; mais les prières adressées aux dieux et surtout à la déesse libertine, qui naquit du sein de l'onde, étaient pour le moins aussi salutaires : « Vénus, tu peux me guérir, dit tristement Tibulle dans sa troisième jérémiade ; les nombreux tableaux suspendus dans tes temples prouvent ta puissance. » Vous voyez qu'Esculape n'avait pas seul le privilége d'avoir ses temples garnis d'*ex-voto*, et que Vénus, dans sa spécialité, était un excellent médecin. Ces cures miraculeuses donnaient lieu à des démonstrations fort analogues à celles qui figurent aux autels des temples chrétiens et dont je vous parlerai en temps et lieu. Mais ce n'est pas tout ; jusqu'à présent l'amant de Délie s'est adressé à des puissances étrangères, dieux et sorciers ; vous allez le voir se mêler lui-même de l'art de guérir quand sa maîtresse va tomber malade : ne craignez rien cependant pour la belle Romaine, la maladie ne me paraît pas grave, si j'en juge par le traitement employé : « Je suis celui dont les soins et les vœux, durant ta maladie, t'arrachèrent aux crises de la douleur. Trois fois autour de ta couche je promenai le soufre purificateur ; après qu'une vieille eût chanté ses vers magiques, j'écartai les songes funestes en leur offrant à trois reprises un pieux tribut de farine et de sel. » Suit le reste de la cérémonie médicatrice que nous devons faire rentrer dans ces jongleries mystiques que pratiquent encore de nos jours les bergers et les commères, et dont nous voyons les résultats se dénouer journellement en police correctionnelle. Pauvre garçon, malheureux Tibulle, il fut mal récompensé de ses soins ; la volage, à peine guérie, plantait là son médecin et prodiguait ses faveurs à un autre amant. Cœur d'airain, âme insensible ! Vous riez tout haut de tant d'infortunes ! Tibulle aussi voulut en rire et se venger en prenant une autre maîtresse, mais, ô misère, Vénus, ce sont là de tes coups ! Ecoutez ce qui lui arriva :

« Plus d'une fois je serrai une autre femme entre mes bras, mais, au moment heureux, Cythère me rappelait Délie et trahissait mon ardeur. Alors cette belle abandonnait ma couche, disant qu'on m'avait jeté un sort, et, j'en rougis, elle racontait ma piteuse aventure. » Ainsi, toujours des sortiléges, toujours des *noueurs d'aiguillettes*, toujours de ces superstitions qui marquent l'enfance des sociétés et qui ne cèdent jamais à ce que nous appelons orgueilleusement le progrès.

Je vous dirai cependant que les plaintes de cet amoureux trompé ne m'ont jamais fait grand'pitié, la constance ne me paraissant pas avoir été chez lui bien accentuée. Délie, Titia, Lydie, Phloé se succèdent assez rapidement pour me convaincre que les douleurs de notre héros n'étaient pas d'une gravité telle qu'il fût en droit de se désespérer bien fort. Puis, quand les courtisanes faisaient défaut, l'auteur des élégies n'était pas embarrassé ; de beaux adolescents..... Ah diable ! qu'est-ce que j'allais vous révéler. Les stances de Tibulle sont charmantes, il est vrai, mais elles ont le tort assez grave, à mon avis, de ne pas arriver à leur adresse légitime. Au fait, cela ne nous regarde pas ; les Romains avaient de si drôles de façons !

Dans d'autres circonstances, mais plus sérieuses alors, Tibulle s'adressait au grand dieu de la médecine, non pas à celui dont on prétend que nous autres médecins sommes les enfants, mais bien à Apollon lui-même, qui de cette façon ne serait rien moins que notre grand-père : mais, cette fois, l'affaire est délicate.

Cérinthe, l'objet d'un nouvel amour, est véritablement malade et n'a pas seulement, comme Madame Délie, quelqu'une de ces charmantes indispositions dont les femmes seules ont le secret, et qu'elles font naître à volonté quand leur intérêt les y invite : Cérinthe devient pâle, jaune peut-être; en même temps elle maigrit et elle a de la fièvre : triste maladie que je n'ai pas besoin de nommer, et qui tous les jours fait tant de ravages dans la phalange des filles de joie et des courtisanes.

Donc Apollon est sommé d'intervenir. Il est vraiment curieux de surprendre ainsi l'homme intelligent aux prises avec la douleur : il aime à croire aux influences surnaturelles, à la protection de la divinité. L'intervention céleste dans la guérison de ses infirmités est une idée qui chatouille son amour-propre; il se flatte d'être digne de ces faveurs suprêmes, malgré sa platitude et ses prières plus ou moins stupides.

Tibulle, ainsi que vous venez de le voir, ne craint pas de fatiguer ciel et terre par ses soupirs et ses terreurs au sujet de la santé de ses maîtresses; il n'a garde de s'oublier quand il se sent dévoré par la fièvre. Nous pourrions regarder ses plaintes comme venant d'un amant éconduit, mais rien ne nous empêche de prendre la chose au pied de la lettre quand vous saurez que la santé de ce fervent de Vénus subissait assez fréquemment de rudes atteintes, suites inévitables de ses désordres amoureux : « Pour moi, Proserpine vient m'annoncer ma dernière heure; ô déesse, épargne un jeune homme innocent ! Je n'ai pas essayé de révéler tes mystères sacrés aux profanes... La vieillesse tardive n'a pas encore mêlé de cheveux blancs à ma brune chevelure... Pourquoi vouloir déjà cueillir le fruit qui ne se noue qu'à peine encore. Attendez, pour me faire connaître les Champs-Elyséens, la fatale barque et les marais de l'Erèbe, attendez que les rides aient sillonné mon front, et que vieillard j'aie pu raconter à mes enfants les faits de mon jeune âge. Plaise au ciel que la fièvre brûlante cesse de me tourmenter et qu'une lente convalescence répare mes forces abattues. »

Vous voyez que notre ami n'était pas brave ni bien pressé d'aller faire connaissance avec les douceurs de la vie future ; il préférait rester sur le plancher des vaches, comme on le dit vulgairement ; ce n'est certes pas moi qui condamnerai ce désir de vivre ; je suis de l'avis de Tibulle qu'il vaut mieux tenir que de courir, surtout quand on est comme lui favorisé de tous les dons de la nature. Voici du reste son portrait tracé par la main d'Horace : « Ce n'est pas toi qui fus jamais un corps sans âme. Les dieux t'ont donné la beauté ; ils t'ont donné la richesse et avec elle l'art d'en jouir. Que pourrait souhaiter de plus une tendre nourrice à son enfant chéri, que la sagesse et le talent de bien dire, l'amabilité, la gloire, la santé avec profusion et une douce existence assurée par une fortune honnête. Au milieu des alternatives d'espérances et de tourments, de craintes et d'emportements, ne perds pas de vue que chaque jour qui luit peut être ton dernier jour. Ainsi te paraîtra délicieuse toute heure de la vie sur laquelle tu n'auras pas compté. Lorsque tu auras envie de rire, viens me voir : tu me trouveras gros et brillant des soins que je donne à ma personne. » Vit-on jamais deux hommes mieux faits pour se comprendre ? L'éloge et l'amitié débordent dans cette charmante épître ; hélas ! Tibulle serait pour tous un digne objet d'envie s'il eût su conserver d'aussi précieux avantages ; mais ses instincts amoureux, ses volages tendresses ruinèrent et sa fortune et sa santé. Il mourut jeune encore, à peine âgé de quarante ans, pleuré de sa mère et de sa sœur, apprécié par Horace, chanté par Ovide, et laissant à la postérité reconnaissante quatre livres d'élégies dont le charme place leur auteur à la tête des poëtes qui reçurent en héritage la lyre d'Anacréon, et qui ont chanté cette maladie du cœur qu'on nomme l'amour.

Tibulle n'a qu'une corde à sa lyre, mais il faut avouer qu'elle a rendu de singulières harmonies sous ses doigts; il n'a pas, à mon avis, de rival dans ces formes voluptueuses qui peignent les plus doux enchantements de la vie : « Verse encore, noyons dans le vin de nouvelles douleurs; que mes yeux fatigués cèdent enfin au sommeil. Ah ! n'allez pas tirer de son erreur celui que Bacchus enchante : l'ivresse au moins fait oublier l'amour malheureux. Buvons, puisqu'à cette heure ma Belle est cloîtrée par une garde farouche et sous les verroux d'une porte inexorable. » Quelle ravissante élégie ! Lisez les reproches qu'il adresse à la porte jalouse qui le sépare de sa maîtresse : « Puisse l'ouragan t'arracher de tes gonds, puisse la foudre te briser. Ou plutôt, porte charmante, laisse-toi fléchir par le désespoir d'un amant, et reste ouverte, mais pour moi seul, de peur que tes gonds indiscrets ne me trahissent. » C'est bien là le délire de la passion; plus loin il donne des conseils à la jeune captive pour tromper la vigilance de l'ennemi; il y a quelques jolis vers qui se rapportent à un point intéressant, l'art de faire des signes, charmant langage aussi vieux que le monde, langage qui joue un si grand rôle dans les relations des amoureux, et dans lequel on s'instruit sans aller à l'école. « Vénus est favorable à ceux qui sont courageux : c'est elle qui enseigne à faire, en présence d'un époux, des gestes qui parlent, et à cacher de douces paroles sous des signes convenus. » Aussi

Tibulle entend fort bien les appels de sa maîtresse
« quand, silencieuse, elle m'appelle par le cliquetis de
ses doigts. » Ovide, le grand maître dans l'art d'aimer,
nous donnera des détails plus circonstanciés que j'aurai
soin de recueillir et dont nous pourrons tirer profit.
Laissons donc soupirer Tibulle, non sans toutefois le
remercier de la légère contribution que je lui ai imposée.

Après Tibulle, Catulle, quoique ce ne soit pas tout à
fait l'ordre chronologique, puisque ce dernier vécut au
temps du grand Jules, dont il ne me paraît guère avoir
été l'ami, si l'on s'en rapporte à quelques épigrammes
assez vertes. Catulle, quoique rangé parmi les poëtes
élégiaques, peut revendiquer une large place dans la
satire, et lutter au besoin avec Martial, auquel il a peut-
être enseigné ses obscénités de langage. Je préfère lui
laisser son antique renommée de soupirant et de cœur
facile, c'est sensible que je voulais dire, plutôt que de
l'accoler au vil courtisan de Domitien. Considérez-le
donc toujours comme léger, frais, gracieux, comme un
grand enfant plein de sensibilité, très-volage, et se
moquant à tout propos des hommes et des choses, dont
il se soucie comme d'un poil de sa barbe, selon la vieille
expression latine. Regardez-le toujours agenouillé aux
pieds de la beauté, et tenant en main la lyre dont il a
su tirer de si harmonieux accents : c'est un souvenir
de collége facile à conserver. Pour moi, je me vois dans
l'obligation de le traiter autrement par l'étude que je
prétends faire de ses œuvres ; c'est surtout le satirique
qui appelle mon attention, attendu que c'est dans cette
seule espèce d'écrits que je retrouve ce qui nous concerne et nous intéresse.

Catulle, ainsi que vous pouvez vous en convaincre

par les quelques mots d'éloge que je viens de lui donner, peut marcher de pair avec l'amant de Délie; mais il a pour moi plus de mérite que ce dernier : jeune, inconstant et très-passionné, il eut le malheur ou plutôt la bonne fortune, pour nous du moins qui vivons dix-neuf siècles après lui, d'exister dans ces temps de dévouements sublimes où quelques amis de la liberté s'opposaient à ce que la république fût étranglée par un César. Sans doute, il cherchait partout les molles voluptés si faciles au bord du Tibre, ou dans la presqu'île de Sermione; mais il conservait les rudesses natives ; il était Romain, soldat, tribun, il se sentait des origines de sa nature militaire, il était un fils de la *Louve*, et, à la moindre occasion favorable, il retrouvait au bout de sa plume les violences de ces républicains farouches toujours près à guerroyer envers et contre tous. Aussi, rencontre-t-on tout à coup des épigrammes dont l'àpreté nous surprend, et c'est là que nous irons chercher ce qui nous convient. Laissons donc de côté Lesbie et toute la phalange des maîtresses plus ou moins faciles.

Voici d'abord un échantillon des douceurs de l'aimable Catulle soupirant la plaintive élégie : « Furius, toi qui n'as ni valets, ni servante, ni punaises en ton lit, ni araignées en ta maison, ni feu dans ton foyer ; toi dont le plus clair revenu consiste en un père et une belle-mère qui mangeraient le diable, c'est une belle chose que de te voir avec ce père vénérable et sa moitié qui défierait une planche en sécheresse..... Tu te moques de tout. Quoi ! parce que le froid, le chaud et la faim t'auront un peu collé la peau sur les os, tu ne veux pas que je te croie heureux ? Après tout, tu n'as ni asthme, ni pleurésie. Le catarrhe ne découle point de ton cerveau. A cette recherche de propreté, tu ajoutes celle d'avoir ton *podex* net comme une salière. Tu ne vas pas à la garde-robe dix fois par an, aussi n'est-il caillou aussi dur que ce qui en résulte, si bien qu'il ne tient qu'à toi d'épargner les frais de serviette. Garde-toi de compter pour rien ces avantages, et cesse de crier après les millions de rente que tu désires. Je t'assure, moi, que tu es dans une position fort douce. » Le poëte, comme vous le voyez, n'y va pas de main morte ; il est impossible de déployer une plus barbare ironie sur l'excessive misère d'autrui. Cependant, cette sanglante satire prouve que Catulle possédait quelques données physiologiques , mais je doute qu'il eût osé dire comme Virgile, *hos ego versiculos feci*. Ce début vous surprend de la part d'un homme toujours aux pieds de la beauté ; mais chez les Romains, on n'y regardait pas de si près, et la vie privée, surtout, comportait des licences intolérables à nos yeux.

Je vous ai, dans un autre endroit, raconté quelques-unes des ressources que la médecine populaire savait tirer de la sécrétion urinaire ; je retrouve dans une des épigrammes l'indication d'une singulière habitude se rapportant à un détail de toilette, à une question d'hygiène par conséquent. Un certain Egnatius, que Catulle déteste, appartient à la race espagnole qui, comme la race grecque, était en butte aux injures des poëtes latins. Il l'appelle enfant chevelu de la Celtibérie fertile en lapins ; il lui reproche de toujours rire, même dans les circonstances les plus tristes, et cela afin de mieux montrer ses dents magnifiques de blancheur et ses gencives toujours roses. Jusque-là Egnatius pourrait, à la rigueur, ne passer que pour un fat et un mal appris ; mais, ajoute Catulle, c'est un sale et malpropre individu, car c'est dans sa table de nuit que l'Aragonnais va chercher son dentifrice. « En conséquence, Egnatius, tu dois sentir que plus tu auras de belles dents, plus on dira que tu as mis ton pot de chambre à contribution. » N'allez pas croire que cette coutume fût seulement particulière à l'individu que le satirique met en cause. Strabon et Diodore de Sicile parlent de cette coutume espagnole, et ce dernier auteur ajoute que le même liquide servait à bien d'autres usages encore que je ne veux pas vous dire. C'est là une singulière parfumerie dont on pourrait, au besoin, envoyer la recette aux dandys et aux petites maîtresses qui fourmillent dans les villes et usent sans profit pour la société le macadam des boulevards; plus d'un, j'en suis convaincu, essayerait le dentifrice espagnol, quitte à prendre ensuite un gargarisme à l'eau de roses.

En dissertant d'Horace, je vous ai parlé des punitions infligées aux libertins, des émascutations vengeresses de l'adultère. Catulle, jaloux comme un tigre d'une beauté qu'il croit le tromper, menace un rival d'une punition dont on pourrait à juste titre lui contester le droit. « Si tes mauvais penchants, si ta fureur lubrique, allaient, scélérat, jusqu'à menacer la tête de ton ami, alors, malheur à toi! Puisses-tu, les pieds liés, être exposé au supplice que le raifort et les mugils font souffrir aux adultères. » Ce supplice consistait dans l'introduction de vive force, dans le rectum, d'une racine de raifort ou d'un mugil, poisson aux rudes écailles : c'était un passe-temps fort du goût des Romains à l'égard des esclaves et des gens de condition inférieure; ce nouveau suppositoire, qui devait être horriblement douloureux, fut conservé longtemps en Italie, car je lis dans Marchettis, chirurgien du xvie siècle, qu'il fut un jour appelé près d'une fille de joie, dans le rectum de laquelle certains jeunes gens avaient introduit de force une queue de cochon dont on avait coupé les soies à peu près ras; vous pensez bien que les tentatives d'extraction du malheureux appendice devaient cruellement faire souffrir la patiente en enfonçant les soies dans les tuniques intestinales. Notre chirurgien parvint à débarrasser la patiente à l'aide d'un procédé très-délicat, que la pratique actuelle n'a pas laissé tomber dans l'oubli.

Eh bien! Catulle, malgré ses violences et ses obscénités, a osé dire : Le poëte doit vivre chastement, mais il n'est pas nécessaire que ses vers soient chastes. Savez-vous la raison qu'il en donne? C'est que quand ses vers sont piquants et enjoués, ils excitent le désir, non chez les enfants, mais chez les vieillards velus dont les reins sont engourdis. Et Martial, ne s'est-il pas rendu une pareille justice en écrivant ce vers : Mes pages sont lascives, j'en conviens, mais ma vie est honnête. En vérité, voilà des principes comme on n'en voit plus; mais la logique n'est pas inflexible, ni le bon sens non plus. En tout cas, cette prétention à l'honnêteté, à la pureté du cœur et des sentiments, mise en opposition avec le dévergondage des écrits, nous permet d'envisager la poésie sous un jour tout particulier; elle ne devient rien moins qu'une substance pharmaceutique, un véritable remède aphrodisiaque qui peut marcher de pair avec le phosphore et la cantharide.

Lisez Catulle, si charmant dans ses tendresses, puis, parcourez ses épigrammes, vous serez étonné de ses haines impitoyables, de ses invectives qu'il a su pousser jusqu'à l'extrême; il ne connaît pas de milieu : ses élégies sont des chefs-d'œuvre de grâce, ses satires des stigmates ineffaçables. Rufus s'étonne du peu de succès qu'il a près de ses maîtresses ; il a beau leur prodiguer les belles robes, les pierres précieuses, les accabler de présents, tout est inutile : on serait tenté de croire que toutes les espèces féminines s'entendent pour le repousser. Pourquoi donc ce triste sort ? Ne soyez pas trop en peine sur le compte de notre homme ; il est loin d'être malade ; il a..... je ne dirai pas une infirmité, mais un désagrément: sous ses aisselles habite un bouc infect et vous savez si la bête est désagréable.

Les jeunes femmes n'aiment point à le trouver dans leur lit.

Pourtant, un nez moins délicat s'est rencontré, et la propriétaire de ce nez n'est rien moins que la maîtresse de Virron, l'ami intime de Catulle. « Console-toi, mon ami, dit notre brave poëte, si jamais homme fut victime à juste titre de l'odeur de bouc qu'il exhale et de la goutte qui le tourmente, c'est ce Rufus qui te remplace auprès de ta maîtresse, c'est à toi qu'il doit cette double infirmité qui te venge de tous les deux ; il l'infecte et augmente sa goutte qui le tue. »

Ménière, avec son esprit gaulois, fait remarquer que la goutte et l'amour ne sont pas étrangers l'un à l'autre et que nos grands docteurs en gaie science n'ont rien inventé en indiquant comme cause déterminante de l'arthrite et *fillette* et *feuillette*.

Que de choses à relever encore dans l'œuvre de ce poëte, dont le latin est si pur et si élégant, même dans ses plus grandes violences de langage. — Je rencontre une épigramme sur Emilius ; il lui dit tout tranquillement :

« Ma foi dè Dieu, je ne sais ce que j'aimerais mieux sentir de ta bouche ou de ton extrémité intestinale. » Diable de latin ! Catulle, avec un mot, rend sa pensée, et je suis obligé, moi, de paraphraser ce mot terrible, il fallait cependant que la bouche fut un affreux foyer d'infection, puisque notre homme prétend qu'à choisir, il préférerait le parfum de l'autre bout.

Ils n'y allaient pas de main morte, les latins ! Puis vient le tour de chaque partie du corps, le tout, bien entendu, passé en revue par Catulle, ce qui ne nous engage nullement à notre point de vue médical ; ce sont toujours des réflexions aussi sanglantes, toujours des médications extravagantes et toujours la médecine intervenant dans des situations fort délicates.

Cela prouve une chose, c'est que la science commençait à cette époque à prendre une position officielle dans la société romaine, si fort en retard sous bien des rapports.

N'allons pas plus loin, laissons le Catulle violent et mauvaise tête et fermons par un éloge ce que nous en pouvons dire encore : je vous ai parlé des venins, de l'ortie, de l'ellébore, de la magie et des mages, nous graviterons toujours dans le même orbite. Ne disséquons pas trop ce que fut Catulle ; disons qu'il avait le sentiment du beau et qu'il admirait le talent des autres. Il nous a laissé, quoique bien jeune encore, quelques vers adressés à Cicéron qui peignent bien et sa modestie et l'ampleur de son talent.

O toi Cicéron, le plus éloquent des neveux de Romulus, de ceux qui furent, de ceux qui sont encore et de ceux qui naîtront dans la suite des âges ! reçois les actions de grâce de Catulle, le dernier des poëtes ; de Catulle autant le dernier de tous les poëtes que Tullius est le premier de tous les orateurs.

Cet homme avait du cœur.

SEIZIÈME SOIRÉE

—— ..∞.. ——

Ainsi que vous l'avez pu voir par les quelques renseignements médicaux que nous avons puisés dans Térence, Horace, Tibulle et quelques autres écrivains latins, les poëtes eurent toujours pour amis des médecins en réputation ; aussi prenaient-ils, en compagnie des savants, l'habitude de voir autrement que le commun des hommes et de revêtir leurs impressions d'un langage plus précis. Leurs écrits, tout en consacrant les erreurs populaires, abondent en descriptions scientifiques, en termes techniques, en expressions heureuses qui font image et rendent avec un singulier bonheur leurs plus intimes pensées. Perse et Juvénal, bien plus encore qu'Ovide, ont excellé dans l'emploi de la contribution qu'ils prélevaient sur notre art : c'est qu'à leur époque avaient vécu ou vivaient des hommes qui s'étaient acquis de glorieux titres à la reconnaissance publique : Celse, ce compilateur qui fit presque preuve de génie, avait doté le Latum de son beau traité de médecine ; puis étaient venus Archigène, Themison, Héliodore et bien d'autres encore, dont les travaux avaient porté l'art médical à Rome presque à la perfection. Le peuple grossier de Romule, dans les derniers jours de la République, s'était laissé, n'ayant plus rien à conquérir, subjuguer sous la douce influence de la science et de la littérature grecques ; ce peuple, si fort en retard sous bien des rapports, commençait à avoir des velléités scientifiques et littéraires ; les jeunes patriciens, les fils de famille allaient faire un tour en Grèce pour compléter leur instruction et leur éducation : là ils se liaient avec les maîtres et souvent les amenaient à Rome où ceux-ci finissaient par s'établir, heureux d'être si bien choyés par leurs riches et puissants élèves. Il se forma donc au sein de l'empire une société latine d'origine, mais grecque par le cœur et l'esprit et qui se mit à cultiver avec ardeur les lettres et les sciences. Les adeptes de ce monde intellectuel devaient inévitablement tous se connaître et s'estimer ; aussi découvrons-nous dans les œuvres littéraires un heureux assemblage de la science et de l'art. Suivez bien, je vous prie, ce portrait de la Faim tracé par Ovide : « Elle a les cheveux hérissés, les yeux creux, le teint pâle, les lèvres blanches et sèches, le gosier âpre et enflammé, la peau rude et transparente, les reins courbés, les os saillants, le ventre rentré, la poitrine semble suspendue à l'échine du dos. La maigreur a grossi ses articulations, ses genoux roidis forment un cercle, et ses talons deux énormes saillies. » .Quelle vigueur dans ce tableau de l'émaciation ! Ne dirait-on pas un professeur de clinique décrivant à son auditoire l'habitude d'un phthisique arrivé aux dernières limites du marásme ? Cette énergie de pinceau me paraît être la preuve d'un esprit observateur qui a dû faire quelques emprunts à une science plus exacte.

Mais poursuivons. Vous vous rappelez que je vous ai fait plusieurs fois mention du terme admis par les anciens pour la naissance des enfants ; pour eux la grossesse durait dix mois. Ovide a mieux supputé que ses devanciers la durée de la gestation, car il dit en parlant de la statue de Pygmalion que Vénus avait animée : « Quand la lune eut rempli neuf fois son croissant, Paphus vit le jour et donna son nom à l'île de Paphos. »

Plus loin, dans la métamorphose de Myrrha, le poëte nous révèle que neuf fois la lune l'avait vue errante, lorsqu'enfin épuisée de fatigue, elle s'arrêta dans les champs de Saba. — Il est évident que l'auteur des métamorphoses avait interrogé la science pour être presque le seul de son temps à ne pas partager l'erreur commune et qu'il avait consulté quelque confrère sur la durée physiologique de la grossesse. — A chaque pas nous trouverons de ces citations qui prouvent que la médecine tenait un rang élevé sous les premiers Césars. L'art de guérir y était à peu près tel que nous le voyons actuellement : d'abord les véritables médecins, sous la bannière desquels venaient se grouper un nombre plus ou moins considérable d'élèves ; puis les médecins guérisseurs ou charlatans, les prêtres de toutes les divinités possibles, les sorciers, et enfin tout le monde, puisque chacun s'imagine avoir en poche quelques moyens excellents pour secourir son prochain et parfois lui faire goûter plus vite les douceurs de l'autre monde.

Athènes avait dans Rome une docile élève. La science monstrueuse des avortements y fit de rapides progrès ; cette maladie du corps social était dans les mœurs de ces temps lointains : la plupart des femmes, pour ne pas flétrir leurs appâts, pour éviter les stigmates au ventre qui sont inévitables après l'accouchement, ne craignaient pas d'aller détruire à sa source le résultat fatal de leurs joies impures ; d'autres l'essayaient à l'instigation du père de famille trop chargé d'enfants ou n'en n'admettant qu'un nombre donné ; d'autres enfin pour cacher le déshonneur inévitable de leurs plaisirs illicites. Ces pratiques, qui existent encore aujourd'hui, surtout en Orient, sont une des causes les plus grandes de la dépopulation des nations ; tout le monde s'en mêlait, l'impunité étant assurée dans ces âges de fer où l'individu faisait parade de mépriser la vie entre toutes autres choses. On ne se faisait donc aucun scrupule d'interrompre une grossesse commencée : « Déjà ce fardeau arrondissait mes flancs coupables et son poids fatiguait mes membres affaiblis. Que d'herbages, que de médicaments ma nourrice ne m'apporta-t-elle pas ? Combien ne m'en fit-elle pas prendre ? Et combien de fois sa main audacieuse ne tenta-t-elle pas d'arracher de mes entrailles ce fardeau toujours croissant. » Toutes ces tentatives furent vaines, l'enfant tint bon dans son œuf et résista victorieusement à l'ennemi. Ovide ne dit pas de quelles drogues on se servait ; mais ce qu'il nous importe de savoir, c'est qu'on en employait et que, dans le cas d'un résultat négatif, on recourait aux actes manuels, aux manœuvres directes. Heureusement les procédés n'étaient pas toujours efficaces, et plus d'une jeune fille put dire comme Canacé : *Vivax restitit infans artibus, et tecto tutus ab hoste fuit.*

Ovide, disons-le bien haut à sa louange, ne partageait pas les errements du jour : Corinne, sa maîtresse, avait vu comme tant d'autres un témoin de sa faute venir troubler ses joies, et comme tant d'autres elle avait cherché à détruire l'enfant qui menaçait de rompre sa beauté et le cours de ses liaisons amoureuses. Le poëte, furieux d'abord, ne tarde pas à prier les dieux de le secourir en ce danger imminent : « Toi qui prends pitié des jeunes épouses dans les douleurs de l'enfantement, alors que le fruit caché cherche à sortir de prison, Ilithyia, sois-moi propice et daigne exaucer mes prières... et toi, Corinne, s'il m'est permis de te donner un avis, après une telle lutte, n'en tente pas une seconde... Femmes, pourquoi souiller vos entrailles avec un fer homicide ? Pourquoi présenter le cruel poison à l'enfant qui n'est pas encore... Jamais on ne vit tant de cruautés chez les tigresses des antres de l'Arménie ; jamais la lionne n'osa se faire avorter. Il était réservé à de tendres beautés de le tenter, mais non impunément. En étouffant son enfant dans son sein, souvent la mère périt elle-même. Elle périt, et on l'emporte toute échevelée sur son lit de douleur ; et tous s'écrient en la voyant: « Elle l'a bien mérité. »

Voilà des maximes qu'il ne nous a pas été jusqu'à ce jour souvent permis d'entendre. Ovide avait un sens moral supérieur. Feuilletez ses œuvres, lisez-en les plus scabreux passages, vous y remarquerez une délicatesse de langage inconnue à ses devanciers ; les plus brûlantes peintures de l'amour sensuel sont en quelque sorte voilées par l'heureux tour de l'expression, l'auteur se respecte et veut être respecté de son lecteur, aussi tient-il la place la plus distinguée parmi les poëtes du genre, et l'on peut dire que jamais une muse plus charmante n'enchanta les Romains.

Vous n'êtes pas sans avoir lu les Métamorphoses et sans savoir que le dieu de Claros aima Coronis qui lui fut infidèle ; dans sa colère, Apollon frappa la nymphe d'un de ses traits infaillibles ; mais celle-ci était enceinte, et la vengeance va du même coup trancher la vie de l'enfant. Coronis est sur le point d'expirer malgré tous les soins que le dieu lui prodigue, c'est alors qu'il se fait chirurgien et pratique une opération pour conserver vivant le fruit de son amour. Quel fut le procédé de cette opération césarienne ? Nous ne le savons pas, mais enfin nous en conclurons que la possibilité d'enlever un enfant vivant du sein de sa mère morte était chose reconnue, et cela est suffisant pour nous montrer jusqu'à quel point la science était arrivée. L'aventure de Sémélé nous fournit un second exemple d'opération césarienne dans des conditions plus défavorables : la fille de Cadmus, à l'instigation de Junon la jalouse, pria son amant, don Juan Jupin, de lui venir conter fleurette, entouré de la majesté et de la puissance dont il est revêtu quand il va complimenter son épouse. Jupiter gémit en entendant sa bien-aimée formuler un tel vœu ; mais il avait juré par le styx : « Une simple mortelle ne put supporter le fracas qui ébranle les cieux'. Elle périt dévorée par les flammes qu'avait allumées son amant. L'enfant encore informe fut retiré du sein de sa mère, et, s'il est permis de le croire, un lien l'attacha faible encore à la cuisse de Jupiter. Il y resta tout le temps qu'il eût dû passer dans le sein maternel. »

Bacchus ainsi que vous le voyez n'était pas à terme quand sa mère mourut ; il fut extrait à un âge où il était viable, et cette seconde opération, plus hardie encore que la première, nous est un sûr garant que les anciens avaient bien observé l'époque où le fœtus peut à la rigueur être détaché. Peut-être pourrait-on voir dans cette cuisse, contenant un enfant, une allusion à ces cas de duplicité monstrueuse par inclusion, pareil à ceux que la science moderne a recueillis avec tant d'exactitude ; mais quelle que soit l'interprétation qu'on veuille donner à cette fable, le fait de l'observation médicale n'en reste pas moins et démontre évidemment l'état avancé de la science, puisqu'un profane avait pu s'emparer de ces données.

Je trouve dans la 7ᵉ élégie du troisième livre quelques détails relatifs aux superstitions régnantes. Il s'agit d'abord de la ciguë que l'on considérait comme le réfrigérant par excellence. Ovide, affaibli par les excès de toute nature, attribue son incapacité à cette plante : « Engourdi par l'action de la ciguë, je n'ai pu achever le travail commencé, je ne savais plus si j'étais un corps ou une ombre. » Désolé de sa mésaventure, notre homme passe en revue les croyances de l'époque pour se donner le change à lui-même. Il invoque tour à tour la vertu magique du poison thessalien qui engourdit les membres, les enchantements, les herbes vénémeuses, la méchanceté d'une magicienne d'Ea qui l'a ensorcelé avec son aiguille et sa laine, enfin une sorcière n'aurait-elle pas gravé son nom sur de la cire rouge ou enfoncé une aiguille dans le foie. Ne dirait-on pas en lisant ces passages que nous sommes en plein moyen âge, en compagnie des envoûteurs et des astrologues. Il me paraît probable que les Italiens, qui exploitèrent si largement la crédulité publique sous le règne des Valois, ont emprunté leurs maléfices à cette condamnable source et que le fameux Ruggieri, l'envoûteur de Catherine de Médicis, était aussi habile que les thessaliennes dont parle Ovide dans plusieurs de ses élégies. Nous reviendrons sur ce sujet en temps et lieu. — Notre poëte, du reste, se moque très-bien de ces superstitions ; c'est une erreur, dit-il, d'avoir recours à l'art des vieilles femmes de la Thessalie, de faire usage de l'hippomanès enlevé au front d'un jeune poulain..., les herbes puissantes de Médée, les chants magiques des Marses ; ces nénies plaintives ne peuvent faire revivre l'amour ; il est donc inutile de faire boire des philtres amoureux.

Mais si, comme vous le voyez, les réfrigérants tiennent de la place chez Ovide, les aphrodisiaques ne sont pas passés sous silence, car ces substances ont été de tout temps recherchées pour ajouter à la volupté. Ovide, il est vrai, estime que ces drogues sont de véritables poisons, mais il ne laisse pas que de les énumérer avec une certaine complaisance: telles sont la sariette, le poivre mêlé à la graine mordante de l'ortie, le pyrèthre jaune infusé dans du vin vieux, l'échalotte de Mégare dont heureusement les ménagères ne connaissent pas la propriété ; car alors....., mais il faut y ajouter des œufs, du miel d'Hymète et des pommes de pin, et comme cette recette ne se trouve pas dans le parfait cuisinier, soyons sans inquiétude.

Que vous dirai-je encore d'Ovide ; je vous ai parlé des principales superstitions qui se trouvent dans ses écrits ; sans doute, j'en pourrais trouver d'autres encore, et en assez grand nombre, sur les hypnotiques, les sources d'hémonie, les hermaphrodites, la toilette des matrones ; j'ai eu occasion dans le cours de ces soirées de vous en dire quelques mots, il me paraît inutile de nous y appesantir. Quittons donc le chantre de Sulmone, non toutefois sans le plaindre bien sincèrement de son douloureux exil aux confins du monde civilisé, tandis que Rome entière récitait ses vers devant l'odieux César qui l'avait condamné.

PERSE.

Je vous ai promis de vous faire lier connaissance avec Perse; j'ai été fort imprudent, car je dois vous avouer que mon talent de traducteur ne me permet pas d'aborder sans danger ce poëte inimitable, dont les formes emblématiques ont toujours fait le désespoir de ceux qui ont essayé de le faire vivre dans notre langue.

Heureusement pour moi, un homme profondément versé dans les lettres latines, M. Perreau, ancien professeur au collége Saint-Louis, vient me tirer d'embarras, quoique cependant il me paraisse avoir négligé les quelques expressions médicales qu'on peut rencontrer chez notre satirique.

Quoi qu'il en soit, la traduction de M. Perreau est encore la meilleure que nous puissions rencontrer; donc, j'en ferai mon profit, quitte à interpréter à ma façon ce qui, bien entendu, regarde la médecine.

Nous trouverons peu d'erreurs relatées dans les satires de Perse; mais nous en avons tant relevé chez d'autres écrivains que je ne suis pas fâché de me distraire afin d'effacer la mauvaise impression que m'ont laissée toutes les sottises humaines dont je vous ai entretenu dans ces soirées.

Perse, Dieu merci pour lui, n'était pas médecin, mais comme Horace il dut certainement être lié d'une façon très-étroite avec les plus grands praticiens de son époque; médecin de l'âme, il a confisqué à son profit les données de la science afin de rendre son idée plus palpable.

Perse s'adressant à un homme d'Etat ignorant et

incapable lui dit (sat. 4e): « Soyons vrais, tu ne brilles que par la superficie ; il faut cesser d'agiter ton plumage aux yeux d'une populace adulatrice ; tu ferais bien mieux de boire l'ellébore d'Anticyre. » — Allusion qui veut tout simplement dire : Mon cher garçon, vous êtes bien et dûment fou, purgez-vous afin de vous guérir.

Mais si l'ellébore est le moyen infaillible dans le traitement des maladies mentales, il n'a pas moins de vertus dans les affections du corps, témoin ce passage de la 3e satire, où le poëte dit en parlant à un personnage réel ou fictif, ce qui nous importe peu : « Le malade, quand l'hydropisie a gonflé son corps, demande de l'ellébore ; il est trop tard, il promettrait en vain des monceaux d'or à Cratérus. Prévenez donc le mal ; instruisez-vous, infortunés ; étudiez les lois de la nature... »

Perse, en plusieurs endroits de ses satires, parle de l'action purgative de l'ellébore ; mais, chose remarquable, il n'indique que cette substance pour produire le résultat désiré ; c'est toujours à elle que revient la charge de chasser les humeurs amoncelées, de dégager les viscères, d'évacuer la bile, en un mot de rétablir la santé ; et ces vertus, comme vous le voyez, ont autant d'influence sur le moral que sur le physique du malade.

On se purgeait donc assez fréquemment jadis, et nos pères, dans maintes circonstances, se donnaient de l'ellébore à cœur joie. Enfants soumis, nous n'avons pas dégénéré, car, actuellement encore, nos contemporains s'accommodent très-bien de purgatifs plus ou moins énergiques pour enrayer ou prévenir leurs infirmités ; c'est un engouement assez ridicule qui parfois donne des désagréments aux médecins....., mais ne sont-ils pas faits pour tout endurer, quitte à en rire ? !!!

Tout en donnant l'ellébore à tort et à travers quand le voisin était malade, nos bons aïeux cependant ne négligeaient pas d'en mesurer la dose ; Perse le dit dans sa 5e satire : « Irez-vous administrer de l'ellébore si vous ne savez pas en mesurer la dose avec la balance ou le trébuchet. Cela est contraire aux éléments de l'art. » — Oh ! oui, cela est contraire, mais quand on peut bien se passer de diagnostic, il ne me paraît pas très-nécessaire d'être rigide sur la quantité du médicament ; l'efficacité du remède doit se mesurer sur l'abondance des produits de son action.

Voyez donc comme les poëtes se font bien l'écho du populaire !

Maintenant, je vous demande l'autorisation de laisser parler Ménière ; mieux que moi, il vous fera connaître notre ardent satirique.

La satire 3e est remplie d'expressions empruntées à notre science ; il y a même une scène assez vive dans laquelle le malade et le médecin sont en jeu et qui contient quelques passages fort intéressants : « Voyez ce que j'ai, je vous prie, je ne sais d'où viennent ces battements de cœur, et pourquoi mon haleine sort fétide de ma gorge malade. »

Le médecin ordonne le repos ; mais, à peine au bout de trois jours, le sang a-t-il repris son cours régulier, le malade veut aller au bain et fait demander dans quelque riche maison une petite cruche de vin de *Surrente.* — Mais, mon cher, vous êtes pâle. — Ce n'est rien. — Prenez garde à ce rien. — Votre peau jaune est soulevée par une enflure que vous n'apercevez pas. — Eh ! vous-même, avez-vous le teint plus mauvais.

— Voulez-vous faire avec moi le tuteur ? J'en avais un que j'ai mis en terre ; gare à vous ! Comme vous voudrez, je me tais. — Notre malade alors se gorge de nourriture ; plein d'aliments, la peau du ventre blafarde, il se met au bain en dépit des exhalaisons sulfureuses qui s'échappent de son gosier ; mais tandis qu'il boit, le frisson arrive ; la coupe de vin chaud s'échappe de ses mains ; ses dents se découvrent et claquent ; les morceaux tombent de sa bouche défaillante. — Et de là les flambeaux, les trompettes funèbres ; le jeune homme, placé sur un lit de parade et tout enduit de parfums, montre à sa porte ses talons roidis. — C'est-à-dire les pieds en avant, comme on dit encore aujourd'hui.

Cette lugubre histoire, que Perse raconte à l'un des acteurs de sa troisième satire, amène une vigoureuse riposte de la part de celui-ci :

« Mais, prophète de malheur, tâtez mon pouls et posez votre main sur ma poitrine. — Suis-je brûlant ? Tâtez mes pieds et mes mains, sont-ils froids ? Dites-moi, votre cœur est-il en repos quand la fille du voisin vous adresse un gracieux sourire. On vous offre un aliment vulgaire, vous le refusez. — Pourquoi ne mangez-vous pas ? C'est que vous avez au fond du gosier un ulcère que vous craindriez d'irriter avec le cardon du plébéien. Vous tremblez quand la crainte hérisse les poils de votre corps ; vous brûlez quand votre sang s'allume et que vos yeux pétillent du feu de la colère. Vous dites et vous faites alors des choses qu'Oreste le fou regarderait comme insensées. »

Vous voyez que notre gaillard n'y va pas de main morte avec son médecin et qu'il le tançe d'une verte façon. Bah ! l'Esculape habitué du métier reçoit volon-

tiers sans sourciller ces coups de boutoir et se dit tout
bas à lui-même : Bien, bien, mon homme, chante,
glose, grogne, ta petite maladie marchera comme le
thermite; tu conserveras encore quelque temps peut-
être quelques apparences, et puis patatras..... tu mon-
treras à la porte tes talons roidis.

Vous n'avez jamais assisté à ces petites querelles
intimes entre malade et médecin. — C'est malheureux.
— Mais pourquoi vous, docteur, qui guérissez les autres,
ne vous guérissez-vous pas vous-même? Je vous entends souvent geindre, pester contre vos palpitations,
vos rhumatismes, grogner votre lombago, maudire vos
névralgies. Permettez, mon ami, je ne suis pas en
cause et ne vous demande en aucune façon conseil.
Veuillez ne pas intervertir les rôles. Parlons de vous,
puisque c'est pour cela que je suis ici. — Là est la guérison, là la souffrance. — Veuillez choisir laquelle vous
préférez et laissez ma personnalité de côté. — Réflé-
chissez et que Dieu vous soit en aide.

C'est pourtant vrai, cela; toujours on veut nous
fourrer où nous n'avons nul besoin. Mais ça ne mord
pas.

Perse a traité de main de maître ce passage de sa 3^e
satire; la langue s'assouplit sous la pression de cette
plume ardente, l'idée est tellement incrustée dans la
phrase que l'on ne sait ce qu'il faut le plus admirer de
l'expression ou de la pensée. Allez donc avec cela donner une traduction concise. — Vingt latinistes abor-
deront le même sujet, vingt versions seront en regard,
toutes plus saisissantes les unes que les autres selon
l'idée dominante du traducteur.

Pourquoi donc cet homme a-t-il muré sa pensée avec
des expressions que chacun peut interpréter dans des

sens si différents. — Pourquoi ? C'est que Perse vivait dans la fétide atmosphère d'un Néron et qu'un mot malsonnant eût fait serrer la griffe du fauve.

Perse s'inquiète peu des infirmités physiques, ses visées sont plus hautes ; mais ce que nous devons constater, c'est qu'il emploie avec un rare bonheur les expressions médicales dont Cladius Agathernus son ami, médecin grec de Lacédémone, lui a donné le secret et qu'il sait fort bien faire servir un préjugé ou une erreur pour l'appliquer à l'ordre moral.

Mais continuons notre analyse.

Le satirique a mis la botanique à une contribution assez forte : En parlant d'une traduction de l'Iliade par Attius, poëte d'assez mauvais aloi que certaines gens d'un goût plus que médiocre applaudissent avec ardeur, il s'écrie : « Bravo ! A merveille. Que prouvent vos exclamations ? Vous les prodiguez même à l'Iliade d'Attius ennivré de veratrum. M. Perreau, le savant traducteur de Perse, traduit par fumante d'ellébore, ce qui n'est pas tout à fait juste, car bien que les anciens aient désigné le *veratrum* sous le nom d'ellébore blanc, il n'en est pas moins vrai que l'un est une colchicacée et l'autre une renonculacée et qu'il y a loin d'une monocotylédone à une dycotylédone et que le veratrum ne peut être confondu avec le véritable ellébore. Quoi qu'il en soit de cette petite querelle à l'adresse du savant traducteur, il en ressort que Perse nous indique une muse extravagante, *ebria,* et que cette folie est produite par une plante qui, d'après les idées du traducteur, eût dû au contraire guérir et ramener à la raison celui qui en avait franchi la limite. Ainsi Fernabius dit que Cornéades, voulant écrire contre Zénon, avait pris du *veratrum* afin d'exciter son cerveau.

Attius, pour sa traduction de l'Iliade, s'est gorgé de la drogue malfaisante.

Voici donc deux préjugés populaires bien constatés par Perse : l'ellébore guérit la folie, le veratrum la produit.

Le populaire avait fait entrer aussi la ciguë dans la classe des médicaments héroïques dont on n'ose prononcer le nom sans quelque sentiment de frayeur.

« C'est le maître qui parle (satire 4ᵉ), le maître barbu qu'emporta la cruelle ciguë. » Cette périphrase, qui désigne Socrate, est assez fréquemment répétée chez les latins, et, à défaut d'autre mérite, cette formule, consacrée par l'usage, eût suffi pour donner l'immortalité à l'illustre philosophe dont le meurtre juridique fait tache sur la splendeur athénienne.

Dans la 5ᵉ satire, la Mollesse dit à un commerçant empressé : « Où cours-tu donc, insensé ? Où vas-tu ? Une passion brûlante agite tellement ta poitrine qu'une tonne de ciguë ne suffirait pas à l'éteindre. » Le latin ici est encore d'une merveilleuse puissance. Allez donc traduire, en lui conservant son coloris, cette phrase : *Massula bilis intumnit sub pectore calido.* Nous devons nous appliquer avec modestie les vers si pittoresques de notre auteur à propos de cette roue de derrière qui court sans cesse après la roue de devant sans pouvoir la rattraper : vraie image du traducteur et de son modèle.

Mais les effets de la ciguë n'ont pas toujours des résultats aussi déplorables que ceux produits vis-à-vis de Socrate ; elle ne joue pas toujours le rôle de poison mortel, elle n'est parfois aussi qu'un simple sédatif.

Le vieux Scholiaste a écrit à propos de cette plante, qui n'est autre que le *Conium maculatum* de Linné :

« Le suc de cette plante a pour résultat de calmer les
ardeurs ; aussi les prêtres de Cérès s'en enduisaient-ils
le corps pour réfréner les aiguillons de la chair. »
Voici encore une monnaie qui n'a plus guère cours de
nos jours et je doute fort que l'absorption du suc de
cette pauvre ciguë ait jamais été un bien grand sédatif aux ardeurs plus ou moins vives de nos passions.
Au reste, nous n'avons que peu perdu en détrônant la
ciguë, car de nos jours le vulgaire croit fermement
encore que le nénuphar a des vertus hyposténisantes
très-efficaces contre la maladie ou les besoins dont nous
parlons.

Perse excelle dans la peinture des passions et de leurs
conséquences ; il nous montre les hommes en proie à
des entraînements irrésistibles en raison de leurs faiblesses ; l'un se ruine au jeu, l'autre sèche d'amour.
Mais quand la podagre vient briser les articulations et
les rameaux du vieux hêtre, on regrette les jours passés
dans la fange et les ténèbres, on gémit, mais trop tard,
d'avoir oublié de vivre ainsi que le comprend notre
stoïcien, c'est-à-dire en alliant la noblesse à la fermeté
du caractère.

Il y avait aussi à Rome à cette époque quelques préjugés bons à connaître et se rattachant à quelques dis-
positions naturelles ou acquises. Ainsi Perse jette en
passant ce conseil quelque peu brutal à un personnage
doué d'un riche embonpoint et qui cultive la poésie :
« Il est ridicule de se mêler de faire des vers quand on
possède un ventre qui avance d'un demi-pied. » Les
Grecs disaient eux aussi : Qu'un gros ventre n'engendre
pas l'esprit. Mais cependant nous ne voyons pas que la
graisse et l'art des vers soient incompatibles et nous
pourrions citer bien des dérogations à cette règle. Il y

a tout lieu de croire que l'allusion du poëte s'adresse à
Néron, dont Suétone a dit qu'il avait le ventre tombant
et qui joignait à cette infirmité une bien plus détestable, celle de faire de méchants vers.

En tout cas, voilà une incompatibilité bien constatée
et un drôle de préjugé régnant à l'époque. Nous en
pourrions trouver d'autres encore dans Juvénal et surtout Martial. Mais il nous faut enfin quitter les amants
des muses et revenir d'une façon plus précise à nos
moutons.

DIX-SEPTIÈME SOIRÉE.

Je vous accorde qu'il est pénible, après avoir lié
connaissance avec Tibulle et Catulle, après avoir voleté
de droite et de gauche en leur compagnie et récité
quelques-unes de leurs charmantes élégies, de retomber
lourdement dans le domaine de la réalité ; sans doute,
la transition est brusque ; mais n'êtes-vous pas l'auteur,
je dirais volontiers le générateur de cette histoire de
l'ignorance que vous m'avez forcé de vous étaler dans
ce qu'elle a de moins attrayant.

Nous sommes loin d'avoir dévidé l'écheveau de la
sottise et de la superstition ; en eussions-nous l'intention que nos efforts seraient vains parce que l'erreur
est une hydre dont une tête se reproduit à mesure que
l'autre est tranchée. Allons courage ! nous aurons bientôt franchi la dernière étape de l'antiquité pour arriver
au moyen âge ; cela nous changera, bien que ce soit la
même chose, mais cela sera plus près de nous et quand
nous arriverons à être témoins oculaires, nous nous
regarderons dans le blanc de l'œil avec un ébahis-
sement réciproque, en nous faisant cette réflexion bien
faite pour nous remplir de joie : Nous sommes pour
le moins aussi forts que nos pères.

Dites-moi ? que pensez-vous de l'homme ? de cet
être pour qui la nature paraît avoir tout engendré ?

n'êtes-vous pas de mon avis, qu'à d'aussi grands présents, elle oppose de bien cruelles compensations? La nature est-elle pour nous une bonne mère ou une marâtre impitoyable. Voyez l'homme à sa naissance, il est jeté nu sur la terre nue ; le premier jour de sa vie les vagissements et les larmes sont son actif ; puis on le lie, on le saisit, on le garotte de tous les membres et le voilà étendu pieds et mains liés cet être qui doit commander aux autres ; il commence sa vie par des supplices pour le seul crime d'être venu au monde ! Quelle démence, après un pareil début, de se croire des droits à l'orgueil !

Les animaux au moins sont protégés contre le froid et le chaleur ; nous nous sommes habillés aux dépens d'autrui.

Ces petits inconvénients sont, paraît-il, les sûres garanties de notre puissance future ; tant plus nous mettons de temps à nous développer, tant plus nous valons. Que je connais pourtant d'idiots et de coquins en ce monde. Il est vrai que comme fiche de consolation nous pouvons admirer de bien sublimes vertus dont la contemplation élève l'âme et la distrait des ombres qui viennent assombrir la vie !

Ne soyons pas misanthropes cependant, regardons les sites éclairés et tâchons de ressembler à Démocrite dont la loi fut de rire. Mais que de fois son rire dût-il être plus désespéré qu'une lamentation de Jérémie !

A la première apparence de force, l'homme devient un quadrupède, il n'a ni la marche, ni la voix d'un roi futur ; sa bouche est incapable de broyer ses aliments ; son crâne, cette fortification de son intelligence future, est à peine ébauché ; la carapace du cerveau n'est pas constituée pour résister au moindre choc, et sans la précaution qu'a prise le suprême ordonnateur de fortement cimenter la base du crâne sur laquelle rampent les filets nerveux indispensables à notre précaire existence, la plus légère secousse nous anéantirait. Les animaux au moins ont leurs instincts : l'un a une course rapide ; l'autre fend l'air à défier tous nos moyens de locomotion ; d'autres encore franchissent dans un temps inappréciable les plaines immenses de l'Océan ; l'homme seul ne sait rien sans l'apprendre, ni parler, ni marcher, ni se nourrir. — Si, il connaît une chose, c'est de pleurer. Aussi que d'intelligences d'élite ont-elles pensé que le mieux était de ne pas naître ou d'être *anéanti le plus tôt*.

Les bêtes ont reçu du Créateur le don de vivre honnêtement avec leurs semblables ; mais c'est certes de l'homme que l'homme reçoit le plus de mal.

Je vous vois pardieu bien sourire et j'entends votre démon intérieur vous murmurer à l'oreille :

« Décidément ton ami digère mal, quel vieux grognon ! hélas ! j'ai vu tant de mal dans nos Sociétés et si peu de bien, qu'il faut bien que j'épanche ma bile, puisque nous sommes entre nous. Je n'en digèrerai pas plus mal, soyez tranquille ; je me croirais trop exposé à une dyspepsie perpétuelle, et pour un bon repas que je puis faire par an, j'ai pris le parti de ne pas faire les autres mauvais.

Je ne m'oppose donc point à la rotation de la machine ronde ; je regarde le tableau changeant qui se déroule à mes yeux ; j'admire quelquefois, souvent je plains, jamais je ne maudis et cela parce que j'ai la conviction peut-être orgueilleuse dans ma petitesse d'une vie toute autre que notre apparition terrestre.

Si de nos jours nous avons encore bon nombre d'idées

erronées sur la constitution physique de notre globe, sur les mœurs, les erreurs, les superstitions des nations, qu'était-ce donc dans l'antiquité ?

Je vous ai parlé des superstitions et des croyances que la partie civilisée de la terre attribuait ou décernait à celle qui était censée ne pas l'être ; je vous ai dit quelques mots des Ophiogènes dont les attouchements guérissaient la morsure des serpens au dire de Cratès de Pergame et de Varron ; les Psylles et les Marses jouissaient de pareilles prérogatives ; mais d'autres familles d'Afrique, par la vertu de paroles enchantées, faisaient périr les troupeaux, sécher les arbres et mourir les enfants ; les fribades et les Illyriens étaient réputés poisons ; les Pharnaques d'Ethiopie faisaient mourir de consomption tous ceux qu'ils touchaient de leur sueur.

Cicéron même assure que toutes les femmes qui ont les pupilles doubles nuisent par leur regard, tant la nature s'est complue à créer même des poisons dans tout le corps et dans les yeux de certains individus, de peur qu'il n'y eût quelque part une influence funeste qui ne fût pas dans l'homme.

Triste maître du monde, il n'a pas assez de ses imperfections ; la légende, l'amour de l'absurde et du merveilleux, l'ont habillé et travesti et surtout tellement défiguré qu'on en est à se demander si les historiens du temps, comme les Gascons de nos jours, n'ont pas amplifié à l'envi l'un de l'autre les monstruosités des peuples et s'il n'y a pas eu entre eux un véritable concours de dols et de mensonges.

L'Afrique et l'Inde sont surtout les contrées les plus fertiles en merveilles. Là les hommes ne crachent jamais, n'éprouvent jamais de douleurs de tête, de dents ou d'yeux et rarement de douleurs dans les autres parties ; leurs philosophes qu'on appelle *gymnosophistes* gardent depuis le matin jusqu'au soir les yeux fixés sur le soleil et se tiennent sur un pied toute la journée dans les sables brûlants. Dans la montagne Nulo les hommes ont tous les pieds tournés en dehors et huĩt doigts à chaque pied. Ctésias écrit que dans beaucoup de montagnes les hommes ont une tête chien, s'habillent avec des peaux de bêtes et aboyent au lieu de parler ; il ajoute gravement que de son temps leurs villes contenaient plus de 120.000 habitants ; il parle aussi d'hommes appelés *Monocoles* qui n'ont qu'une jambe et qui sautent avec une agilité surprenante ; ces mêmes hommes sont appelés Sciapodes (σχια ombre πους pied) parce que dans les grandes chaleurs, couchés par terre sur le dos, ils se défendent du soleil par l'ombre de leur pied comme nous le ferions d'un parapluie.

Eudoxe prétend que dans le Midi, les hommes ont le pied long d'une coudée et les femmes si petit qu'il n'est guère que de la grandeur du pied d'un moineau.

Mais voilà qui devient de plus en plus fort, Mégasthène mentionne une nation d'entre les nomades de l'Inde qui n'a que des trous pour narines ; une autre, vers les sources du Gange, qui n'a pas de bouche et ne vit que de la respiration des odeurs aspirées par les narines et qu'ils ne prennent aucun aliment solide et aucune boisson.

Il faut après cela tirer l'échelle, car il n'y a plus lieu de s'arrêter dans l'énumération des merveilles de la nature. Pline ajoute naïvement que ces produits sont des jouets pour elle et des merveilles pour nous et que c'est par de tels moyens que la puissance créatrice se manifeste de la façon la plus splendide.

Si des généralités nous descendons à l'individu, là encore nous trouverons de ces grosses inepties que des siècles ont à peine renversées, bien que depuis de longues années la science les ait prises à partie et en ait fait toucher du doigt le ridicule : témoin les Androgynes dont les anciens relatent des cas extraordinaires. Ces êtres réunissaient les deux sexes et usaient tour à tour de l'un et de l'autre. Callimaque les fait même vivre en société. Jamais il n'exista chez l'homme de véritable hermaphrodite, aucun animal à sang rouge n'a même offert la réunion des organes mâles et femelles assez bien conformés pour le rendre capable de se féconder lui-même ; aussi n'existe-t-il aucun exemple de ces générations solitaires ; de fausses apparences et c'est presque toujours sur elles que nous établissons nos croyances, ont trompé les observateurs. Un examen attentif, une dissection exacte n'ont fait découvrir dans ces êtres équivoques, chez qui les attributs des deux sexes semblaient réunis, qu'un assemblage confus d'organes mal conformés, c'est-à-dire la séparation accidentelle de parties qui sont ordinairement réunies, l'union de certains organes qui doivent être séparés ; tantôt un développement extrême, d'autres fois un défaut d'accroissement ; bizarre assemblage condamné par la nature à une complète et éternelle stérilité. L'androgyne est un monstre qu'on peut joindre à tous ceux que l'on connaît et sur lesquels règne encore un si grand nombre de préjugés.

Cette croyance avait jadis force de vérité ; la Grèce et Rome n'avaient pas oublié l'androgyne dans leur Cosmogénie ; la poésie s'était emparée de cette donnée et l'on crut à l'hermaphrodite sous la double influence de la science et de la religion. Ovide, le grand théologien

du temps, fait Hermaphrodite fils de Mercure et de Vénus ;
il était, dit-il, d'une beauté si parfaite que la nymphe
Salmacis en devint éperdument amoureuse en le voyant
se baigner dans une fontaine où elle présidait ; outrée
de n'avoir pu le rendre sensible à son amour, elle pria
les dieux de les unir de façon que leurs deux corps n'en
fissent qu'un dans lequel les deux sexes fussent exactement distingués. Cette grâce lui fut accordée.

« Ils ne sont pas deux ; cependant la forme est
double ; on ne peut pas dire que ce soit la forme du corps
d'un jeune garçon ou d'une jeune fille ; ils ne sont ni
l'un ni l'autre quoiqu'ils paraissent être l'un et l'autre. »

Spon nous a donné dans ses *recherches curieuses sur
l'antiquité* deux pierres précieuses sur lesquelles on
voit gravée la fable d'Hermaphrodite. La première qui
est une Cornaline le représente dans un bain prêt à
embrasser la nymphe Salmacis avec laquelle il ne
devient qu'un corps qui néanmoins retient les deux
sexes. La seconde le montre déjà changé de la manière
qu'on le voit à Rome par les statues de marbre et de
bronze.

Mais si l'androgine antique vit ériger des temples en
son honneur ; si le marbre et l'airain furent ses tributaires pour rappeler ses gloires et son origine céleste ;
les siècles postérieurs ne virent pas du même œil cette
dérogation au plan général du Créateur. Ce qui fut un
Dieu tomba dans le mépris, puis devint un sujet d'horreur et fut jugé digne de toutes les vexations et de toutes
les persécutions possibles. Triste retour des choses
d'ici bas : *Brûle ce que tu as adoré* ; à l'encens succède
l'infamie, à l'adoration le bûcher ; on vit en effet dans
les derniers temps de l'empire romain, puis au moyen
âge et à une époque plus rapprochée de nous, de pauvres

malheureux brûlés et pendus pour le fait seul d'une organisation défectueuse ou incomplète.

La question de l'hermaphrodisme a longuement été controversée. Certains Rabbins ont été jusqu'à prétendre qu'Adam l'était avant son péché et qu'il avait été créé pour vivre en cet état; Gaspard Beauhine, un anatomiste assez distingué, s'est donné la peine de discuter ce point de doctrine et l'a fait avec une certaine érudition, bien qu'il lui eût été préférable d'exercer son intelligence sur tout autre sujet.

Médecins, légistes et casuistes ont tour à tour apporté leurs réflexions et leur travail pour élucider le point assez obscur de ces aberrations dans la constitution physique d'individus dégradés ; les médecins surtout, par une étude sévère, ont plus que tous rendu d'éminents services à ces déshérités, car la plupart du temps les autres ne cherchèrent qu'à attirer sur ces malheureux les rigueurs du bras séculier.

Les Androgynes inspirèrent aux premiers Romains une terreur superstitieuse ; ils étaient condamnés par les lois des Aruspices à être noyés quelques années après leur naissance, parce qu'ils étaient regardés comme des monstres d'après un décret de Romulus. Mais du temps de Pline, on laissa tomber cette injuste prévention, car il dit d'eux : « Ceux qui viennent au monde pourvus des deux sexes, que l'on nomme hermaphrodites et que l'on connaissait autrefois sous le nom d'Androgynes, étaient regardés comme des monstres ; mais maintenant on en fait ses délices. »

Dans l'Inde, on exerçait contre eux toutes sortes de cruautés, et comme ils étaient en fort grand nombre, ils étaient employés aux ouvrages que l'on commet aux chevaux en Europe.

Un édit de Constantin, cet empereur si sage et si éclairé, traquait ces pauvres gens et les condamnait à mort. Nous connaissons des faits lamentables consignés dans les Archives de la législation ; un arrêt du parlement de Paris condamna à être brûlé un jeune hermaphrodite pour avoir fait usage du sexe que les magistrats lui avaient interdit ; une servante écossaise à qui l'on avait imposé le sexe féminin, fût *enterrée vive* par sentence du Juge pour avoir engrossé la fille de son maître.

En 1663, un fait plus curieux encore se passa dans le royaume de Valence, et il ne tend rien moins qu'à établir l'authenticité de la réunion complète et parfaite des deux sexes ; notre qualité de médecin nous fera bien trouver quelques arguments contre sa véracité ; mais il n'en n'est pas moins intéressant à connaître.

Deux jeunes personnes furent mariées ensemble, et peu de temps après, elles se trouvèrent l'une et l'autre enceintes ; elles furent poursuivies au criminel, déclarées coupables du crime le plus abominable et condamnées au feu. Laurent Mathieu, docteur espagnol, consulté à leur sujet, décida en leur faveur que l'Eglise leur avait donné le pouvoir de s'unir ensemble et de ne faire qu'une même chair. « Mon avis, dit-il, est qu'il n'y a point de crime en ces hermaphrodites, et pour ce qui est du for intérieur, mon sentiment est qu'ils pouvaient user licitement des deux sexes, en vertu du pouvoir qu'ils ont acquis l'un à l'égard de l'autre par le sacrement de mariage, étant devenus une même chair pour engendrer ensemble et pour remédier à l'incontinence. »

On trouve dans Ambroise Paré la figure de deux jumeaux joints ensemble par le dos et qui avaient l'un et l'autre les parties naturelles aux deux sexes parfaites et exactes dans leurs figures et leurs dimensions, au moins extérieurement. Mais Paré nous eût satisfait bien plus s'il nous eût transmis la connaissance des parties internes, seule qui pût résoudre ce point délicat. Riolan parle bien aussi d'un sujet qui avait le pouvoir de souffrir et d'agir ; mais là, comme dans le cas de Paré, l'exactitude anatomique est en défaut.

Cette réflexion s'applique au fait du royaume de Valence ; l'argumentation du légiste espagnol est bonne par le fait d'avoir soustrait au supplice deux pauvres créatures en s'appuyant sur l'indissolubilité des liens contractés par le mariage ; mais il me paraît en ressortir ceci : c'est que nos Androgynes étaient deux femmes ; dès lors, la conclusion vient toute seule. Je ne puis terminer ce qui touche les erreurs et les superstitions se rapportant aux hermaphrodites sans vous faire le récit du chirurgien Lecat à l'Académie des sciences de Rouen vers le milieu du siècle dernier.

« Marie Le Marcis, du canton de Montivilliers, au Havre, ayant été quinze ans fille, s'aperçut alors qu'elle avait quelque chose de mâle. A l'âge de 20 ans, obligée de coucher avec une jeune veuve ; elle en vint à faire la confidence et la démonstration de ses qualités ; pendant un an la veuve tint bon, puis au bout de ce temps s'abandonna complétement a son amant, et avoua que les démonstrations de Marie étaient bien supérieures à celles de son premier mari. Le cas de conscience ayant été levé par le grand pénitentier de Rouen, la veuve accoutumée à coucher avec Marie eut encore bien moins peur de Martin, de sorte qu'on ne fit qu'un lit pendant le voyage de Rouen, et jusqu'au jour de la vraie noce, Le Marcis continua à remplir en perfection les devoirs d'un mari, mais la justice de Montivilliers en prit de l'humeur, et vint par un décret troubler la félicité de ces tendres amants, et le couple amoureux fut forcé de se soumettre à une séparation bien plus cruelle que la prison ; mais ce n'était là que le prélude d'autres calamités ; Martin le Marcis trouvé fille par foule de médecins, de chirurgiens et de matrones, fut, d'après leur rapport, condamné à être pendu et brûlé comme *tribade et sodomiste.*

L'amante du malheureux fut condamnée à être présente à l'exécution et ensuite à être fouttée et bannie ; ce fut en vain que Marie déclara que Martin lui avait en quinze jours fait plus de soixante démonstrations de virilité parfaite sans détours illicites ; ils perdirent leur cause. Appel au parlement de Rouen, un seul médecin, Jacques Duval, soutint la qualité d'homme en découvrant dans le fond du sac apparent de Marie, une verge bien et dûment conditionnée, mais malgré l'attestation de Duval qui avait bien constaté le pénis, le gland, l'orifice et même l'éjaculation, on s'en tint à la pluralité des suffrages qui regardaient le sexe de Marie comme indécis ; on ne s'avisa point pour mettre un terme à toute équivoque, de mettre Martin pour quelques moments dans les situations heureuses qui l'avaient élevé au rang d'homme parfait ; on aurait alors vu l'énigme s'expliquer d'elle même, et le limaçon caché si profondément dans sa coquille, en sortir avec une pompe qui mérite une plus noble comparaison ; en tout cas, si cette épreuve eût paru matière à scrupule, ne pouvait-on pas faire célébrer le mariage et l'annuler si la virilité de Martin n'était pas constatée par cette épreuve ? Les juges en pensèrent autrement : Marie Le Marcis fut condamnée *à reprendre les habits de fille*

jusqu'à l'âge de 25 ans où que par justice ou autre-
ment en eût été ordonné, avec défense, sous peine de la
vie, d'essayer ses talents avec aucun des deux sexes.

Qui croirait qu'il y a deux cents ans il était aussi dangereux d'être hermaphrodite que faux monnayeur ou assassin. Nous sommes, dieu merci, plus raisonnables que nos pères à cet endroit ; mais le sommes-nous tout à fait ? Ne nous reste-t-il pas encore un peu de leur barbarie quand nous condamnons un hermaphrodite à opter entre les deux sexes. Que dirions-nous d'une nation de Cyclopes qui ferait crever un œil à tous ceux de notre espèce qui tomberaient entre leurs mains ?

Un dernier mot sur ce sujet : En 1765, Jean-Baptiste Grand-Jean languissait pour un pareil crime dans les prisons de la conciergerie de Paris. Il fut condamné à être attaché au carcan pendant trois jours avec cet écriteau : « *Profanateur du sacrement de mariage,* » à être fouetté par la main du bourreau et au bannissement à perpétuité.

L'arrêt fût cassé, grâce à l'éloquence de l'avocat Vermeil ; l'accusation en profanation de *sacrement* fut infirmée, et l'accusé mis hors de cour ; cependant il lui fut enjoint de reprendre les habits de femme, avec défense de hanter Françoise Lambert et autres personnes du sexe.

N'est-il pas triste de penser qu'il y a un siècle à peine notre Société était sous le coup de pareilles pénalités. Grâce à l'anatomiste, au médecin, les déshérités dont nous venons de nous entretenir ne sont plus passibles de la corde et du bûcher : la science les a ravis au bourreau alors que la superstition les lui livrait, les en rendait justiciables. Grâce à elle, à ses efforts incessants, à sa marche bien lente, il est vrai, mais constante

et sans repos, l'humanité doit de se débarrasser chaque
jour de cette gangue impure qui l'étreint de toute part
et voile les splendeurs de l'intelligence. Rappelons continuellement ces paroles de Voltaire : On se plaint que
je me répète, je me répèterai jusqu'à ce qu'on se cor-
rige. Instruisons, instruisons.

DIX-HUITIÈME SOIREE

Métamorphoses. — Magie.

Vous voyez que la compagnie des savants, si elle a
son côté aride, n'est pas non plus sans quelques attraits ;
vous ne vous doutiez pas que nous, qui maintenant
regardons avec une curiosité froide les quelque rares
Androgines qui viennent exhiber dans nos amphi-
téâtres et nos écoles leurs répugnantes infirmités,
moyennant quelques pièces de menue monnaie, fussent
redevables à la science de leur repos et de leur liberté
et même de leur vie ; ils ne sont pas les seuls à jouir
des bienfaits de notre persévérance dans le travail, et
je puis vous citer encore une classe de misérables qui
nous doivent au moins autant.

Longtemps on a cru au changement de femmes en
hommes ; nos bons aïeux ne voyaient rien là d'impossible, et même, à certains moments, ils eurent presque
envie de diviniser l'être chez qui cette transformation
s'était opérée ; mais ce ne fut pas non plus sans peine
que ces méthormorphosés purent jouir des droits que
toute Société accorde à chacun de ses membres.

Notre Pline dit très-gravement que le chàngement de
femmes en hommes n'est pas une fable. On lit en effet
dans les *Annales* que, sous le consulat de Licinius
Crassus et de Cassius Longinus, l'an de Rome 581, une
fille encore sous la puissance paternelle devint un

garçon à Casinum et fut transportée par l'ordre des Aruspices dans une île déserte. Lucinius Mucianus rapporte qu'il vit à Argos un individu du nom d'Arescon, qui avait porté le nom d'Arescuse, et qui même avait pris mari ; il lui vint de la barbe et des parties viriles et il prit femme. Il en arriva autant à un garçon de Smyrne qu'a vu le même Mucianus. Moi-même, dit l'historien de la nature, j'ai vu en Afrique Cassicius, citoyen de Thysdris, qui fut changé en mâle le jour de ses noces : on trouve encore dans nos confiants pères conscrits de la science la relation de quelques faits analogues, mais la plupart rentrent dans le cas de ces hermaphrodites dont nous avons dejà glosé, et que quelques retardataires ont regardé comme réunissant les sexes au degré de perfection que la nature réclame afin d'en tirer profit.

Jean Chroker dans ses *Centuries*, rapporte de la manière la plus authentique qu'une religieuse de l'ordre de Saint-Dominique, dans la ville d'Ubéda, nommée Magdelaine Mugnoz, fût changée tout à coup en homme, sept ans après avoir prononcé ses vœux. Elle fût exclue du couvent et prit des habits d'homme. La barbe lui vint et elle fût nommée François Mugnoz. La force du tempérament de ce nouvel homme prit tellement le dessus qu'il fût accusé de rapt par une femme qu'il rendit enceinte, et fût condamné en conséquence.

Ambroise Paré cite de même le cas d'une fille de 14 ans, qui en badinant au lit avec une de ses camarades vit avec surprise les parties de l'homme se développer sur elle. Les parents en donnèrent avis à l'official de la ville de Reims où le cas arriva en 1560 ; son nom de Jeanne fût changé en celui de Jean. Mais rien n'égale en ce genre le récit que fait Pontanus, récit attesté par les auteurs les plus accrédités de son temps. En l'année 1496, une femme devint homme après avoir accouché d'un enfant et donna des preuves qu'elle avait faculté d'engendrer eu cette qualité.

Vous comprenez que ces quelques lignes consignées par l'écrivain dans son ouvrage sur la foi des on-dit, n'ont guère de valeur ; nous sommes d'un autre côté en plein moyen âge, à l'époque où les meilleurs esprits, où les plus sceptiques en sont encore à douter de leur raison et attestent sérieusement ces impossibilités qui nous font hausser les épaules. Est-ce l'habitude morbide de la superstition qui nous fait rencontrer ces sornettes dans leurs écrits, ou n'est-ce pas plutôt une concession à l'esprit du temps, voire même la crainte du tribunal redouté de l'inquisition qui a forcé la main de ces hommes dont nous sommes bien obligés de reconnaître la haute intelligence. Est-ce qu'un Fernel, Fernel, que ses contemporains ont surnommé le second Hippocrate, n'a pas doctement entassé dans son livre *des causes occultes* des histoires de diable et de magie à donner la chair de poule ? Est-ce que Paré ne nous raconte pas les exploits d'un démon qui avait élu domicile dans le canal rachidien d'un de ses clients ? Jean Wier lui-même, dont la vie fut une lutte perpétuelle contre l'inquisition, dit avoir vu un certain sorcier disparaître dans les airs aux yeux du peuple assemblé, tenant la queue de son cheval, tandis que la femme du thaumaturge suivait suspendue au pied de son mari, et la servante aussi accrochée aux jupons de sa maîtresse. Et notez pour comble de prodige, qu'à l'heure même de cette ascension, d'autres avaient vu le sorcier et sa femme sortir par une des portes de la ville pour une promenade à la campagne.

A tous ces faits d'hermaphrodites et de métamorphoses, il manque donc le cachet désirable d'authenticité que la science est en droit d'exiger ; et remarquez qu'à mesure que nous avançons le prestige s'amoindrit et arrive à disparaître tout à fait pour ne laisser place qu'au fait que la raison est en droit d'accepter.

Les anciens admettaient généralement que les organes reproducteurs, semblables dans les deux sexes, différaient seulement par leur situation ; en sorte que la femme possédait à l'intérieur les organes qui, chez l'homme, existent au dehors. Aristote l'affirme positivement. Rien de plus vraisemblable alors qu'une violence quelconque, en déterminant alors la sortie des organes sexuels pût produire la métamorphose de la femme.

Trois filles juives essayèrent en se promenant de franchir d'un saut un large fossé et furent bien surprises du changement qui s'opéra en elles. Le changement ne s'effectua pas sans douleur. Les parents, privés d'enfants mâles, s'imaginent que le ciel accorde un miracle à leurs constantes prières. Les matrones du lieu vérifient le fait et s'en retournent, glorifiant tout haut le Seigneur et s'écriant : « Non, jamais rien de semblable ne s'est vu dans Israël ! » Les magistrats partagent l'étonnement général. Par malheur pour les amis du merveilleux, le médecin appelé ne voit dans la prétendue métamorphose qu'une chute complète de la matrice pendante hors de la vulve. Cet organe laissé au dehors eût blanchi et fût devenu rugueux par le contact de l'air et le frottement des vêtements, et l'erreur serait devenue plus plausible ; mais notre confrère eut bientôt rétabli les choses et rendu à leur destination ces hommes de formation si précipitée. Dans un cas analogue, Saviard fit réformer un arrêt du parlement de Toulouse qui enjoignait à une fille affectée d'une chute de matrice de porter à l'avenir des habits d'homme.

C'est ainsi que la science elle-même s'est faite la complice de l'absurdité; ne lui en gardons pas rancune, mon ami; comme je vous l'ai bien souvent répété, l'art est long, la science est bien difficile et la vie est bien courte. Les générations vont vite; un millénaire est rapidement franchi, et bien petit est l'appoint qu'il apporte à l'édification du temple intellectuel. Ayons toujours présent à l'esprit le précepte du grand maître : *Ars longa, vita brevis, experientia fallax, judicium difficile.*

Et puis, le moyen âge avec sa douzaine de siècles, n'est-il pas le rendez-vous de toutes les erreurs et de tous les fanatismes ; en vérité, cette époque maudite, en y comprenant même les deux premiers siècles de la Renaissance, danse devant nous la danse des Ilotes ; personne alors n'était dans son rôle : ni la théologie qui exterminait au nom de l'infinie miséricorde, ni le juge qui appliquait sans trouble un code de sang abrogé depuis plus de mille ans, ni la médecine dont la robe noire venait frôler la rouge casaque du bourreau.

Ah ! l'on nous parle à chaque instant du temps passé ! il est atroce ; et puisque le nom de cette époque fatale est venu s'imposer à notre conversation, je veux faire encore une fugue que j'ai bien droit de me permettre, vous promener quelques instants parmi les défaillances humaines du moyen âge et vous montrer jusqu'à quel point d'absurdité le peuple est descendu. — Reparlons donc de la magie, mais de la magie presque notre contemporaine; je dis presque, c'est tout à fait notre contemporaine que je devrais dire : n'avons-nous pas les Mesmer, les Cazotte, les Cagliostro, Mme Bouche, Mme Krudener, voire même le pauvre idiot de Gallardon nommé Martin, le cantonnier Vintras et tant d'autres encore de nos jours qui, il y a deux siècles à peine, eussent expié dans des tortures sans nom des aberrations de l'intelligence qui relèvent des médecins de Bicêtre et de la Salpétrière.

Mais tout d'abord, distinguons, car le mot de *magie* a été bien détourné de son acception première, telle que nous l'envisageons actuellement. L'expression de magie indique quelque chose de mauvais ; c'est le diable, ses pompes, ses œuvres : le mage, c'est le charlatan, le bandit, l'exploiteur de l'ignorant, le filou qui, par des pratiques superstitieuses, porte la frayeur et la crainte dans les intelligences timorées ; c'est en un mot le sorcier, comme tous les jongleurs dont je vous ai parlé dans l'une de nos soirées. Bien des gens définiraient volontiers la magie, l'art de produire des effets sans cause.

Eh bien non. — Les anciens désignaient sous le nom de *Magie* la science universelle ; elle réunit ce que la philosophie peut avoir de plus certain, et ce que la religion a d'infaillible et d'éternel ; elle a prétendu concilier deux termes qui paraissent jurer de leur accouplement : foi et raison, science et croyance, autorité et liberté.

C'est dans ce sens élevé qu'Abraham, Confucius, Zoroastre sont appelés Mages, Mages aussi sont Hénoch, Moïse, et les rois qui vinrent du fond de l'Orient visiter Béthléem.

C'étaient les sages, les philosophes, les érudits, les savants avec qui la superstition n'a rien à démêler.

Mais c'est la Magie fausse, la sorcellerie qui est notre tributaire, et que les efforts des hommes instruits et surtout des médecins ont depuis bien longtemps combattue par tous les moyens que la science et l'observation ont remis entre leurs mains.

Quelques mots sur l'histoire du dogme fatal que l'ignorance imposa à nos ancêtres vous donneront la mesure des progrès de cette *vésanie* ou *folie* qui soumit le monde entier.

Comme les individus, les populations semblent condamnées à traverser certaines périodes morbides ; soit que la maladie frappe le corps, soit qu'elle enlise l'intelligence : à telle époque la lèpre, à telle autre la peste, à telle autre encore la syphylis ; au moyen âge et dans les deux premiers centenaires de la renaissance dont malheureusement nous ne voyons que les beaux côtés, la perversion de l'intelligence dans ce qu'elle a de plus douloureux ; la négation du sens commun portée jusqu'à l'absurde ! On pourrait se croire sous l'illusion d'un affreux cauchemar. Puis enfin, on se réveille, on se tâte, on se rassure et l'on est heureux de se dire : j'ai rêvé. — Mais non, ce n'est pas un rêve, c'est du délire parfois porté jusqu'à la frénésie.

Quand on voit des intelligences aussi fortes que celles des Raymond Lulle, des Bacon, des Fernel, des Paré hésiter devant la négation de Satan, combien la croyance de cet anti-Dieu ne devait-elle pas être générale dans les masses ?

La personnification royale et presque divine de Satan est une erreur qui remonte au faux Zoroastre, c'est-à-dire au dogme matérialiste des seconds mages de la Perse ; ils avaient changé en dieux les deux pôles du monde intellectuel ; de la force passive, ils avaient fait une divinité opposée à la force active. La mythologie Indoue nous enseigne la même monstrueuse erreur. Arimanes est le génie du mal, ou du moins son père, comme le comprennent les légendaires superstitieux ; aussi disait-on le diable est menteur comme son père.

Il en advint évidemment de ce système, comme il en est de tous les systèmes dychotomiques, que l'un des plateaux de leur balance, trop chargé, finit à la longue par tout emporter.

Arimanes l'emporta ; Ormuz, le génie du bien, baissait partout ; l'autre, bien que simple vassal, était en fait le maître et gouvernait. Il était, comme le dit le professeur Axenfeld, le cardinal-ministre de ce roi ; il était le marquis de Buonaparte qui conquérait l'Europe par autorisation spéciale de Sa Majesté légitime. Le consentement du ciel, une juste permission de Dieu, voilà effectivement la seule restriction que cette doctrine blasphématoire apportait à l'omnipotence du diable. Dieu permet que le fœtus dans le sein de sa mère soit dédié aux enfers et que l'homme leur reste acquis ; Dieu permet que la vierge vouée aux autels soit dans le sanctuaire même souillée par l'Impur, et cela en expiation de son peu de foi, et parfois aussi en expiation du peu de foi d'un autre ! car la société étant responsable dans chacun de ses membres, la faute de Pierre pouvait être « justement » punie sur Paul. — Ceci me rappelle la sentence d'un juge chinois qui condamne à mort un tailleur pour le vol commis par un cordonnier ; comme excuse, la ville ne possédait qu'un cordonnier et elle avait deux tailleurs. Ceci me rappelle aussi les procédés des satellites du roi Guillaume de Prusse pendant la néfaste guerre de 1870-71..

Comment diable les casuistes n'ont-ils pas été choqués de la contradiction de ces deux idées : la *permission* de Dieu et la *culpabilité* de Satan ? Arimanes est pris chassant sur les terres d'Ormuz ; n'a-t-il pas son permis en bonne forme ? De quel droit le traquer, l'injurier, lui faire subir les vexations de l'exorcisme. Ormuz *permet*. A-t-on jamais vu pareille anomalie, et que dirions-nous d'un tribunal sévissant contre l'exécuteur des hautes-œuvres, d'une police prenant au collet ses propres gendarmes ! (Axenfeld.)

La conséquence fatale du mal que Dieu laisse faire et qu'il peut empêcher, c'est que les coupables, s'il y en a, ne sont pas responsables de leurs méfaits, ils ne sont par le fait que les mandataires du démon qui a toute autorisation de la part de son supérieur. C'est la fatalité, *ananke*.

Ce système a conduit à toutes les iniquités. — Non pas que je prétende innocenter les crimes qu'a engendrés la magie noire, mais combien sont morts victimes de leurs hallucinations, et, j'ai eu l'occasion de vous le dire tout à l'heure, la folie était à l'ordre du jour. Avez-vous jamais assisté à un combat, à une bataille, quand la déroute vient ébranler les bataillons les plus compactes et jeter à l'oreille du soldat le cri sinistre : *Sauve qui peut !* Eh bien ! ces siècles d'ignorance sont sous la même influence, la terreur a gagné toutes les âmes, glacé tous les courages, et chacun tremble d'être ou de devenir la proie de l'esprit immonde.

C'est drôle, — mais c'est navrant.

Jetons un coup d'œil sur la diablerie de ces époques-là. Vous connaissez la légende de la *Fiancée de Corinthe* dont un grand poëte allemand a fait le sujet d'une ballade que tout le monde a lue et sait presque par cœur ; il s'agit d'une jeune fille ayant un amant (dans toute la bonne acception du mot) dont les parents ne veulent pas satisfaire les désirs ; la pauvre enfant meurt, et, pendant quelques nuits, froide et enveloppée de son suaire, va trouver son fiancé, qui pendant quelques heures, jouit de ses charmes jusqu'à ce que l'heure sonne de sa rentrée au sépulcre ; les parents avertis viennent troubler l'extase de la morte en l'environnant de lumières et en poussant de grands cris.

Philinnium (c'est le nom de la jeune fille) lève alors sa tête pâle, se dresse toute entière sur le lit, et dit d'une voix creuse et terrible : « O mon père, ô ma mère, pourquoi me poursuivez-vous au delà même de la tombe? Mon amour avait fait violence aux dieux infernaux ; la puissance de la mort était suspendue ; trois jours encore et j'étais rendue à la vie ; mais votre curiosité cruelle anéantit le miracle de la nature : vous me tuez une seconde fois.

Les démonographes du moyen âge n'eussent pas manqué d'expliquer la résurrection ou même la mort apparente de la jeune grecque par une obsession diabolique. Qu'y devons-nous voir, nous médecins ? Une simple léthargie hystérique accompagnée de somnanbulisme. Le père et la mère tuèrent leur enfant en la réveillant et l'imagination publique exagéra toutes les circonstances de cette histoire.

La sorcellerie s'était déjà réfugiée à l'époque d'Adrien dans les contrées lointaines de l'empire; Rome et les provinces limitrophes n'eussent point été prises à ces jongleries ; Phlégon, affranchi d'Adrien, qui relate le fait précité, ajoute qu'il fut obligé d'employer son autorité pour calmer l'agitation que cet accident extraordinaire avait produit, et il ne fallut rien moins que ses menaces d'en référer en haut lieu pour ramener le calme dans les cerveaux exaltés.

Vous voyez déjà surgir dans cette manifestation ce que nous verrons plus tard apparaître dans les prodiges de Saint Médard, les exaltés des Cévennes, etc. C'est toujours la grande *vésanie* de l'esprit humain et la conséquence du double principe du bien et du mal ; toujours Dieu en opposition avec le diable, comme s'il était possible que le parfait pût avoir maille à partir avec qui ou quoi que ce soit : ce quelque chose s'appelât-il l'*imparfait*. C'est cette dualité incompréhensible qui a tordu le moyen âge et lui a imprimé ce cachet de fatalité dont le stygmate n'est pas effacé de nos jours, malgré le brusque réveil, trop brusque peut-être, de la pensée humaine et du libre arbitre réagissant contre tant d'absurdités.

Rentrons dans le domaine que le maître Ormuz laisse exploiter par son vaincu, son sujet Arimanes, et vous serez certainement dégoûté de voir la manière dont ce propriétaire se laisse exploiter par son valet. Nous pourrions nous croire au temps de nos rois fainéants que les maires du palais confinaient dans leurs châteaux, avec ordre exprès de n'en sortir qu'une fois l'an seulement, hissés sur un char traîné par des bœufs.

Partout nous voyons régner au lieu des philosophes, les devins, les sorciers, les enchanteurs ; on avait oublié le Jod des Hébreux, l'Isis égyptienne, le Bélen de l'Assyrie ; on avait oublié le Dieu suprême pour diviniser ses magnifestations, pour diviniser les hommes.

Rome n'avait-elle pas donné l'exemple ? L'apothéose des Césars avait divulgué la religion des dieux de sang. Les Germains, sous le nom d'Irminsul, adoraient le traître Arminius qui fit verser tant de larmes à l'empereur Auguste : on lui offrait des victimes humaines. Les Gaulois donnaient à Brennus les attributs de Taranis, et brûlaient en son honneur des colosses d'osier remplis de Romains.

Partout régnait le matérialisme dans ce qu'il a de plus répugnant ; vous allez voir par l'énumération très-succincte des faits qui se sont produits jusqu'à la Renaissance, comment toutes ces absurdités se sont greffées sur notre intelligence.

Nous trouverons, Dieu merci, de temps à autre quelques belles expressions et quelques douces légendes qui viendront donner une gracieuse teinture à la sombre épopée de ces années maudites.

C'est d'abord la noble et belle figure de Sainte-Clotilde, la femme de ce bourru que l'histoire a baptisé du nom de Clovis ; c'était une femme énergique et une grande reine que cette Clotilde, car elle fut éprouvée par les plus poignantes douleurs.

Plus tard, vers le XIe siècle, la légende s'empara de la reine Berthe et de la fée Mélusine, deux types charmants que l'imagination poétique a enveloppés et parés de son plus charmant coloris ; plus tard encore, sous le règne d'un roi qu'on appela le *Victorieux*, cet insondable problème d'une jeune fille de 17 ans qui rebâtit une nation et refait un trône. — Satan, ce jour-là, fut terrassé, il est vrai qu'il reprit sa revanche sous la forme de Pierre Cauchon, évêque de Beauvais, et que la pauvre enfant paya son apostolat par le bûcher.

Soyons justes cependant et n'accusons pas l'église d'un crime auquel elle est étrangère. Je sais bien qu'on a dit qu'elle avait en cette circonstance servi les lâches ressentiments d'un parti vaincu et que des intérêts tout matériels l'avaient incitée à l'infamie qu'elle déplore encore de nos jours. Ne le croyez pas ; et mettez-vous bien en tête que la pucelle d'Orléans fut condamnée par un mauvais prêtre apostat. Vous ne connaissez pas sans doute le dénouement du lugubre drame de Rouen. Cauchon, l'homme de toutes les hontes, Cauchon le mauvais citoyen, Cauchon le renégat français, fut frappé de mort subite et excommunié après sa mort par le pape Calixte IV et ses ossements arrachés à la terre sainte furent jetés à la voirie après la révision du procès de Jeanne.

Pendant ce temps, le Victorieux baisait les doigts roses de la belle Anne de Sorel !

DIX-NEUVIÈME SOIRÉE,

Magie. — Sorcellerie.

Je veux bien, puisque cela vous intéresse, vous raconter quelques-unes des escapades du Grand Diol de l'enfer qui pourtant n'a jamais existé que dans nos imaginations. La liste des méfaits commis par ou sous son influence est longue et navrante, et il faudrait beaucoup et de bien gros volumes pour relater et consigner toutes les défaillances et tous les errements de l'esprit humain dont le Grand Diol est cause. Il y aurait pour un aliéniste tel que Calmeil ou Delasiauve un immense et merveilleux sujet d'études, car nous sommes obligés d'avouer que si les erreurs matérielles sont nombreuses, les dévergondages de l'intelligence le sont plus encore : la plupart des faits et gestes consignés dans l'histoire relevant d'une façon plus ou moins directe du diable ou de ses apôtres.

Le temps est maintenant passé d'Ormuz et d'Arimanes. Le diable et Dieu sont en présence ; les termes sont changés, le problème reste le même, et vous trouverez toujours cette dualité navrante qui laisse même dans une âme honnête une épouvantable perplexité.

A mon avis la théologie a eu tort de raviver ces vieilles sottises.

Un seul maître règne sur l'univers. C'est *Dieu,* nous

n'avions pas besoin du diable pour venir faire craqueter nos pauvres cervelles.

Or, c'est ce qui arriva. Aussi verrons-nous pendant quelque mille ans, l'intelligence abâtardie sous la pression de ceux qui probablement étaient intéressés à ce que l'ordre moral fût tel à cette époque.

Entre nous, tout ce que je vais vous dire relève du délire et de la folie la plus malfaisante ; mais c'est de l'histoire.

Racontons et procédons par ordre.

Après la mâle apparition de Clotilde, bonne et honnête, en vint une autre plus virile encore. Frédégonde, funeste personnage dont le regard était un maléfice ; cette sorcière tuait les princes. Cette brave dame accusait volontiers ses rivales de magie et les faisait passer dans le monde des bienheureux par des supplices qu'elle eût pu mériter. Il restait à Chilpéric, de sa première femme, un fils du nom de Clovis qui s'était énamouré d'une jeune fille, Klowinthe, dont la mère, femme du peuple, passait pour sorcière. On accusa donc la mère et la fille d'avoir par des philtres altéré la raison du prince ; la pauvre enfant mise en jugement fut condamnée à l'épreuve de l'eau bouillante et dut chercher dans la cuve un anneau ; elle subit l'épreuve sans qu'aucun de ses traits ne se contractât pendant cet épouvantable martyre et retira son bras affreusement brûlé. « Dieu ne veut pas qu'on le tente, dit la pauvre fille, et il ne suspend pas les lois de la nature selon le caprice des hommes. Je n'ai ni prié ni défailli dans cette horrible torture ; si j'étais magicienne, j'aurais employé des maléfices pour ne pas me brûler, mais je suis chrétienne et Dieu m'a fait la grâce de le prouver par la constance de mon martyre. »

La pauvre enfant fut reconduite en prison et Dieu lui fit la grâce, dit la chronique, de la prendre pendant qu'on lui préparait le dernier supplice.

Frédégonde cependant connaissait trop bien les rites et les mystères de la magie noire pour se laisser prendre aux paroles de Clovis. Après avoir martyrisé la pauvre jeune fille et l'avoir fait périr par le supplice de l'eau bouillante, elle vint à bout de se débarrasser du Néron des Francs avec forces charmes et amulettes qui rendirent Chilpéric idiot et causèrent sa mort deux ans après le dernier de ses fils. Frédégonde, qui faisait brûler comme sorcières des femmes coupables seulement de lui avoir déplu, protégeait celles qu'elle croyait vraiment sorcières. Ageric, évêque de Verdun, avait fait mettre en prison une pytonisse qui gagnait beaucoup d'argent en faisant retrouver les objets perdus et dénonçant les voleurs et les assassins ; cette femme était certainement sous l'influence du somnambulisme, on l'exorcisa, mais le diable déclara qu'il ne sortirait point de son domicile tant qu'on n'aurait pas rendu la liberté à celle qu'il possédoit, et il promit de sortir si on la laissait seule dans une église ; on donna dans le piége et c'est la femme qui sortit ; elle se réfugia auprès de Frédégonde qui la reçut dans son palais et finit par la soustraire probablement au bûcher : elle fit donc bonne action par erreur et pour le plaisir de mal faire.

Plus tard, un des hommes dont la France peut à bon droit s'honorer fut accusé de magie : c'était Charles Martel ; et, bien qu'il eût délivré le royaume des Sarrasins, l'Eglise lui fit un crime de sa victoire, car Charles Martel ne priait guère quand il fallait combattre, et lorsqu'il avait besoin d'argent il en prenait dans les monastères et dans les églises, acte qui souleva contre lui les colères de saint Eucher, évêque d'Orléans qui, dans un moment d'extase, prétendit que le prince était à jamais damné. Avis en fut donné à son fils Pépin-le-Bref, qui fit ouvrir le tombeau de son père, dont on ne retrouva plus de traces ; une fumée noire et infecte s'en exhala, un immense serpent en sortit, et Charles Martel fut voué à l'excommunication ; cependant était-ce bien respecter les vertus du grand homme que de violer ainsi sa sépulture et d'attribuer à l'enfer, sur la foi d'un rêve, le travail de destruction si complétement et si vite achevé par la mort ! Quelques années plus tard, plusieurs procès viendront nous révéler encore la vésanie du moyen-âge, et eurent un immense retentissement. Je ne vous citerai que celui de Jeanne d'Arc, celui des Templiers dont le grand-maître Jacques Molay fut brûlé vif en place de Grève, et surtout celui de Gilles de Laval, seigneur de Raiz.

Gilles, maréchal de France, est la personnification du conte de Barbe-Bleue, conte que tous nous avons entendu si souvent narrer dans notre enfance. C'était un seigneur brave parce qu'il était Français, fastueux parce qu'il était riche, et sorcier parce qu'il était fou. Pour subvenir à ses immenses dépenses, il avait résolu, d'après les conseils d'un prêtre apostat du diocèse de Saint-Malo, nommé Prélati, de retrouver la pierre philosophale, cette rêverie qui fit commettre tant de monstruosités et tant de découvertes aux prétendus savants du moyen-âge. Les femmes, les enfants de ses vassaux furent victimes de sa folie ; ils étaient tous assassinés, et, avec le résidu de leur sang, Gilles de Laval et ses complices prétendaient retrouver la pierre hermétique. Après quelques années de ces pratiques insensées, le seigneur de Raiz, devenu la terreur du pays de Bretagne, fut pris dans son château, où l'on retrouva environ deux cents squelettes d'enfants. Conduit devant le parlement, Gilles avoua tous ses crimes et fut brûlé vif dans le pré de la Madeleine, près de Nantes. Il est certain que ce malheureux dont on voit encore le portrait dans la salle des maréchaux au musée de Versailles, était un fou furieux et qu'on ne saurait lui imposer la responsabilité de pareils actes.

Quand on voit de si belles intelligences et de si fortes têtes aller à la dérive sous l'influence d'un système dychotomique religieux, que doit-on attendre du pauvre peuple livré au diable sans merci ! Le martyrologe est navrant et je puis vous affirmer que l'erreur à Satan a fait plus de victimes que les guerres les plus désastreuses et les pestes les plus terribles. Plus de trois millions d'êtres humains ont été sacrifiés à la gloire du Dieu de miséricorde. Lisez et méditez la conférence que fit jadis Axenfeld à l'école de médecine, vous serez effrayé, et vous direz avec moi : Mais tout le monde était donc fou ? — Oui, tout le monde l'était ; depuis les papes et les rois jusqu'aux plus humbles des sujets. — Cadelous, qui d'évêque de Parme devint pape sous le nom d'Honorius II et auquel on doit attribuer le fameux *Grimoire*, était halluciné ; Charles VI était fou.

Son fils, Charles VII, avait un grain de folie, car vous savez quelle fut sa fin. Louis XI ne valut guère mieux et son fils Charles VIII mourut très-jeune d'une affection cérébrale à son retour d'une expédition dans le Milanais.

Tous ces braves gens croyaient en la puissance de Satan, mais ils n'avaient point à redouter les rigueurs du bras séculier, tandis que ceux dont ils étaient les maîtres payaient chaque année de fortes contributions à la magie.

Ecoutez, mon viel ami, mon regretté Axenfeld ; il vous dira par l'analyse qu'il a faite de l'ouvrage de Jean Wier jusqu'à quel point d'aberration juges et coupables étaient arrivés.

Il faut d'abord distinguer la *Diablerie* en *active* et *passive.*

La première comprend l'ensemble des arts chimériques qui se proposent, en faisant intervenir le démon, de changer les lois immuables de la création ; de réaliser les rêves de l'humanité enfant : la richesse sans le travail, le savoir sans l'étude, les voyages sans le déplacement, la domination sans le mérite ; en un mot le résultat sans l'effort et tel est le but de toute sorcellerie.

Mais il y a la sorcellerie des savants et des ignorants. Comme type de la première, prenez le Faust de Gœthe, le docteur Faustus, philosophe, astronome, chimiste, et ne demandant à Méphistophelès que la révélation du vrai dont la recherche a fatigué sa patience sans ralentir son ardeur.

Comme type de la sorcellerie ignorante populaire, prenez les vieilles barbues que Shakspeare dans son Macbeth fait danser et prophétiser sur la bruyère déserte.

Ces deux types d'ailleurs, se tiennent par une évidente analogie ; l'un descend en ligne directe de l'autre.

Parmi les représentants de la sorcellerie, il y en eut d'illustres ; Albert Le Grand, Raymond Lulle, Arnaud de Villeneuve, Roger Bacon, Cardan ; et il faut bien le dire, ces hommes éminents étaient complices de leur réputation satanique. Leur vanité s'accommodait assez d'une légende ajoutée à leur renommée ; ils aimaient à se grandir par le mystère afin d'en mieux imposer à la foule qui veut être trompée. Autrement, pourquoi Arnaud de Villeneuve appellerait-il de l'alcool « de l'eau qui brûle. » Pourquoi Raymond Lulle décrivant la marche d'une préparation mercurielle, parla-t-il de lions verts et rouges, de dragons, de serpents et de sang humain ? Pourquoi Roger Bacon, entre la mention du soufre et celle du salpêtre, ingrédients de sa poudre, intercalerait-il ces mots vides de sens dans toutes les langues : *Luru vopo vir con Utriet.*

Mais laissons là les magiciens hommes de science, ceux-ci sont peu nombreux et protégés par l'amitié des princes, ils s'inquiètent peu de l'inquisition et des lugubres drames qu'elle fait chaque jour et jusqu'à satiété représenter devant le populaire ahuri. La vile multitude est le pain quotidien du terrible tribunal, dont la fatale mission est de remplir chaque jour ses sombres cachots des insensés pratiquant la sorcellerie dans l'espoir d'en tirer profit et des naïfs convaincus de la puissance des maléfices.

Ceux qu'on accusait faussement, ou qui faussement s'accusaient eux-mêmes d'abominables forfaits commis avec l'aide du démon, étaient sous le coup de quinze chefs d'accusation capitale ; le charitable auteur qui nous a transmis cette liste anodine gémit de voir que les monstres, hommes ou femmes, qui ont mérité quinze morts ne puissent mourir qu'une seule, rien qu'une seule petite fois.

Les quinze griefs dont les sorciers étaient justiciables étaient de deux sortes ; les dix premiers étaient des crimes de lèse-divinité, les cinq autres regardaient la société et par conséquent étaient seuls punissables et auraient dû relever des tribunaux laïques. Voici quels étaient les chefs d'accusation à l'égard de Dieu :

1° Les sorciers renient Dieu.

2° Ils blasphèment Dieu.

3° Ils adorent le diable.

4° Ils font pacte avec le diable.

Les juges d'alors faisaient, comme on le voit, preuve d'un bien grand talent d'analyse. Mais le quatrième point était fondamental ; le pacte entre le démon et le sorcier pouvait être *tacite* ou *exprès*. Dans le premier cas, il suffisait d'une invocation, d'une formule de consentement, d'un juron. Par exemple : un individu à table fait des façons pour goûter d'un plat, on insiste, il résiste et finit par se décider en disant « qu'il mangeait au nom du diable. » Incontinent le diable entre avec les aliments dans le corps du pauvre garçon pour n'en plus sortir.

La *Paction expresse* exigeait plus de formalités. C'était un contrat en règle, mentionnant les avantages accordés, stipulant le prix convenu et signé du sang de l'exploiteur ; Satan apposait sa griffe et la place où elle s'était imprimée devenait *insensible ;* on la reconnaissait toujours à ce caractère. Les stigmates du diable se rencontraient parfois dans plusieurs parties du corps, même et souvent dans les régions les plus cachées. ... Quels enseignements dans cette observation de points nombreux d'*anesthésie* sur le corps de malheureux fous et surtout sur le corps des sorcières jeunes ou vieilles dont les sens pervertis par des hallucinations ou des visions devait amener cet état pathologique que le médecin observe si fréquemment dans les villes et les refuges d'aliénés. Il n'y a pas d'autre raison de l'indifférence aux agents extérieurs chez les mystiques, les extatiques, les martyrs dont on vante le courage au milieu des plus horribles supplices. Les sorciers peuvent marcher de pair avec ces aliénés d'un autre genre.

Cependant, soit dédain, soit confiance, quelques adeptes échappaient à la formalité compromettante de l'estampille, et ces derniers me paraissent être les esprits forts de la corporation et avoir été ceux qui ont le plus bénéficié de la vésanie universelle, car ils me font tout l'air d'avoir été bien sceptiques et ne s'être lancés dans les pratiques démoniaques que pour en tirer profit au dépens du pauvre peuple.

5° Les sorciers vouent leurs enfants à Satan, chose horrible... Ce qui l'est plus encore, c'est que *d'avoir été voué à Satan* dès l'enfance ou même avant l'enfance pendant la gestation mérite également la mort.

6° L'infanticide avant le baptême à l'aide de grosses épingles enfoncées dans la tête du nouveau-né. Le farouche et candide Sprenger, l'un des auteurs du *Marteau des sorcières*, un homme à qui le ciel veuille avoir pardonné, en faveur de l'ineptie sans bornes dont il l'avait doué. Sprenger affirme qu'une seule sorcière avait par ce procédé tué quarante et un enfants. Elle s'en vantait elle-même. Pourquoi ces crimes? Pour le plaisir de les commettre? Non, tout simplement pour voler une âme à Dieu et enrichir Satan. C'était le devoir des affiliés. N'avons-nous pas actuellement encore dans l'Inde les sectaires de la déesse *Kali*, la déesse de la mort, dont le *credo* consiste à étrangler tous les individus grands ou petites que leur livrent les circonstances.

7° Les enfants étant promis à l'enfer dès le ventre de leurs mères, il s'ensuit que l'influence divine ne peut gagner de vitesse l'influence diabolique, que l'eau baptismale arrive trop tard pour laver le signe de la perdition et que celui-ci est ineffaçable. La sorcière est donc coupable d'avoir infligé la damnation à un innocent. Et l'innocent? Coupable aussi, De quoi? Du crime de la sorcière.

8° Les sorciers sont des raccoleurs infâmes ; non contents de servir Satan, ils *attirent encore à sa cordelle* le plus de gens inoffensifs.

9° Ils invoquent le Diable et l'ont constamment à la bouche.

10° Ils pratiquent l'inceste. L'excès de la misère, ainsi que le dit Michelet, expliquerait-il réellement ces unions contre nature des mères avec les fils qu'on prétend avoir été fréquentes parmi les sorciers, c'est-à-dire dans la classe pauvre? On chercherait vainement un fait précis et bien détaillé qui donnât consistance à cette opinion, et il n'y a guère en guise de preuve que deux vers de Catulle :

> Nam magux ex matre cum gnoto gignòtur apostat
> Si vera est...

(La restriction vaut la peine d'être notée.)

> Si vera est Persarum *impia relligio.*

La belle autorité au surplus que Catulle en un pareil sujet ! Catulle, il est vrai, n'a guère voix au chapitre en cette occurence ; mais le juif platonicien Philon et les talmudistes sont des autorités qu'il faut prendre en considération. Ils affirment le fait. Nous y reviendrons.

Voici maintenant quels étaient les cinq chefs d'accusation portés à l'avoir de la sorcellerie active, les uns sont de haute fantaisie, les autres sont tellement graves qu'une dure pénalité ne saurait trop les punir. Il est vrai, cependant, qu'agissant à l'instigation de Belzébuth le sorcier aurait dû, à notre avis, paraître moins criminel, puisqu'il descendait au rang de complice, ou même de simple instrument.

1°.Le meurtre d'enfants ou d'adultes que l'on mangeait après les avoir réduits en bouillie et rendu

« quasi potables. » Quand le cadavre n'était pas dévoré on en utilisait les graisses pour fabriquer les « oignements magiques. » A défaut de vivants on prenait les morts.

2° Les empoisonnements et les maléfices. Fréquemment chez les sorcières on trouvait des poudres qu'elles jetaient sur les gens, cachaient sous les portes, ou mêlaient aux aliments. Ces poudres étaient toutes inoffensives au vu et au su même des juges ; toutes leurs vertus résidaient dans le pacte conclu : mais par une admirable conséquence, moins la preuve du poison pouvait être faite, plus elle était accablante, car l'inocuité de ces poudres entre des mains pures, impliquerait l'impureté avérée des mains entre lesquelles elles devenaient vénéneuses. A la bonne heure donc ! Où eut été la malice du Malin s'il eut à ses domestiques confié de l'arsenic ou du vitriol ?

Quant aux maléfices, vous ne vous doutez pas de combien de sortes on en avait inventé : toutes les maladies étranges, rebelles aux moyens ordinaires de traitement, le désir de la possession, la stérilité, la mélancolie, l'impuissance, étaient le fait de sorts jetés ; mais la plus détestable entre toutes était l'*aiguillette nouée*; hommes et femmes s'en plaignaient avec amertume ; comme Tibulle que nous avons vu charger de malédiction la vieille *Saga* parce qu'il se trouve en défaut au moment le plus intéressant, il fallait bien rendre le maléfice responsable de ces défaillances intempestives, tandis que le médecin n'en accuse que la mauvaise hygiène et les abus de toutes sortes auxquels n'est que trop enclin le porteur d'aiguillette.

3° et 4° Les sorciers font mourir le bétail ; ils causent les famines et les pestes ; ils suscitent les orages, la grêle, etc. Au XVIᵉ siècle, un savant théologien n'eut-il pas l'outrecuidance de soutenir que la grêle était l'œuvre de Dieu ! Il y eut un tolle général tant l'assertion parut téméraire, et tant on croyait savoir que la grêle était envoyée par Satan à la demande du sorcier. Voyez quels singuliers pactes le diable contractait parfois ; il est le maître, il pousse sa victime à la damnation éternelle et force lui est d'obéir aux injonctions de son esclave ; au reste ce vasselage lui coûte peu, en premier lieu parce qu'il a occasion de mal faire et puis parce qu'il est toujours certain de prendre sa revanche et d'emporter les âmes au fin fond des enfers.

Quant à la pluie, il faut distinguer : celle de Dieu vivifie et féconde, celle du diable inonde et détruit les productions de la terre.

Cette opinion éclectique paraissait parfaitement rationnelle.

5° Ils fêtent le sabbat. C'est le couronnement de leurs crimes. Vous savez ce qu'était cette fête à l'origine ; elle remplaçait chez les Juifs notre dimanche ; le jour du sabbat était le jour du repos, la fête périodique où l'on s'assemblait pour la prière et les divertissements prescrits par la *loi*. Plus tard quand le populaire et l'Eglise eurent confondu dans le même ostracisme, les Juifs ; les hérétiques, les sorciers, la signification du mot fut déplacée et sabbat fut appliqué aux prétendues réunions démoniaques présidées par le grand Diol. Sorciers et sorcières arrivaient donc en foule, les uns à dos de monstres variés, les autres à cheval sur un manche à balai ; ceux-ci en conservant leur forme naturelle, ceux-là métamorphosés en animaux, au lieu du rendez-vous désigné. Le voyage se faisait avec la rapidité de l'éclair, grâce aux « oignements » que chacun tenait en réserve.

La scène alors s'ouvrait: le culte du diable déployait toutes ses pompes irreligieuses ; on rendait hommage à Satan en lui baisant le derrière. Puis on banquetait, on dansait, on chantait, et pour terminer d'une digne façon, tous ces êtres, démons, sorciers et sorcières, se mêlaient dans un dévergondage... intrinsèque et extrinsèque.

Rien n'est plus minutieux que les détails donnés par les sorcières sur le *concubitus dæmonum* en réponse aux interrogatoires sans fin dont les inquisiteurs dans leur insatiable curiosité accablaient ces malheureuses : c'est ainsi que nous savons que les vieilles femmes étaient surtout les favorites du démon qui savait à volonté changer de sexe ; qu'il commençait sous la forme de *succube* par dérober la semence et s'en servait ensuite sous la forme d'*incube,* si bien que le père des enfants du diable n'était pas le diable lui-même, mais celui dont il avait dérobé le bien ! Ces unions infernales étaient loin cependant d'être agréables, car l'organe du diable est écailleux et pointu et son sperme « est très froid et glacé. » (De nos jours les femmes qui s'accusent d'avoir subi les carresses du démon ne tiennent pas le même langage, la douleur a fait place à des sensations agréables et ce qui était autrefois si froid est aujourd'hui littéralement brûlant).

Mais glissons sur ce sujet scabreux et ne le retenons que pour mémoire, afin de bien constater l'état mental des juges qui marchait si bien à l'unisson de celui de l'accusé.

Si cependant le sabbat n'existait la plupart du temps que dans les imaginations affolées, on ne peut nier qu'au moyen-âge il n'y ait eu de ces réunions clandestines où de pareilles orgies se pratiquaient ; le diable était alors représenté par des meneurs et des bandits tout charnels. Est-ce par tendance naturelle à la perversité humaine? Etait-ce le reflet des rites monstrueux de l'adoration que les Phrygiens rendaient à *Sébézius* sous la forme d'un bouc avec accompagnement de cérémonies licencieuses; était-ce une réminiscence du Dieu noir de l'Inde, le monstrueux *Rutem* aux formes priapesques qui régnait aussi en Palestine sous le nom de *Belphégor*.

Les talmudistes et le juif platonicien Philon racontent des choses si abominables du culte de ces idoles qu'elles ont semblé incroyables au jurisconsulte Selden.

C'était, disent-ils, une idole barbue, à la bouche béante, ayant pour langue un gigantesque phallus; on se découvrait sans pudeur devant cette idole et on lui présentait des offrandes stercoraires. Les idoles de *Moloch* et de *Chamos* étaient des machines meurtrières qui tantôt broyaient contre leur poitrine de bronze, tantôt consumaient dans leurs bras rougis, de malheureux petits enfants. On dansait au bruit des trompettes et des tambourins pour ne pas entendre les cris des victimes et les mères conduisaient la danse. L'inceste, la sodomie, la bestialité étaient des usages reçus chez ces peuples infâmes et faisaient même partie des rites sacrés.

Jusqu'ici nous sommes dans le domaine de la diablerie active; passons à la diablerie imposée ou subie, non plus pratiquée, mais passive.

D'abord nous y trouverons toutes les maladies dites de *possession,* maladies sur lesquelles on dissertait encore longuement au xviie siècle; les ouvrages de Willis de Dehaen, de Frédéric Hoffmann, contiennent de curieuses descriptions de maladies démoniaques que les progrès accomplis nous ont appris à mieux connaître. Les maux attribués aux sortiléges n'étaient autres que des atteintes de catalepsie, de syncope, de délire, de coma, de somnambulisme et de divers états maladifs, qui même encore aujourd'hui déroutent parfois les théories médicales et qu'on appelait maladies diaboliques, comme nous, nous disons maladies nerveuses. La magie comblait toutes les lacunes de l'étiologie classique et avait une excuse toujours prête contre les échecs de la thérapeutique usuelle, car le diable a bon dos.

Une entre autre !de ces affections présentait certaines particularités d'une valeur considérable pour le diagnostic de la maladie surnaturelle, c'est le rejet par la bouche ou la sortie par d'autres parties de différents corps étrangers : aiguilles, fragments de verre, cheveux, lambeaux d'étoffe, etc. Les sceptiques les plus déterminés s'arrêtaient stupéfaits devant une semblable perversion des fonctions digestives et égestives et il en est bien peu qui aient reconnu la part de la fraude et de la simulation, ou qui aient reconnu cette aberration mentale qui porte certains individus à avaler les objets les moins assimilables ; encore était-on plus ignorant du mécanisme très-simple suivant lequel des corps pointus et déliés peuvent parcourir et traverser impunément les tissus vivants.

A côté de la possession se range l'*obsession*, c'est-à-dire l'état des personnes tentées par le démon et qui commettent bien à contre-cœur les plus grandes infamies, qui vont au sabbat parce qu'on les y traîne... Mais faites-y attention, cette résistance ne suffit pas toujours pour faire absoudre le patient. « L'obsession ! les saints l'ont éprouvée. Elle diffère autant de la sorcellerie que la captivité diffère de la servitude, autant que le combat d'une vierge forcée diffère de la prostitution. » Mais plus tard, le langage changera. « Est-on sûr que la victime ait bien résisté ; plus ferme dans sa croyance, elle eut tenu bon jusqu'à la fin probablement. Pour avoir été brisée elle était donc bien fragile »!... En vain, allègue-t-elle les persécutions diaboliques, les hallucinations, les masques d'innocence ou même de sainteté que Satan revêt quelquefois. Le mirage n'excuse pas l'erreur, car le diable ne s'attaque guère qu'aux âmes faciles à gagner. C'est ainsi que par degrés, la faiblesse devenant un péché, le malheur une faute, la maladie un crime, les accusés voyaient se fermer sur eux la dernière porte qui leur restât ouverte. Plusieurs fois, l'obsession démoniaque a été prise à l'égal de la sorcellerie active la mieux avérée.

Aussi était-il rare que les procès de ce genre n'eussent pas pour conclusion un arrêt de mort ; le malheureux, plusieurs fois ballotté du juge au bourreau, et du bourreau au juge, venait en définitive échouer au bûcher.

L'instruction des procès de sorcellerie était atroce : pas d'avocat, pas de défense ; un jury ecclésiastique appréciant la gravité des faits ; des interrogatoires toujours dirigés dans le sens de la culpabilité ; des indices tels, que l'âge, le sexe, le costume, la laideur, l'hérédité venant grossir les charges. Puis dans les cas douteux (et ils l'étaient tous) les épreuves par la balance, par l'eau, par le stylet pour reconnaître les stigmates, puis les grandes et les petites questions allant jusqu'au brisement des os et des articulations jusqu'à en faire « yssir la mouelle. » Tout cela pour obtenir l'aveu qu'on s'empressait d'enregistrer et qui était l'arrêt de mort pour le sorcier. Le malheureux ! que ne commençait-il par là ! Il eut évité le long martyre qui, d'étapes en étapes, arrivait à le faire brûler vif ou étrangler.

Quand on songe que tout cela se pratiquait de sang-froid ; qu'un auto-da-fé était devenu une distraction populaire et qu'aucune voix raisonnable ne s'élevait pour protester contre de semblables horreurs!! On se sent le corps frissonner. Un jour pourtant, au milieu de l'ahurissement général, un coup de tonnerre vint faire tourner la tête des juges enfouis dans leurs robes d'hermine; une apostrophe terrible vint troubler leur béatitude.

Ce fut un médecin qui la prononça. Non pas qu'avant ce médecin d'autres ne l'eussent pensé ou écrit. Il y avait des légistes comme Alciat ou Ponzibonius qui contestaient le droit de punir de mort les prétendues chevauchées à travers l'espace — des rieurs comme Rabelais qui plaisantaient à tout propos le grand Diol d'enfer et ses suppots des deux sexes — des sceptiques, comme Montaigne, déclarant que c'était mettre à un bien haut prix ses conjectures que d'en faire cuire un homme tout vif. Mais toutes ces voix étaient sans écho. Ce qu'elles disaient, notre médecin eut l'audace de le crier tout haut; il eut le mérite de soulever un épouvantable tumulte, on l'appela l'avocat des sorcières... Enfin le charme de la *taciturnité* était rompu!

Ce médecin s'appelait *Jean Wier*. Retenez bien ce nom; il mérite d'être inscrit sur la table de bronze où sont gravés les noms des bienfaiteurs de l'humanité.

— N'attendez pas de moi cependant que je veuille aborder l'étude de l'œuvre de Jean Wier; elle nous est actuellement inutile, et si vous désirez en avoir quelque idée, lisez attentivement la belle conférence que fit à ce sujet, en 1866, à l'école de médecine, le savant et regretté professeur Axenfeld, que la mort vient d'enlever à la fleur de l'âge et dans la plénitude de son génie, à ses élèves, à ses amis et à ses collègues.

C'est ce malheureux ami, qui, à quelques phrases près, a fait tous les frais de cette soirée.

VINGTIÈME SOIRÉE.

Médecine sacrée.

Signons au diable son *exeat*.

Quittons, si vous le voulez bien, pour n'y plus revenir, l'immense et lugubre ossuaire que, pendant tant de siècles, ont alimenté la cabale et la magie. Portons nos regards vers des sphères d'un aspect moins lugubre. Les régions que nous allons aborder sont enveloppées d'une lumière mystérieuse ; elles sont noyées dans un océan d'effluves, et empreintes d'un singulier mysticisme. Nous ne sommes plus dans le domaine d'Arhimanes ; c'est Ormuz qui fera tous les frais. — Ormuz ! Arhimanes ! l'un est méchant, l'autre est fourbe, Diable et Dieu, tels qu'on nous les représente et tels qu'on les habille, ne sont guère dignes de notre sympathie. Mettons le premier de côté et ne regardons l'autre que dans sa divine splendeur.

Les faits que nous allons analyser très brièvement ne forcent plus la pitié, ils amènent simplement un sourire bienveillant, mais, je dois le dire aussi, quelque peu sceptique. Ils rentrent dans notre cadre pathologique au même titre que ceux dont nous parlions dans notre dernier entretien ; les conséquences sont moins terribles; au lieu de démoniaques, vous serez en compagnie de béats et de saints.

Nous ne verrons plus la torture hideuse harceler le pauvre fou et s'ingénier à trouver de nouveaux procédés de douleur ; nous ne sentirons plus le roussi de la chair humaine que dévore l'insatiable bûcher, au nom de l'infinie miséricorde. La béatification, la proclamation de sainteté seront la récompense de pauvres malades qui auront eu l'heureuse fortune de tomber entre bonnes mains ou du moins de faire les affaires de quelques intéressés. Vous n'éprouverez plus la terrible angoisse de l'infortuné que le dominicain conduit pas à pas, et d'étape de douleur en une étape plus douloureuse, vers le garrot ou la fournaise. Vous aurez, au contraire, la consolation d'examiner comment les mêmes gens mènent droit en Paradis ceux qui se sont montrés dociles à leur système d'éducation.

Et d'abord, remarquez que la femme est, en premier lieu, la tributaire de cette médecine insolente, qui se pratique dans les temples chrétiens (pour ne parler que de ce qui se passe chez nous) ; puis la femme y conduit l'enfant, y fait arriver souvent le chef de famille, trop faible pour résister, et surtout voulant conserver la paix du ménage : de sorte que, de fil en aiguille, la conclusion fatale arrive, où la médecine théurgique fait loi dans la famille, et que nous voyons, nous, hommes de science et, par-dessus tout, hommes de raison, des insanités telles, que, quand on les rencontre, on est obligé de se pincer très fort pour savoir si l'on est dans le rêve ou la réalité.

Quels bons médecins sont les prêtres à quelque rite qu'ils appartiennent ! Et quelles bonnes et charmantes malades ils ont à entretenir et surtout à ne pas guérir.

A quoi cela tient-il? A la nature de la femme. Que la femme soit religieuse ou sorcière, vous trouverez toujours le rôle joué par l'imagination : c'est sa nature délicate, nerveuse, frémissante, qui vous donnera la clé des désordres que la science ne peut quelquefois expliquer, mais qui font la joie, et surtout le profit sous toutes les formes de beaucoup d'honnêtes gens.

Vous roulez de gros yeux! Que m'importe? Ce que je pense, je le dis ; je le dis, parce que je le crois vrai. — Je veux chez vous, s'il est possible, déraciner les sottises dont on a malheureusement enlisé votre enfance ; j'espère détruire vos ridicules croyances et vous faire apprécier la distance qui existe entre la science et l'imposture.

La grande folle du logis, l'imagination, précipite tout d'abord notre pauvre raison dans une ornière dont il est bien difficile de la tirer. Elle donne à la pensée quelque chose de palpable et d'attrayant ; elle l'environne de nuages et de diaphanes qui lui permettent de dangereuses illusions ; puis, l'œil fixé sur le but du désir, elle proclame que ce qu'elle a rêvé doit être vrai, le vrai dans son sens le plus absolu.

J'en aurais bien long à vous dire sur les allures de cette vagabonde qui nous donne tant de tristesses et de oies. Je pourrais vous rappeler un discours de M. Jolly, lu, il y a quelque temps, à l'Académie de médecine.

C'est l'imagination qui nous donne des ailes pour franchir les océans et les vallées, qui nous fait pérégriner dans l'insondable infini et qui a des yeux pour dévoiler les mystères d'outre-tombe, et pour en raconter les merveilleuses splendeurs.

C'est bien beau quand on peut y croire. Mais, cette diablesse nous a donné les fantômes, les illuminés, les spirites, les somnambules, les thaumaturges et *tutti quanti*, et a failli faire chavirer la raison qui, d'étape en étape, depuis que le monde est monde, a toujours protesté contre l'envahissement de son droit.

Malheureusement, la raison n'est pas toujours, paraît-il, un guide bien certain ; parfois on déraisonne en raisonnant. Alors, l'observation est intervenue, et prenant le bras de sa compagne, lui a dit : cherchons la science.

La science a répondu : je suis le fait, je suis la loi. En dehors de mon orbe, vous divaguerez et toutes vos conceptions tendent à un but que je n'ose approfondir.

Imagination, science sont donc des éléments aussi peu faits pour vivre ensemble que le syllabus et la société actuelle.

L'imagination, c'est la grande indifférente pour tout ce qui est positif, visible, palpable, tangible ; elle s'isole, elle ne vit que d'elle-même ; elle a de sublimes élans et de dégradantes bassesses.

Regardons-la sous son beau côté.

C'est elle qui parle par la voix d'Esdras et de Jérémie pour pleurer sur Jérusalem ; c'est elle qui inspire Homère et promène Dante et Virgile dans des régions insensées, qui fait rêver un paradis à Milton, qui inspire Shakespeare, et souffle à l'oreille de Victor Hugo les légendes des siècles ; c'est elle encore qui prend Murillo, Raphael et Michel-Ange, et les contraint à nous dévoiler leur état mental par la forme qu'ils ont donnée à leurs sensations.

Puis elle aime à chercher des préoccupations et des tristesses ; elle est ingénieuse à trouver des besoins dans l'abondance, des misères dans l'opulence, des souffrances même dans la santé.

Un de mes confrères, M. le docteur Grellety, a tracé avec un rare bonheur d'expression l'influence qu'exerce l'imagination sur le physique au point de vue médical. Bien des fois, dit-il, nous avons vu des malades, après avoir épuisé toutes les ressources de la thérapeutique, guérir rapidement par un maître qui leur inspirait confiance et leur faisait entrevoir une guérison prochaine. Parfois même, l'imagination a suffi pour faire disparaître des maladies depuis longtemps rebelles et d'une désespérante chronicité.

Bouchut rapporte l'histoire d'une petite fille de onze ans qui, à la suite d'une frayeur excessive causée par une tentative de viol, était restée muette et paralytique des quatre membres. Pendant quelques mois, les médecins ordinaires sollicitèrent en vain la guérison par les ressources habituelles de la thérapeutique : rien n'y fit. Les parents désolés parlaient à chaque instant d'amener leur fille à Paris. La petite malade, qui n'entendait parler des médecins de Paris que dans les termes les plus pompeux, s'imagina que Paris seul pouvait lni rendre la santé. Muette et paralytique, le matin, à la visite de M. Rostan, elle commença à parler dans la journée. Le lendemain, elle remua les jambes, et le troisième jour, elle marcha dans la salle, parfaitement guérie.

Un médecin anglais, Beddoës, avait cru trouver dans l'acide nitreux un spécifique contre la paralysie ; ayant fait part de son idée à Coldridge et à Davy, il fut décidé que le nouveau médicament serait expérimenté chez un paralytique de longue date. Le malade ignorait complètement à quel traitement on allait le soumettre.

Davy commença par placer sous la langue du ma

lade un thermomètre de poche, afin de constater exactement le degré de chaleur du sang, degré que l'oxyde nitreux devait augmenter. A peine le thermomètre fut-il entre ses dents que le malade s'écria qu'il se sentait mieux. On se contenta donc du thermomètre qui, pendant quinze jours, fut placé avec toute la solennité désirable sous la langue du pauvre homme. Au bout de ce temps la cure fut complète, la paralysie avait disparu.

Pinel rapporte qu'un mélancolique, du nom d'Allause, se croyait poursuivi comme assassin. On simula un jugement ; Allause fut amené devant des personnes faisant les fonctions de juges ; tout se passa selon les règles et le prévenu fut acquitté à l'unanimité. Le malade recouvra entièrement la raison ; mais quelque temps après, quelqu'un ayant eu l'imprudence de lui dévoiler la petite supercherie, Allause redevint fou.

Velpeau, dans ses rares moments de bonne humeur, rapportait volontiers, qu'étant chirurgien à la Pitié, il lui fut un jour amené un malade se plaignant de violentes douleurs à l'épigastre et prétendant que la cause du mal tenait à la présence d'une couleuvre dans l'estomac. Notre chirurgien n'eut garde de contredire son client et lui proposa tout net de remédier à son état par une opération. Le lendemain donc, tout un appareil opératoire étant préparé, et les élèves chacun à leur poste comme s'il se fût agi d'une grave opération, Velpeau fit une incision légère de l'épigastre à l'ombilic, et, après un temps qui lui parut convenable, s'écria tout à coup : « Ne bougez plus, je la tiens ; » l'interne alors lui passa une couleuvre que l'on tenait en réserve. Grande fut la joie du malade. Mais, soudain :

« Eh! mon Dieu ! si c'était une femelle et qu'elle eût fait des petits. » Impossible, riposte Velpeau ; c'est un mâle de la plus belle espèce ; voyez-en vous-même la preuve. » Le pauvre maniaque fut soigneusement pansé et 'sortit de l'hôpital très bien guéri, voulant toutefois emporter son reptile, ce à quoi Velpeau s'opposa parce que, dit-il, il désirait en faire une communication à l'Académie.

Un goutteux écoutait la messe à la cathédrale de Bordeaux. Tout à coup un grand bruit se produit autour de lui et il apprend qu'un lion de taille énorme vient de s'échapper de sa loge et rôde autour de l'église. Saisi de terreur, notre goutteux se précipite de sa chaise à porteurs, saute avec l'agilité d'un chat sur l'autel et se réfugie dans une niche vide. Mais, la panique passée, on dut aller chercher, pour le descendre, ce saint d'une nouvelle espèce.

L'illustre médecin latin, Celse, dissipait les terreurs d'un maniaque qui craignait toujours de mourir dans la pauvreté en lui annonçant souvent de fausses successions.

Le prince de Saxe-Weimar éprouvait chaque jour à midi précis les premiers symptômes d'une fièvre intermittente, rebelle depuis longtemps; Hufeland, son médecin, avança un jour son horloge de deux heures. La joie qu'en ressentit le malade amena la guérison complète.

Vous connaissez le fait du fils de Crésus , qui, muet, recouvre la voix en voyant un soldat sur le point de frapper son père et s'écrie : Soldat, épargne Crésus.

Ces exemples de guérisons, dues à l'influence de l'imagination, sont en nombre infini dans les annales de l'art médical. Ainsi qu'il vous est facile de vous en convaincre, soit que la maladie soit réelle et matérielle, soit qu'elle ait une cause purement morale, dans nombre de circonstances la santé revient comme par enchantement, et dans d'autres, d'heureuses modifications se déclarent.

Explique qui pourra ces faits de réaction vigoureuse de l'organisme ; la science les constate sans essayer d'en donner la clé : mais à côté de la science, il y a le charlatanisme qui les exploite, et parmi les exploiteurs, il n'en est pas de plus distingués que les représentants de Dieu sur la terre, de quelque secte qu'ils proviennent.

Mais arrêtons-nous un peu et embrassons un ordre d'idées parallèle à celui que je viens de développer. Retenons surtout ce fait capital, que l'imagination et la raison sont incompatibles, que l'imagination renverse le moi.

De même que nous avons vu la sorcellerie être *active* avec ceux qui l'exploitent, et *passive* chez ceux qui se la laissent imposer de gré ou de force, de même la médecine théurgique a ses maîtres et ses martyrs. Dans l'Inde, c'est le brahmine ou le fakir; en Orient, ce sont le mufti et les ulémas ; l'Occident a ses prêtres, ses moines de toutes les bigarrures, ses saints et ses reliques de toute provenance, ses spirites, ses illuminés ; ceux-là sont les maîtres. Au-dessous d'eux est la foule des souffreteux, des malades qui réclament à grands cris une amélioration dans leur état ou même la suppression complète de leurs infirmités. Ces natures aigries par la douleur, maugréant contre la science, se jettent entre les bras de ceux qui promettent et font espérer la guérison. Alors commence un système d'entraînement dont le résultat final est de bien remplir la caisse de l'exploiteur. L'homme, bien qu'exceptionnellement, s'y laisse prendre d'une façon sérieuse, ou, s'il se laisse faire, il y a toujours, dans quelque recoin de son être, un petit quelque chose qui a l'air de protester et qui gâte tout : en un mot, sa nature trop matérielle le rend peu apte à servir de sujet sérieux pour la médecine sacrée. Un être plus malléable se présente tout naturellement : la femme, avec son exquise sensibilité, se prête tout naturellement aux jongleries de la théurgie : vivant surtout par l'imagination et le sentiment, exposée à toutes les formes du protée hystérique, à de rares exceptions près, elle est toujours disposée à accepter les conceptions délirantes qu'un prêtre ou un thaumaturge cherche à lui imposer, soit par intérêt ou de bonne foi. L'hysterie existe en *permanence* chez la femme; cet état est latent chez la plupart, elle demande des conditions spéciales et nécessaires pour se manifester. Que ces conditions s'établissent, les désordres ne tarderont pas à apparaître. En présence de ces manifestations multiples, dont est hérissé le diagnostic d'affections que l'on ne trouve à rattacher à aucune lésion apparente, le médecin doit toujours soupçonner l'élément hystérique. Et, s'il est témoin de guérisons *surprenantes*, elles ne seront pas pour lui un sujet d'étonnement, lorsqu'il aura fait la part possible de la névrose. (Note du docteur Grellety).

Le sentiment religieux joue un rôle immense dans l'existence de la femme et laisse dans son esprit d'ineffaçables empreintes. Dès l'enfance, on lui imprime l'idée d'une intervention supérieure dans tous les actes de la vie ; le dogme, en s'imposant sans contrôle à sa raison, développe cette proposition au détriment du jugement ; enfin les cérémonies mystérieuses du culte frappent vivement sa faible imagination et la disposent à subir toutes les influences mystiques, influences d'autant plus faciles que le corps participe à l'impressionnabilité de l'esprit.

Voyez les femmes à tempérament hystérique ; tout les gêne, une lumière un peu vive les incommode, les moindres odeurs les bouleversent, la moindre contrariété les irrite, on les voit passer de la mélancolie la plus sombre à la joie la plus expansive.

Aussi, de tout temps, les faiseurs ont-ils profité de cette disposition à l'irritabilité pour jeter sur leurs opérations un cachet de merveilleux. Les convulsionnaires des Cévennes et de Loudun, les faiseurs de grimaces sur le tombeau du diacre Paris, étaient surtout recrutés parmi les femmes : et il ne fallut rien moins qu'un édit en bonne forme pour couper court à la contagion épileptiforme. Le :

> De par le roi, défense à Dieu
> De faire un miracle en ce lieu,

eut un plein succès.

Ajoutez à ces prédispositions de la femme un certain degré d'exaltation morbide, comme c'est le cas de sainte Thérèse et de Marie Alacoque ; joignez-y la confiance et la soumission la plus aveugle, le respect, la passion, vous comprendrez les extases de Marie Chantal et les enivrements de Mme Guillon. Ces femmes nous ont appris tout ce qu'il peut y avoir d'enivrant dans les colloques d'une pénitente avec un confident qui n'est pas de son sexe.

Ces malheureuses affolées sont une cire molle entre les mains de leur directeur ; elles deviennent peu à peu la chose de l'homme et lui servent fatalement de proie, s'il juge à propos de les sacrifier à ses intérêts propres ou à ceux qu'il représente.

C'est ainsi que l'abbé David exposait à ses pénitentes des théories mystiques au moyen desquelles il justifiait toutes sortes de fautes. C'est ainsi que le père Girard en agit avec la Cadière et l'entraîna dans une horrible vie de débauches sans nom.

Nous n'insistons pas sur ces faits; le nombre en est considérable et l'évidence trop palpable.

C'est du reste sur un autre terrain que s'exerce la duplicité des exploiteurs, et ce fait démontre suffisamment que l'art de faire mentir la nature est bien mort; il en est des miracles comme des peuplades sauvages de l'Amérique; à mesure que la civilisation s'avance dans leurs contrées, ces tribus se retirent dans les déserts où elles peuvent conserver leurs antiques allures. Il est maintenant à remarquer que pour éclore, le miracle exige un milieu complétement déshérité au moral comme au physique. Le manque absolu de ce qui distingue un être intelligent des créatures inférieures est la règle.

Lisez le récit de la fameuse apparition de la Vierge à Bernadette, cette providence des aubergistes de Lourdes en même temps qu'elle est la pourvoyeuse des riches *ex-voto* qui parent le sanctuaire ; il vous suffira de recourir aux règles les plus élémentaires de la critique pour démasquer la supercherie.

Bernadette, qui était une petite paysanne complétement ignorante, ne sachant ni lire ni écrire, et n'ayant pas encore été admise à faire sa première communion, a fait un récit rempli d'allusions à des textes bibliques et de descriptions alambiquées qui sentent leur littérateur d'une lieue. C'est une leçon apprise par cœur pour mettre à l'ordre du jour un miracle dont on avait besoin pour l'instant ; ni l'idée, ni l'expression, ni le sentiment n'est en rapport avec l'âge, la condition sociale et la culture intellectuelle d'une gardeuse de troupeaux.

Ou Bernadette a fait à M. Lasserre le récit qu'on a lu, et alors il est évident qu'elle a menti et qu'elle s'est bornée à réciter une pièce de littérature qu'on lui a imposée ; ou M. Lasserre a pris ce récit sous son bonnet, d'après quelques vagues indications, et c'est alors lui qui est le coupable ; ou bien enfin il a reproduit le récit de quelque intermédiaire, et c'est sur cet intermédiaire que retombe la responsabilité de la faute. Quant au mensonge, de quelque part qu'il vienne, il est manifeste pour un historien.

Quoi qu'il en soit, voici donc le miracle proclamé et l'imagination de milliers de déshérités surexcitée, et vous ne doutez pas que les maladies nerveuses et chroniques ne fassent la base de ces joyeuses inventions qu'on jette chaque jour en pâture à la crédulité publique.

Feuilletez les annales de Lourdes, vous y trouverez que les guérisons *miraculeuses* doivent être toutes, ou presque toutes, rangées dans la grande classe des maladies nerveuses. Sur vingt-sept cas publiés en 1873, vingt-deux se rapportent à des névroses.

Prenons au hasard :

Boyes, d'Hyères, paralysie du corps et de la langue datant de l'enfance.

Caroline Esserteau, de Niort, paralysie complète et ancienne.

Sœur Dorothée, de Rodez, cuisse et jambe paralysées.

Carissime Magnie, de Mirande, névrose empêchant le mouvement.

Anne Bouro, de Setzère, attaquès nerveuses terribles depuis quatre ans.

Anna Tourette, d'Aubanos, affaiblissement nerveux.

Marie Gros, de Marseille, danse de Saint-Guy.

Mlle Desmarquis, de Marseille, ne marchait plus depuis dix-huit mois.

Sœur Sophie, religieuse de la Chade, Besançon, violent hoquet, sorte d'aboiement depuis trois mois.

Une affection que l'on rencontre souvent dans les annonces des thaumaturges, c'est la paralysie hystérique, soit qu'elle soit consécutive aux attaques, soit qu'elle se montre comme accident primitif.

Une émotion vive, une secousse morale, une confiance absolue au médecin ou à tel médicament peut faire disparaître les manifestations morbides comme par enchantement ou du moins d'une façon très rapide.

— Une personne de Saint-Front, près Musidan, dans la Dordogne, s'est trouvée guérie en buvant un verre d'eau de la rivière qui coule non loin de là. La bonne femme avait chargé un voisin de lui rapporter une bouteille d'eau de la fontaine de Geaure qui a, dans le pays, la réputation de guérir tous les maux. Le voisin, oublieux et sceptique, ne fit pas la commission et se contenta de remplir le flacon d'eau de la Lisle, et *la foi qui sauve* sauva la malade.

N'y a-t-il pas là un bel et beau miracle, pouvant rivaliser avec ceux de Lourdes ? Ne sont-ce pas des miracles aussi les guérisons dont je vous ai parlé au début de cette soirée ? Ce sont toujours de salutaires réactions de l'imagination sur la matière ; mais les attribuer à l'intervention céleste, décider que l'ordre naturel est à chaque instant perturbé, là est la jonglerie et le mensonge, et j'ai lieu de croire que ce que je viens de dire suffira pleinement à votre édification. Si vous ajoutez encore, à la foi qui conduit à Lourdes, la mise en scène des processions, le fastueux étalage des pompes de la religion, la beauté du site, l'intérêt du voyage, vous conviendrez que le *croyant* est parfaitement préparé pour le moment où il va aborder le lieu qui a été témoin de tant de merveilles.

Ce n'est pas seulement à Lourdes que se manifeste la médecine sacrée, bien que, pour le moment actuel, ce petit pays n'ait pas de concurrent de sa taille ; d'autres stations dans le beau pays de France, et particulièrement la Salette, ont de glorieux trophées et de curieuses archives à présenter aux visiteurs. L'Espagne et l'Italie sont couvertes d'églises, de chapelles et d'autres lieux de dévotion, que Dieu semble avoir spécialement choisis pour y répandre ses guérisons miraculeuses. A Notre-Dame-de-Liesse, il y a bien un millier de cannes, béquilles, berceaux, bijoux, statuettes, déposés en *ex-voto* comme attestation des cures opérées par la sainte Vierge dans le saint lieu. En Italie, Notre-Dame-de-Lorette en a une plus belle collection encore. Vous pensez que ce n'est pas à dédaigner pour entretenir le feu sacré de la superstition ; puis cela donne à tous les exploiteurs de la médecine occulte le respect, l'autorité, la puissance morale et la force matérielle, symbolisée sous la forme du vil métal avec lequel on remue le monde.

Mais la médecine sacrée ne reste pas *localisée* à certains lieux privilégiés ; elle est parfois *personnelle* ; l'individu, par la grâce divine, apporte en naissant ce don, soit généralisé pour toutes les maladies, soit limité à telle spécialité.

« Jésus guérissait tous les malades qui avaient le

bonheur de le voir ou de le toucher. *Virtus de illo exhibebat et sanabat omnes*. C'est cette vertu qu'il communiqua aux apôtres et qu'il a communiqué et qu'il communique encore, dit-on, quand il lui plaît, aux saints de son Eglise.

Parmi ceux qu'on dit avoir reçu du ciel le don de guérir, il faut mettre au premier rang :

1° Ces dévots enchanteurs qui guérissent les malades à l'aide de leur salive ou de leur souffle, avec accompagnement de quelques oraisons ;

2° Ceux qui naissent le vendredi-saint et auxquels on attribue la cure des fièvres intermittentes et de bien d'autres maux encore ;

3° Les septièmes garçons, nés d'un mariage légitime, sans interruption de filles et qu'on appelle aussi *Marcous* : cette catégorie guérit les fièvres et les écrouelles, et partage cette dernière prérogative avec les rois de France. Ils doivent jeûner trois ou neuf jours avant de toucher les malades ;

4° Les septièmes filles qui ont le don de guérir les *mules* au talon et de faciliter l'accouchement, et enfin les enfants posthumes qui sont chargés de guérir les loupes. » (Docteur Finot).

Enfin, la médecine sacrée peut être héréditaire ; elle est alors un privilège spécial dont on croit favorisées certaines races ou familles ; tels sont :

1° Ceux qui, en Italie, se disent de la race de sainte Catherine, et prétendent porter sur leur corps, depuis leur naissance, la figure d'une roue et dont ils croient recevoir une vertu si puissante contre le feu, qu'ils peuvent impunément le manier et guérir toutes brûlures par attouchement;

2° Ceux qui se disent parents de Saint-Paul et portent

sur leur chair la figure d'une vipère, signe qui les empêche d'être blessés par ces serpents, mais leur donne
confiance de guérir tous ceux qui en ont reçu quelque
atteinte ;

3º Ceux de la race de saint Martin guérissent le mal
caduc ;

4º La race de saint Hubert se targue de guérir les
hydrophobes par simple attouchement ;

5º La lignée de saint Roch prétend demeurer près
des pestiférés et les guérir, sans que la contagion puisse
les attaquer eux-mêmes ;

6º Ceux de la maison de Coutances, près Vendôme,
ont pour leur part la spécialité du carreau (tuberculisa-
tion des ganglions mésentériques) chez les enfants,
en les touchant ;

7º Les fils aînés de la famille du baron d'Aumont,
près Châteauroux, ont héréditairement la faculté de
faire passer les écrouelles.

Enfin, ajoutons à ces prétendus médecins de race,
les rois de Hongrie, qui font disparaître la jaunisse ;
ceux d'Angleterre, qui guérissent le mal caduc ; ceux
d'Espagne, qui délivrent les possédés, et enfin les rois
de France, qui guérissent la scrofule, sans y apporter
d'autre artifice que l'attouchement de leurs mains sacrées, et avec ces seules paroles : *Le roi te touche,
Dieu te guérit.*

On frémit quand on songe que la République nous a
ravi un tel bienfait ; mais elle a tant à faire et tant de
plaies à cicatriser !

La conclusion de tout cela, c'est que la médecine sacrée, qui a sa base dans la foi, existe aujourd'hui avec
la même puissance qu'elle avait lors de son apparition
sur la terre. Si vous voulez bien vous reporter à nos

premières soirées, relisez les miracles d'Esculapé, les prodiges accomplis dans ses temples et dans les temples égyptiens, les précautions des prêtres, les cérémonies préparatoires de l'incubation ; vous vous direz, comme je me le dis à moi-même : Les temps ont changé, mais la superstition n'a pas vieilli.

Rappelez-vous maintenant ce que je vous ai dit de la médecine occulte dans l'antiquité, médecine pratiquée par les Chaldéens, les Babyloniens et les Mages, et comparez leurs impostures avec les jongleries de la secte d'Hannemann, des spirites, des illuminés, des sorciers et des devins de nos jours! Nous avons suivi, dans nos récits, deux lignes parallèles d'une même et exacte longueur ; la mise en scène a varié, mais les procédés sont toujours les mêmes. Le merveilleux et les miracles sont restés debout : le monde est toujours partagé en deux camps; l'un, peu nombreux, dans lequel sont rangés les exploiteurs, l'autre, innombrable, où les dupés sont aussi serrés que dans une caque à harengs.

Cela n'est pas consolant, il est vrai, mais cela est. Bien des siècles auront disparu dans l'infini avant que la raison humaine ait fait justice de toutes les superstitions ; bien des enjambées lui restent à parcourir pour se rapprocher, quoique de loin, de la raison suprême. Aussi, vous répéterai-je toujours ce mot de Voltaire, que vous m'entendez souvent dire : Instruisons, instruisons.

SECONDE PARTIE

DOCTRINES MÉDICALES

**Coup d'œil sur l'histoire de la médecine.
La médecine et les philosophes.**

Je vous ai conduit par les sentiers les plus épineux de l'art de guérir ; je vous ai fait entrevoir les profondeurs du gouffre où grouillent les préjugés et les superstitions, en compagnie des jongleries sacrées ou occultes qui en dérivent ou en sont la cause. J'ai parfois aussi essayé de rendre moins sombre le tableau des défaillances de la raison, en ne faisant qu'effleurer certains sujets qui, tout en étant du domaine de l'erreur, n'avaient pas de rapport immédiat avec la médecine : ces petites fugues volontaires ont été la goutte d'eau dans le désert, l'éclaircie dans l'orage.

En tout cas, tous nos épisodes sont du domaine de l'histoire. Pour ne pas vous laisser tout à fait désappointé sur le compte de notre grandeur, pour relever un peu l'orgueil de cet animal, que je veux bien croire créé à l'exemple de Dieu, je vais mettre à profit les quelques instants que nous devons passer en compagnie pour vous esquisser en quelques lignes les fluctuations de l'histoire de l'art ou de la science médicale ; telles il peut convenir de les appeler selon les circonstances.

J'ai dit art de guérir, science pour guérir.

L'art, en effet, est la mise en scène ; chez nous, il s'adresse à l'imagination ; il l'étourdit, l'enlace et la façonne à son gré ; l'art habite les Asclépions antiques ainsi que les temples modernes ; l'art réside dans la cabale des Mages et les rites de Cagliostro ; il s'étale sur les places publiques dans la voiture du charlatan ; dans les grottes, les bois, les cimetières avec le devin et le sorcier ; il se fourre dans la lunette de l'astrologue qui consulte les astres avant de pratiquer une saignée ou d'administrer quelqu'une de ses drogues ; il trône dans le cabinet de l'alchimiste pour retirer la quintessence des corps et fabriquer l'élixir de longue vie ; c'est l'*ars fallax*, l'*ars fucatrix*, l'art menteur. Mais à côté de ce savoir faire que l'honnêteté condamne, il en est un autre que la raison approuve et qui consiste à tirer le meilleur parti des précieuses ressources que la science met à la disposition de l'observateur et du travailleur ; ce savoir faire, c'est la pratique de la science par un artiste ou un homme intelligent.

Trousseau était un artiste au lit d'un malade, Dupuytren était sans rival à sa clinique et à son amphitéâtre d'opérations. Ce sont là d'heureux assemblages que le médecin doit avoir pour objectif et que tout praticien, soucieux de sa profession et de sa réputation, doit s'efforcer de s'approprier le plus possible. C'est cet art qui relève la science et qui en met en relief les admirables beautés.

Ne croyez pas, avec beaucoup de gens instruits cependant, que la médecine n'est pas une science constituée, et qu'elle n'a ni principes assurés ni méthodes régulières comme enseignement et comme pratique.

La médecine a marché de pair avec toutes les sciences, à mesure que l'état intellectuel des sociétés a grandi ; j'ajouterai même qu'elle a été la première entre toutes à se constituer par une doctrine qui, s'appuyant sur une conception indiscutable de la vie, s'est transmise de siècle en siècle jusqu'à nos jours ; témoin l'œuvre d'Hippocrate, qui bien que n'ayant touché qu'un côté de la question, est toujours aussi vraie et aussi rayonnante de jeunesse qu'il y a quatre cents ans avant la fondation de notre ère vulgaire. Ne vous paraît-il pas que ce seul fait de longévité ne soit tout en faveur de ce système enfanté par la civilisation grecque.

En connaissez-vous beaucoup en théologie, en politique, en philosophie, qui se soient maintenus aussi intacts au milieu des révolutions qui se sont produites au sein des sociétés ? La doctrine chrétienne compte dix-neuf siècles ; l'islam n'en a que douze à son actif ; les systèmes politiques de Lycurgue, de Platon ne sont plus que des documents propres à reconstruire l'histoire des oscillations de l'esprit humain. En philosophie, Socrate fait oublier Pythagore, Platon a supplanté Socrate, pour être lui-même vivement combattu par son élève Aristote. Plus récemment, Descartes a fondé sur les ruines de l'ancienne sagesse un système qui semblait inattaquable ; c'était les colonnes d'Hercule de la philosophie ; cent ans à peine avaient passé, que toute cette doctrine était presque complètement emportée par celle de Newton, bientôt critiquée à son tour. Demandez de nos jours à Hégel et aux philosophes modernes, ce qu'ils pensent de toutes ces écoles.

Au milieu de ces ruines subsiste, invariable comme la vérité même, la grande pensée du médecin grec.

J'y vais revenir tout à l'heure.

L'homme dut croire d'abord que la maladie lui fut

envoyée par la divinité courroucée, et par la même raison lui attribuer le retour de la santé, quand il se fut
humilié devant son créateur et qu'il lui eut offert tout
ou partie de ses biens terrestres. Ainsi bientôt les prêtres, abusant de la crédulité des peuples, leur insinuè-
rent que les dieux ne révélaient leurs secrets qu'à eux
seuls, et qu'eux seuls pouvaient percer le voile mystérieux
de l'avenir, et dès ce moment, les pratiques et les cérémonies les plus ridicules leur furent des instruments
précieux pour capter les esprits et assurer leur empire.

Telles les choses se passèrent chez les Egyptiens et
les Hébreux qu'un contact de quelques siècles dut fondre
en une unité sociale ; les hiérophantes chez les uns, les
lévites chez les autres, furent les uniques dispensateurs
de la santé ; le druide régna sur les Germains et les
Celtes, le brahmine sur l'Hindou. Les livres sybillins et
les Etrusques eurent l'ancienne Rome pour partage ;
mais plus tard, ils furent obligés de partager le pouvoir avec les guérisseurs et médecins grecs, qui s'em-
pressèrent de venir rançonner leurs vainqueurs, malgré
l'opposition du vieux Caton, que l'on peut à bon droit
considérer comme un des types les plus réussis de son
temps.

En Grèce, l'organisation primitive de la médecine fut
longtemps marquée de l'empreinte égyptienne ; la famille, ou plutôt la corporation des Asclépiades s'arro-
gea le droit de guérir à l'exclusion de toute autre
confrérie ou personnalité ; ce qui ne veut pas dire que
chacun ne fût pas un peu plus ou un peu moins médecin,
comme cela l'a été de tout temps ; mais ce fut pendant
quelques siècles la médecine officielle.

Je vous ai, dans le cours de ces soirées, initié aux
petites affaires pratiques de la théurgie ; je dois cepen-

dant, pour être vrai, constater que les Asclépions ont commencé la science, et que grâce à eux un système médical est sorti bien étayé.

Ces temples arrivèrent à être de véritables écoles ; les plus connus furent ceux de Rhodes, de Cyrène, de Cnide et de Cos ; les deux premières n'eurent qu'une existence éphémère, ou du moins disparurent de bonne heure, tandis que les écoles de Cnide et de Cos ont joué un rôle qui ne manque pas de grandeur.

A l'école de Cnide revient l'honneur du premier livre médical que nous connaissions ; il a pour titre : *Sentences Cnidiennes*, et paraît être l'œuvre d'Euryphon, que Platon-le-Comique cite dans une de ses comédies, quand il fait entrer en scène un certain Cynésias au sortir d'une pleurésie, maigre comme un roseau, et couvert d'eschorres qu'Euriphon lui a faites en le brûlant. Les Cnidiens admettaient une foule de maladies, car ils considéraient les différences des corps et laissaient de côté la ressemblance des tempéraments et des diathèses.

L'école de Cos ne suivit pas la même voie ; les malades, qui venaient se faire traiter dans le temple, avaient l'habitude d'y laisser quelques mots caractérisant la maladie dont ils avaient été délivrés. Les prêtres recueillaient ces notes que nous trouvons dans la collection hippocratique sous le nom de *Prénotions coaques*. On y peut remarquer une tendance très prononcée à la généralisation, une importance particulière à reconnaître les symptômes communs des maladies, c'est-à-dire les symptômes qui annoncent les efforts de la nature, les crises et les jours critiques : Cnide analyse, Cos fait la synthèse.

On a pensé longtemps que les Asclépiades étaient

tous de la même famille ; c'est là une erreur que contredit le Protagoras de Platon. Socrate demande à l'un de ses interlocuteurs ce qu'il se proposerait, s'il allait étudier la médecine sous Hippocrate de Cos ; l'autre lui répond que ce serait pour se faire médecin. On pouvait donc l'être sans tenir à la famille sacerdotale. Et, d'ailleurs, comment la même famille eût-elle pu suffire à alimenter tous les Asclépions, disséminés dans tous les pays agglomérés par la civilisation grecque. C'est donc par voie d'initiation que l'on comblait les vides de la famille primitive pour faire face aux exigences d'une clientèle qui s'étendait de plus en plus, car l'activité médicale n'avait pas tardé à se répandre hors des sanctuaires. La lutte se préparait ardente entre le sacerdoce et une autre science qui n'était pas son fait. La philosophie naissait et venait réclamer sa place.

Ainsi les prêtres, à leur insu, avaient tracé la marche que devaient suivre les générations plus avancées qui leur succéderaient. L'Inde, l'Égypte, la Palestine, Rome, adorant avec une pleine confiance les dieux que leurs pères avaient imposés à leurs croyances, regargardaient comme superflue toute recherche ultérieure.

C'est en Grèce qu'il faut chercher les premiers germes de l'étude raisonnée et scientifique de toutes les connaissances humaines ; cette nation n'a pas connu d'entraves au développement de sa pensée, car ni les préjugés, ni les opinions religieuses, ni les institutions sociales ne prescrivaient aux recherches, de terme au delà duquel il ne fût plus permis de les porter. Aussi verrez-vous les philosophes débuter, tout d'abord, par des spéculations pénibles sur l'origine du monde, sur la nature de Dieu et sur celle de l'âme, sur la grandeur et les mouvements des corps célestes, et non point par des recherches sur la manière de satisfaire leurs besoins, ni par une étude sérieuse de la statistique et de la législation. C'était mal commencer ; ces théories, filles d'une imagination poétique, ne pouvaient avoir de bases solides, privées qu'elles étaient des résultats de l'expérience ; aussi, quand cette méthode fut appliquée à la médecine, vit-on les explications les plus étranges être présentées comme données scientifiques.

Pythagore, l'un des plus illustres de ces rêveurs, vint s'établir à Crotone ; pendant ses nombreux voyages en Égypte et en Phénicie, il avait appris, des prêtres, les mathématiques, les propriétés des nombres, la métempsycose et plusieurs autres dogmes qu'il professa dans la suite. Il parut aux Crotoniates un envoyé des dieux. Loin de les désabuser, il chercha au contraire à les entretenir dans cette idée et, afin de donner plus de poids à ses institutions, il les fit passer pour des inspirations du ciel. Lui-même était tellement pénétré de la grandeur de sa mission, qu'il avait fini par croire qu'il agissait réellement sous l'influence de la divinité. Presque tous les pythagoriciens, du reste, possédaient une bonne dose de vanité et se croyaient compagnons des dieux, aussitôt qu'ils avaient reçu l'initiation. Heureusement, cette théosophie qui, dès le début, venait entraver la science, ne tarda pas à perdre de son prestige, et les philosophes sains d'esprit remirent les choses en état, en proclamant l'analyse et l'observation comme les seuls guides à l'édification des systèmes. On s'occupa de la dissection des animaux, de la recherche des causes des maladies, et il est aisé de voir que les philosophes ne se bornèrent pas à de pures théories et qu'ils ont porté, aussi loin qu'il l'était possible alors, le soin de l'observation directe et de la recherche des faits. Leurs écrits avaient déjà vulgarisé une foule de notions médicales avant Hippocrate et ses disciples, et il est plus que certain que le père de la médecine n'y a rien innové ; il a eu seulement le rare bonheur d'être respecté par les siècles.

Dès longtemps les Grecs se livraient avec passion à la gymnastique et avaient des établissements où l'on enseignait les divers exercices. Peu à peu les individus chargés de l'enseignement agrandirent leurs attributions par le traitement des fractures et des luxations ; puis leur attention se porta sur le régime alimentaire et sur les modifications qu'il fallait apporter dans la nourriture suivant l'âge et la constitution. En un mot, l'état de santé fut l'objet d'une observation minutieuse qui ne contribua pas peu à enrichir la médecine grecque et à lui donner le caractère d'unité et de généralité qui la distingue. Enfin, l'application de la gymnastique à la cure des maladies élargit encore le cercle médical, et l'on vit alors de nombreux malades déserter les asclépions pour les gymnases. L'empire de la médecine échappait au sacerdoce, la médecine était devenue scientifique par trois éléments combinés : la théurgie, la philosophie, la gymnastique.

C'est alors que naquit Hippocrate.

VINGT-DEUXIÈME SOIRÉE.

Doctrine hippocratique.

Hippocrate florissait au siècle de Périclès qui a laissé tant d'immortels souvenirs. Il vécut avec Socrate, Phidias, Aristophane, Euripide et bien d'autres encore qui, par leurs conceptions et leurs œuvres, ont placé cette époque en première ligne et au premier rang des quatre grands siècles dont l'humanité a droit d'être fière.

Le médecin de Cos peut revendiquer une place honorable dans cette société d'élite ; pour mon compte, je le sens et le comprends ; mais pour mettre en relief sa doctrine médicale, et vous la faire apprécier, j'ai besoin de recourir à son savant commentateur et traducteur, Littré, qui, pendant trente ans, a soumis à la plus scrupuleuse analyse tous les textes et manuscrits connus de la collection.

Hippocrate reconnaît deux ordres de causes et leur attribue toutes les affections pathologiques. Le premier ordre comprend l'influence des saisons, des températures, des eaux, des localités. Le second ordre de causes est plus individuel et résulte soit de l'alimentation particulière à chaque homme, soit des exercices auxquels il se livre.

A mesure que l'année passe par ses phases successives de chaleur et de froidure, de sécheresse et d'humidité, le corps humain éprouve des changements, et les maladies en empruntent les caractères. Suivant Hippocrate, quand l'année ou la saison présentait un caractère spécial et était dominée par telle ou telle température, il s'ensuivait, parmi les hommes qui y étaient soumis, des affections toutes marquées du même cachet; c'est le génie des constitutions pathologiques et des épidémies.

La théorie de l'influence des climats, développée avec tant de talent par Hippocrate, est une conséquence de ce qu'il pensait sur les saisons et la température des années, car un climat n'est, pour ainsi dire, qu'une saison permanente, et l'empreinte en doit être d'autant plus puissante qu'elle existe toujours et se fait continuellement sentir. Aussi, dit Hippocrate, la conformation du corps, la disposition des esprits, le courage, l'amour de la patrie, tout cela dépend des climats ; ainsi les Grecs sont braves et libres, les Asiatiques efféminés et esclaves.

Les âges, naturellement, étaient considérés comme des saisons, attendu que le corps humain est pénétré d'une chaleur innée dont le maximum est dans l'enfance, et qui va sans cesse en s'épuisant, jusqu'à la vieillesse où elle arrive à son minimum. Ces changements successifs, dans la chaleur innée, devaient faire regarder les âges comme des saisons et faire attribuer à chacun d'eux un ordre de maladies analogue à celui qu'on attribuait à chacune d'elles.

Le second ordre de causes comprenait l'influence exercée par la nourriture et l'exercice. Toutes sortes de désordres sont mis sur le compte d'une nourriture mal réglée, et c'est une sentence remarquable que celle où Hippocrate signale, chez les athlètes, le danger d'un excès de santé provenant d'un excès d'alimentation et de forces. Les exercices considérés comme devant consumer le trop plein de la nourriture déterminent, quand ils sont excessifs ou trop négligés, des accidents nuisibles à la conservation de la santé.

Cette étiologie, dans son ensemble, est grande et belle et l'on peut y voir le premier aperçu clair et profond de la médecine grecque sur les causes des maladies. Il fut naturel aux premiers médecins de comprendre et noter d'abord la grande et universelle influence des agents du monde extérieur ; climats, saisons, genre de vie, alimentation, toutes ces influences furent signalées à grands traits. Voir les choses d'ensemble, c'est ce qui fait le propre de l'ancienne médecine, en fait le caractère distinctif et lui donne sa grandeur ; voir les choses en détail et remonter par elles aux généralités, est le propre de la médecine moderne.

Il ne serait plus possible aujourd'hui d'édifier une étiologie aussi compréhensive que celle qui fait la doctrine d'Hippocrate, car bien des influences, qu'on ignorait du temps du médecin de Cos, ont été signalées : tout ce qui est relatif aux contagions, aux virus, aux infections est venu prendre une place importante dans l'enseignement ; et puis, ce que l'on croyait savoir, il s'est trouvé qu'on l'ignorait ; témoin la fièvre typhoïde, cette grande fièvre endémique d'une grande partie de l'Europe, qui a vu tomber son étiologie devant des travaux récents. Les agents extérieurs, l'alimentation n'en n'expliquent pas la production et sa cause est encore environnée de bien des obscurités. Mais, d'un autre côté, nulle part l'influence de l'âge n'est plus manifeste, car, par un singulier privilège, la vieillesse en est presque toujours exempte.

Il est donc clair que l'étiologie d'Hippocrate est toute dans l'étude des causes extérieures, de même que sa pathologie est toute dans l'étude des humeurs nuisibles. Ce qu'Hippocrate savait bien, c'était les effets produits sur le corps par l'alimentation, le genre de vie, l'habitation ; ce qu'il savait le moins, c'était le mécanisme des fonctions. Il faut, pour embrasser la médecine dans sa généralité, étudier l'action des éléments, du genre de vie et de tout ce qui entoure l'homme ; c'est surtout un des plus grands programmes de l'étiologie qui aient été tracés, et une des indications les plus profondes qui aient été données à la médecine. Ce plan, ayant pour objet l'être vivant dans ses rapports avec le monde ambiant, comprend essentiellement l'hygiène et la pathologie ; par conséquent, il présente une base solide et immense à l'étude, et l'on conçoit, qu'animée par une pensée si juste et si féconde, l'ancienne médecine grecque ait fait un si heureux choix dans son observation de la nature, et légué à l'avenir, avec son trésor d'expérience, une méthode qui a exercé, de loin comme de près, une influence aussi heureuse et aussi salutaire.

La médecine a souvent cherché à découvrir le moyen organique par lequel la cause véritable ou prétendue produisait la maladie ; Hippocrate l'attribue aux qualités des quatre humeurs et à leur inégal mélange (bile, atrabile, plegme et pituite). Pour lui, la santé réside dans le mélange régulier de ces quatre humeurs, c'est ce qu'il appelle la *crase*, (peu importe le nom) et la maladie procède du dérangement de la crase des humeurs. A cette opinion se rattache une doctrine qui est

un des pivots de la doctrine hippocratique ; c'est la
coction. Elle tient incontestablement à la théorie de la
chaleur innée ; mais elles n'en sont pas moins, l'une et
l'autre, appuyées sur l'observation des phénomènes
physiques : la chaleur innée, sur ce fait que le corps
vivant a une température qui lui est propre ; la coction,
sur cet autre fait qu'à mesure que les maladies mar-
chent vers leur terminaison, certaines humeurs se
modifient, s'épaississent, changent de couleur, toutes
altérations qui coïncident avec la guérison.

Voici ce que c'est que la coction : au début d'un
coryza, le liquide qui s'écoule des fosses nasales est
liquide, ténu et âcre ; à mesure que le mal approche de
sa guérison, cette matière devient jaune, épaisse, vis-
queuse et cesse d'irriter les parties avec lesquelles elle
est en contact ; dans la conjonctive, l'humeur que
fournit l'œil est d'abord chaude et âcre, puis elle
devient épaisse et douce. Les crachats de la fluxion de
poitrine, qui sont au début écumeux, visqueux, sanguinolents, deviennent jaunes et épais à mesure que
la terminaison désirée s'approche. La coction consiste
donc dans les changements successifs que les humeurs
subissent dans le cours des maladies ; c'est elle qui,
leur ôtant en général leur caractère de ténuité et
d'âcreté, leur donne plus de consistance, une colora-
tion plus foncée et quelques-uns des caractères qu'on a
assimilés aux changements qui se produisent pendant
la cuisson de diverses substances.

Les anciens avaient donc admis, en généralisant
quelques observations faciles, que les maladies avaient
une coction, c'est-à-dire, une élaboration d'humeurs
terminée par l'expulsion. La coction définie, il devient
inutile d'expliquer l'état opposé, la *crudité*, car dans

cette théorie cela s'entend de soi. Ainsi l'urine est arrivée à coction, lorsqu'elle présente un dépôt. Tant que les humeurs sont crues et légères, elles flottent dans le corps, et le mal est dans son intensité ; mais quand le travail propre de la nature a amené leur fixation, elles sont alors entraînées soit par des évacuations naturelles, soit par des évacuations artificielles. A ce point de vue, c'est donc toujours une matière qui gêne l'économie animale, c'est toujours en l'écartant qu'on détruit la maladie, et c'est toujours le même moyen que la nature emploie pour y réussir, c'est-à-dire la coction, le changement de la matière en un état où elle ne puisse nuire, et où l'évacuation se fasse sans danger ; toute affection qui n'est pas susceptible de ces modifications est réputée incurable : tel est le cancer et tels sont aussi quelques variétés d'ulcères.

Cette théorie d'Hippocrate a un point de contact remarquable avec celle que les recherches de l'anatomie pathologique ont suggérée à quelques esprits. Très différente dans les conséquences, elle part d'un principe commun qu'il n'y a pas de maladies sans lésion matérielle. Pour Hippocrate, l'altération consiste dans une humeur qui trouble l'économie animale ; suivant les explications de l'école dont la base repose sur l'anatomie pathologique, elle consiste dans une lésion appréciable des organes ; de telle sorte qu'au point de départ et à un terme bien éloigné, la médecine roule sur le même principe. La coction, dans la science hippocratique, est donc, pour plusieurs maladies aiguës ou chroniques, ce que nous appelons actuellement la résolution. Prenez par exemple la pneumonie ; le médecin ancien voyait les crachats, d'écumeux et sanguinolents, devenir épais et jaunâtres et annonçait la coction, prélude de la guérison ; le médecin moderne en auscultant le poumon malade et entendant le râle crépitant succéder au souffle bronchique, puis la respiration normale remplacer la crépitation, annonce la résolution du parenchyme ; le médecin grec suivait le signe extérieur, le médecin moderne suit le travail intérieur. La coction de l'expectoration et la résolution de l'hépatisation sont deux réponses, séparées par plus de vingt-deux siècles, à cette question : à quel signe reconnaît-on la guérison de la pneumonie ?

La coction des humeurs en prépare l'expulsion. Ces efforts d'expulsion reçurent dans la médecine grecque le nom de *crises*. Différentes voies y sont ouvertes ; les plus communes sont celles de la sueur, de l'urine, des excrétions alvines, des vomissements et de l'expectoration.

Un autre mode de crise souvent signalé par Hippocrate, c'est le *dépôt*. Quand la matière morbifique n'a pas trouvé une issue convenable, la nature la porte et la fixe sur un endroit particulier. Le dépôt n'est pas un abcès ; tantôt c'est une inflammation extérieure, telle qu'un érysipèle, tantôt la tuméfaction d'une articulation, tantôt la gangrène d'une partie. De là cette distinction, obscure au premier coup d'œil, mais réelle, des maladies qui sont un vrai dépôt et qui amènent une amélioration, et de celles qui ne sont qu'un dépôt en apparence et ne jouent aucun rôle dans la solution de la maladie, qui n'en sont souvent que des incidents et que la science moderne, plus avancée, pèse toujours avec un soin scrupuleux quand il s'agit de déterminer quelle devra être l'issue du mal.

La doctrine des jours critiques est le complément de celle des crises. Suivant les anciens médecins, les crises ne surviennent pas à des époques indéterminées des maladies; le temps de celles-ci est réglé; les phénomènes qu'elles présentent sont assujettis à un ordre; et certains jours, suivant le malade, la maladie, la saison, sont affectés aux efforts critiques de la nature. Hippocrate a signalé les jours qui lui ont paru les plus importants à observer; ce qui les retarde ou qui les accélère; ce qu'indique leur régularité; ce qu'annonce leur irrégularité et le danger des jours critiques *qui ne jugent pas.*

Il résultait nécessairement de ces considérations sur les causes des maladies, sur les humeurs, sur leur coction, sur les crises et les jours critiques, une manière toute différente de la nôtre de juger le malade et les maladies. C'est ce qu'à l'époque d'Hippocrate, on appelait la *prognose,* et c'est dans elle que se manifeste la différence essentielle qui sépare la médecine antique de la médecine moderne. La prognose domine toute la science; elle en est le point culminant; elle est la règle du praticien; elle embrasse tout; c'est, pour ainsi dire, la clé de la médecine Hippocratique, le couronnement de l'édifice.

La prognose d'Hippocrate instruit donc à la fois sur le présent, sur le passé et sur l'avenir de la maladie. Elle instruit sur le passé, car elle donne les moyens de connaître ce que le malade ne sait ou ne peut pas dire, et fournit des indications sur les accidents auxquels il a été soumis, les causes qui ont agi sur lui, et la nature de l'affection pour laquelle il réclame des secours; sur le présent, car elle enseigne la différence qui existe entre l'état de santé et de maladie, et montre, par le degré que cette différence a atteint, le danger que court le patient, les chances de salut qui lui restent et l'intensité du mal qui l'accable. Enfin la prognose instruit sur l'avenir, car elle enseigne les signes qui annoncent la crudité ou la coction des humeurs, l'approche des crises, les jours où elles doivent éclater, les issues qu'elles iront prendre, et les parties où les dépôts critiques se feront. L'idée dernière de cette doctrine est donc que la maladie, indépendamment de l'organe qu'elle affecte et de la forme qu'elle revêt, est quelque chose qui a sa marche, son developpement, sa terminaison. Aussi, dans ce système, ce que les maladies ont de commun est plus important à considérer que ce qu'elles ont de particulier. On peut encore l'expliquer autrement : la prognose est, si l'on peut s'exprimer ainsi, le diagnostic de l'état général, dans lequel le médecin ne tient qu'un compte très secondaire de l'organe malade et du nom de la maladie. On trouve, réunis dans la prognose, le diagnostic et le pronostic ; et cette réunion provient de ce que l'école de Cos, attachée surtout à reconnaître l'état général du malade, diagnostique, il est vrai, une certaine condition actuelle, mais prévoit en même temps la marche du mal, et même en apprécie dans le passé quelques circonstances : ce qui est la définition même d'Hippocrate. Et remarquez que cette définition implique l'admission d'une doctrine profonde ; c'est que, dans chaque maladie, le travail pathologique est un et passe, depuis le début jusqu'à la terminaison, par un développement où toutes les phases tiennent l'une à l'autre, de sorte que l'école de Cos, maîtresse de l'unité ou, en d'autres termes, du développement de la maladie, et peu instruite des particularités, c'est-à-dire du siège, de la condition anatomique et de l'étendue de chaque affection, se tourne tout entière vers la recherche des communautés dans les maladies. C'est le résultat de cette étude qu'Hippocrate a consigné dans son livre intitulé le *Pronostic*.

Vous voyez donc que la prognose est la première construction scientifique érigée en médecine et qu'elle n'est pas fondée sur des hypothèses ou des vues rationnelles, mais qu'elle part d'observations et d'expériences réelles. Le sens scientifique des Grecs se manifesta là comme ailleurs avec une grande sûreté et une grande supériorité. Le problème à eux posé fut : de concevoir qu'il n'y avait pas seulement des faits de détail, ce qui les sauvait de l'*empirisme*, et de trouver un système général, ce qui faisait de la médecine une *science*. L'école de Cos saisit une idée féconde qui résumait toute chose, et dans une abstraction qui ne manque ni de portée ni de grandeur. Elle donne au médecin une doctrine qui le guide à la fois dans les recherches scientifiques et dans la pratique de l'art. Suivant elle (et c'est l'expérience et non l'hypothèse qui fournit ces données), le corps humain présente, pendant le cours des maladies, une série de phénomènes qui, sans qu'il soit besoin de les rattacher plus particulièrement à telle ou telle affection, ont une signification propre, présagent ce qui va arriver, indiquent l'issue probable de la lutte, les efforts que tentera la nature, les voies par où elle se déchargera, et les secours auxquels l'art peut et doit recourir. Dans ce point de vue, la maladie est considérée comme quelque chose de vague et d'interminé. La prognose étudie l'expression fidèle par laquelle l'économie trahit le dérangement qu'elle éprouve, et c'est cette expression qu'il importe de saisir. Faire prévaloir l'observation de tout l'organisme sur l'observation de l'organe malade, l'étude des symptômes généraux sur les symptômes locaux, l'idée des communautés des maladies sur leurs particularités; tel est le but de la médecine hippocratique.

Eh bien! ne trouvez-vous pas que la médecine ait le droit de revendiquer à son profit le nom de science? L'exposé, tout abrégé qu'il soit, que je viens de vous faire de la doctrine grecque, en vous citant textuellement l'ensemble des vues de Littré sur le sujet, n'est-il pas de nature à vous donner à réfléchir que, des trois modes de médecine toujours exploités depuis la création du monde, celui que revendique Hippocrate est encore le meilleur, et que les deux autres : médecine sacrée, médecine occulte, devraient être laissées aux simples et aux niais? Je sais bien que vous pourrez me répondre qu'il y a encore bien des incertitudes, beaucoup de *désiderata :* qu'est-ce que cela prouve? C'est que, comme toutes les sciences et les arts possibles, la médecine n'a pas encore atteint la perfection que vous souhaiteriez lui voir, quand ce ne serait que pour votre intérêt personnel. Nous sommes en cela parfaitement d'accord ; mais dites-moi, je vous prie, quelle est la branche des connaissances humaines qui vous offre une garantie certaine et qui puisse actuellement revêtir ce cachet de certitude absolue que vous réclamez de l'art médical ? Pour mon compte, je n'en connais aucune : la théologie a ses obscurités, la géométrie ses problèmes insolubles, la jurisprudence ses variations, la physique ses erreurs, la poésie ses chimères, la grammaire ses minuties, comme la médecine a ses conjectures.

L'école hippocratique a mis la main sur toutes les données scientifiques accessibles à l'époque et elle a construit une œuvre inébranlable encore de nos jours ; elle n'a pu étudier qu'une des faces d'une question fort complexe, mais elle l'a fait avec un si grand bonheur qu'elle a peu laissé à glaner après elle. L'anatomie de l'homme faisait défaut; il fallait deux siècles encore pour que l'école d'Alexandrie osât commencer ses timides essais et montrer la voie féconde que devait ouvrir la connaissance de la structure de notre corps; malheureusement l'enseignement d'Hérophile et d'Érosistrate fut bientôt oublié, et il faut arriver jusqu'à la Renaissance pour leur retrouver des successeurs; l'anatomie pathologique était ignorée; c'est une conquête du siècle dernier et l'une des plus belles, parce que l'observateur, une fois engagé dans ce sentier, ne s'est plus contenté de regarder simplement la lésion matérielle à l'œil nu, mais est entré jusque dans l'intimité de la texture des organes tant sains que malades; l'étude microscopique que les plus illustres représentants de la science, tant en France qu'à l'étranger, poursuivent avec une égale ardeur, a déjà donné de sérieux résultats; elle est bien loin d'avoir dit son dernier mot et elle prépare encore de riches et agréables surprises au médecin intelligent et amoureux de sa profession.

VINGT-TROISIÈME SOIRÉE.

——··☞··——

Successeurs d'Hippocrate.

Ecole d'Alexandrie. — Empirisme.

J'ai désiré vous donner une idée un peu nette de l'état de la médecine au grand siècle de Périclès afin de vous prouver que, pratiquée d'après une bonne méthode, elle tenait dignement sa place dans le concert des sciences et des arts de la civilisation de l'heureuse Grèce. Dans le même temps, l'aimable philosophie de Socrate faisait les délices des plus illustres Athéniens ; Euripide et Aristophane composaient leurs chefs-d'œuvre dramatiques ; le génie de l'histoire retraçait la guerre du Péloponèse avec la main de Thucydide ; Zeuxis peignait la beauté idéale ; Phidias animait le marbre, et les Grâces elles-mêmes conduisaient le pinceau de Parrhasius. N'allez pas croire toutefois que le flambeau portait la lumière dans toutes les classes de la société ; quelques privilégiés seuls étaient admis au banquet, tandis que le grand nombre était courbé par l'ignorance et la superstition. La Grèce tomba bientôt dans l'anarchie et le désordre après les batailles de

Leuctres et de Mantinée; Socrate était contraint de boire la ciguë; Athènes, habitée par une populace vile. rampante et sans frein, sans cesse ameutée par les sycophantes, devint le théâtre des désordres les plus épouvantables, et la science affolée s'envola vers Alexandrie, mais déjà matée et presque méconnaissable. L'art de guérir partagea cette destinée. A peine avait-on trouvé la route qui peut conduire à la perfection, à peine avait-on entrevu que l'observation est l'appui le plus solide de tous les raisonnements en médecine, qu'entraîné par le goût général pour la dialectique et les spéculations frivoles, on abandonna de nouveau cette marche. On négligea, pour de stériles subtilités, les vérités éternelles de la nature enseignées par Hippocrate. On oublia les préceptes simples et si sévères du médecin de Cos pour élever de vagues hypothèses. On fit ployer la science aux systèmes des diverses sectes philosophiques, sans trouver de bases inébranlables pour l'asseoir. Les successeurs immédiats d'Hippocrate, ceux-mêmes de sa famille, commencèrent la démolition de l'édifice aussitôt après sa mort. Polybe, Thessalus, Dracon s'écartèrent de suite de la direction paternelle; ils appelèrent à leur secours la nuageuse physique de Platon et tout retomba dans la spéculation. Ce fut bien pis encore quand les idées pythagoriciennes revinrent à la mode, et que le stoïcisme de Zénon vint embrouiller ce qui ne l'était déjà que trop. C'est alors qu'on vit l'art de guérir devenir le partage de discoureurs éternels dont la jactance et les raisonnements futiles le firent tomber dans le mépris.

La science cependant n'était pas dans un tel état d'indigence, qu'on ne pût espérer qu'elle ne dût se relever de sa prostration; le génie d'Aristote, si bien secondé par les conquêtes d'Alexandre, préparait les éléments d'une nouvelle mine scientifique d'une immense richesse. L'anatomie, qui jusqu'alors entre les mains des philosophes n'avait fait que quelques pas timides et incertains, ne tarda pas à s'ériger en véritable science sous l'impulsion intelligente du philosophe de Stagire. D'immenses matériaux, rassemblés dans toutes les parties du monde connu, furent livrés à l'anatomiste et l'on sait tout le parti qu'il en tira pour composer son histoire naturelle. Chacune des branches du règne animal fut tour à tour explorée par Aristote, qui nous en a laissé parfois d'heureuses et excellentes descriptions ; mais il eut souvent le tort de vouloir soumettre la construction humaine à ses découvertes zoologiques ; aussi ce qu'il en dit prête-t-il aux nombreuses critiques dont l'ont accablé ses successeurs.

Cependant Aristote nous fournit l'exemple, unique dans l'histoire, d'un homme qui, trouvant les sciences si peu avancées, ait rassemblé, à lui seul, une masse aussi considérable d'observations, les ait classées dans un ordre systématique et en ait tiré tant de résultats utiles. Mais quand il abandonne le solide terrain de l'expérience pour celui des conjectures, le tableau change, le philosophe s'égare, et il nous laisse une physique et une physiologie qui déparent son œuvre. Il est peu probable qu'Aristote ait disséqué des cadavres humains, la religion, l'esprit social, la superstition s'y opposaient ; ce qu'il a dit de l'homme n'est donc que le fait du travail de l'induction, point d'appui bien fragile pour élever un système quelque peu solide ; malgré cela, la doctrine d'Aristote a régné en maîtresse pendant plus de mille ans, et nous verrons, tout à l'heure, l'ancienne faculté de Paris le proclamer le maître universel.

Parmi les médecins de cette ancienne école péripatéticienne, un des plus remarquables est sans contredit Théophraste d'Erèse ; ses idées physiologiques et médicales sont à peu de chose près celles de son illustre maître, mais c'est surtout vers la botanique qu'il dirigea ses recherches. Il nous a laissé une histoire des plantes et de beaucoup de leurs maladies, qui dénote un scrutateur intelligent. Il essaya, non sans succès, de faire, pour les plantes, ce que son maître avait fait pour les animaux, et il réussit ; car la science moderne a donné sa sanction à beaucoup de ses recherches. Enfin, comme élève d'Aristote, je vous signalerai un certain Proxagoras de Cos, non pas que son nom nous importe beaucoup, mais parce qu'il paraît être un des premiers qui pratiquèrent des autopsies et firent des dissections. Ce Proxagoras fixa la valeur du mot *cotylédon*, en disant qu'il n'indique autre chose que l'orifice des vaisseaux dans la matrice, et il démontra que les cotylédons de la femme ne ressemblent en rien à ceux des animaux ; c'est aussi lui qui établit une distinction entre les veines et les artères, qu'on confondait antérieurement. Mais il faut arriver à l'école d'Alexandrie pour se faire une idée de l'activité qui poussait les anatomistes.

Alexandre, par ses conquêtes, avait déplacé le centre intellectuel du monde connu ; nulle autre contrée que l'Egypte ne se trouvait plus admirablement placée pour devenir l'entrepôt de toutes les nations que le héros macédonien avait réunies sous sa domination. Alexandrie avait été fondée dans le but de devenir la capitale du nouvel empire ; mais un trépas inattendu fut bientôt le signal de la dissolution de l'œuvre. Chacun des lieutenants se tailla un royaume dans les vastes domaines du héros trépassé. Ptolémée Soter, son beau-frère, eut l'Égypte en partage. Homme intelligent et laborieux, Soter, ainsi que tous ceux de sa race qui lui succédèrent, fut le protecteur et l'ami des savants. Vous connaissez toutes les immenses dépenses que ces satrapes firent en faveur de la science et des arts ; aussi vit-on le génie grec se ranimer sous l'influence de ces artistes rois, et jeter quelques-unes de ces lueurs vives qui resplendissaient au grand siècle de Périclès. Mais ce ne fut qu'un éclair passager ; tous les boîteux systèmes d'une philosophie idiote, les superstitions, les sophismes, les paradoxes eurent bientôt remis la lumière sous le boisseau.

A Dieu ne plaise, cependant, que je veuille, de parti pris, ravaler ce qu'il y a de beau dans l'école ; je suis froissé de voir toujours ces philosophes de malheur, ces beaux diseurs de riens, ces pédants, avec leur absurde dialectique, venir fourrer leur nez partout, quand ils feraient bien de le mettre tout autre part. Tenez, voyez le bel éloge que Dion Chrysostome fait de cette engeance : « Sans cesse plongés dans l'ivresse des plaisirs et du jeu, vous avez perdu le goût des occupations sérieuses. Tous ceux qui viennent chez vous, philosophes, orateurs et poètes, flattent vos passions ; ils se gardent bien de vous mettre devant les yeux votre sotte vanité et la frivolité de vos penchants pour les jouissances ; vous êtes incapables d'aucune action grande et noble. » La manière dont l'écrivain s'exprime envers les Alexandrins est, à plus forte raison, applicable à leurs meneurs, à ceux qui devaient leur donner le branle, attendu que tout bon ou tout mauvais exemple est toujours donné par les classes supérieures.

Pour ce qui nous regarde, l'école d'Alexandrie n'est,

en définitive, remarquable que par l'étude de l'anatomie sur le corps humain. L'art médical n'en profita que très peu, en tant qu'on comprend la médecine et qu'on la limite à l'étude des maladies internes, distinction arbitraire et qui n'a aucune raison d'être, car la médecine a pour mission de guérir par le régime, qui est l'hygiène, par l'administration des médicaments, ce qui constitue la médecine telle que vous la comprenez, par l'opération manuelle, qui est la chirurgie. Ce fut surtout cette spécialité qui profita des travaux de la nouvelle école.

Deux hommes se sont partagé la gloire de l'évolution scientifique de cette époque : Héliodore et Erasistrate. Ils vivaient du temps de Ptolémée Soter. Le premier, si l'on en croit Galien, porta l'anatomie au plus haut point de perfection qu'il fût alors possible d'atteindre ; Fallope, l'un des restaurateurs de l'anatomie, à l'époque de la Renaissance, va jusqu'au point de le regarder comme infaillible ; quoi qu'il en soit, c'est qu'il disséqua un grand nombre de cadavres humains, tandis que ses prédécesseurs n'ouvraient guère que des animaux. Ses études étaient alimentées par les cadavres des suppliciés ; Celse a même avancé qu'il disséquait sur le vivant, stupidité répétée plus tard par Tertullien.

Hérophile fit d'immenses découvertes sur les nerfs, le cerveau, le mésentère et ses vaisseaux, le foie, l'œil, les veines pulmonaires, les organes génitaux, etc.; il fut suivi de près, ou même contemporain d'Erasistrate qui fut son émule, sinon son supérieur. La probité d'Erasistrate, ses profondes connaissances lui attirèrent tant d'amis et de disciples, qu'il passait généralement pour le premier anatomiste et le plus grand théoricien de son siècle.

Vous ne doutez pas qu'à de pareils maîtres les disciples ne firent pas défaut et devinrent eux-mêmes de remarquables personnalités. Les vastes conquêtes de l'anatomie ne tardèrent pas à vite élargir le champ de l'art de guérir. Le médecin, sachant où porter le scalpel, connaissant l'innocuité ou le danger d'ouvrir telle région du corps, ne tarda pas à beaucoup oser. La chirurgie, jusqu'alors timide et hésitante, se débarrassa de ses frayeurs, et l'on vit pratiquer les opérations les plus délicates, telles que la taille, les hernies, les accouchements difficiles. En même temps que la chirurgie prenait son essor, une autre secte médicale s'élevait, qui devait avoir une influeuce très salutaire sur les progrès ultérieurs de la science.

Fille du scepticisme, qui avait fait et, avec raison, table rase des systèmes philosophiques anciens, la nouvelle école était appelée à parcourir une carrière brillante et riche de résultats. Le nom d'*empirisme*, qu'elle inscrivit sur son drapeau, témoigne suffisamment de ses tendances et de ses aspirations. Ne confondez pas, je vous prie, l'empirisme rationnel et méthodique de la nouvelle venue, avec l'empirisme grossier qui consiste à donner au voisin un remède qui, par l'effet du hasard, vous a guéri d'une maladie que vous jugez être analogue ou semblable à celle qui fatigue votre ami. Cette manière d'entendre la médecine est celle des commères, des gens du monde ; c'est la vôtre, et ce serait certainement la mienne, si je n'avais étudié.

Rentrons dans notre sujet :

Les premiers empiriques firent une attention particulière au concours des symptômes, sans s'occuper ni de la maladie, ni de ses causes. En assujettissant l'art d'observer à des règles fixes et invariables, ils rendirent à la science un service bien plus important que toutes les théories vagues de l'antiquité, et lui firent faire plus de progrès que toutes les spéculations de l'ancienne école dogmatique.

L'expérience sur laquelle ils se fondaient devait être le résultat de la plus parfaite induction ; il fallait avoir observé les mêmes cas plusieurs fois, et toujours dans les mêmes circonstances, avant de prétendre en posséder la connaissance rationnelle. Ils distinguaient fort bien les accidents qui tiennent essentiellement à la maladie, de ceux qui en dépendent d'une manière médiate.

Le résultat de ces observations constituait la science.

Les empiriques admettent trois sources de l'observation, suivant qu'on y parvient par un heureux hasard, par des observations faites sur le malade, ou dans le moment même, ou par la comparaison avec d'autres cas semblables. On appartient donc à l'école, quand on conserve le souvenir des cas observés et qu'on en peut faire l'application à un cas présent. Mais, comme le médecin ne se trouve pas dans des circonstances qui lui permettent d'observer un assez grand nombre d'accidents morbides, pour les appliquer aux cas qui s'offrent à lui, il doit souvent se contenter d'avoir recours à l'histoire, c'est-à-dire à la connaissance des remarques faites par ses prédécesseurs, au sujet d'un état présentant les mêmes symptômes et ayant été traité par tel ou tel médicament. Mais il ne suffit pas d'un témoignage unique, il faut examiner l'opinion du plus grand nombre de praticiens et se diriger d'après leurs avis. Il faut que les observations aient été faites de la même manière, que les circonstances aient été parfaitement identiques, et surtout que la maladie n'ait pas présenté la moindre différence dans sa nature et son caractère. Aussi, celui qui sait profiter des observations des autres et qui, par conséquent, connaît l'histoire, n'a pas besoin d'observer par lui-même. Tel on peut, dans le silence du cabinet, acquérir d'exactes notions sur un pays éloigné, quand on en lit l'exacte description des voyageurs qui l'ont visité, sans l'avoir parcouru soi-même.

- Les empiriques définissaient la maladie : une réunion de symptômes qui s'observent toujours de la même manière dans le corps de l'homme. Mais un seul signe ne suffit jamais à lui seul : ainsi la douleur de l'inflammation est la même que celle du cancer, et cependant les deux maladies n'ont aucune parité. L'empirique doit également porter son attention sur l'ordre et le temps dans lequel les signes apparaissent. Ceux du début exigent une médication différente de ceux qui paraissent pendant le cours de la maladie; ainsi le traitement change, suivant que la fièvre apparaît après les convulsions, ou que celles-ci ne se montrent que consécutivement. Comme il arrive aussi que les connaissances acquises sont insuffisantes, soit par l'apparition de maladies nouvelles, soit quand il s'agit d'essayer des médicaments jusqu'alors inusités, les fondateurs de l'école indiquèrent un moyen qui consistait, d'après l'identité des phénomènes, dans la nécessité de recourir à un traitement également identique, et qu'ils appelèrent *analogisme*. Cet analogisme fut donc appliqué tantôt aux médicaments, tantôt aux maladies elles-mêmes. C'est ainsi qu'on compara l'érysipèle aux dartres, les maladies des jambes à celles des bras; de même l'utilité des coings dans la diarrhée fit attribuer aux nèfles une action curative dans la même affection.

Enfin on donnait le nom d'*expérience pratique* à celle qui résulte d'observations réitérées sur le même objet, ce qui supposait déjà une grande habileté en médecine. Ainsi l'observation, l'histoire et l'analogisme furent les bases de l'empirisme, et leur ensemble constitue l'unité que Sérapion désigna sous le nom de *trépied* de l'école.

Ici se termine le plus ancien période de l'histoire de la médecine, celui qui nous donne le type de la forme que l'art de guérir revêtit dans les siècles postérieurs. Hippocrate et l'école empirique nous apprennent comment il faut cultiver la médecine pour qu'elle atteigne son vrai but. L'une et l'autre, bien que parties de points extrêmes, n'en convergent pas moins vers le même résultat. La première a quelque chose de grandiose ; elle vous saisit et vous transporte d'admiration par sa large envergure ; c'est du reste une enfant de la Grèce dans la plénitude de sa beauté ; la seconde, plus humble dans ses allures, mérite notre sympathie, à cause de sa méthode ; elles deux sont les vraies et seules colonnes sur lesquelles repose la science médicale entière.

VINGT-QUATRIÈME SOIRÉE.

Médecine à Rome et au moyen âge.

Il nous faut de rechef franchir la Méditerranée, forcés que nous sommes de suivre les puissants du monde selon le caprice de la fortune. Malgré qu'Alexandrie puisse toujours s'enorgueillir d'être la directrice du monde intellectuel, elle tombe fatalement au second rang depuis les conquêtes de Lucullus et de Pompée. Rome absorbe les nations. Les Grecs subjugués ne tardèrent pas à sentir que les grossiers maîtres du monde étaient bien loin d'avoir ce goût délicat pour les arts, cette estime sympathique pour les savants, qu'ils avaient toujours rencontrés chez leurs anciens rois et surtout chez les Ptolémées.

Les fils de la louve, même à l'époque où ils étalaient le faste le plus somptueux, se ressentirent toujours de leur première origine. Pourrait-on dire qu'il y eut une civilisation romaine, un génie particulier qui caractérise une nation et lui donne un cachet distinctif? Evidemment non. La civilisation romaine n'est qu'un reflet du génie grec transplanté dans un autre milieu, et mal à l'aise de se sentir esclave chez un peuple tout matériel et tout brutal. La science et l'art me font, à

Rome, l'effet de deux beaux enfants entre les bras d'un satyre. Tout s'amoindrit, tout périclite; rien n'est original chez ce peuple, que sa brutalité, son immense corruption et ses débauches inouïes. Remarquez que nous sommes à l'apogée de la grandeur latine, que nous sommes au siècle d'Auguste, qu'on a tant encensé, et qui est en effet une époque de tranquillité relative, de grandeur et de majesté. Mais ne le comparez pas au siècle de Périclès, à moins que vous ne donniez au clinquant la valeur de l'or pur.

Est-ce que Térence, Horace, Virgile, Ovide, Cicéron ont doté leur pays d'une littérature originale? Non certes. Ils ont été chercher l'inspiration sous le ciel hellénique; ils parlent latin, c'est vrai; mais c'est en grec qu'ils pensent. Ce qui reste de philosophie, d'histoire naturelle, de médecine découle de la même source.

Les artistes, peintres, sculpteurs, architectes sont de même provenance. Il n'y a, au reste, pas de quoi s'en étonner, quand on réfléchit que les contrées méditerranéennes, conquises par Alexandre et tombées en partage à ses compagnons de fortune, s'étaient imprégnées de la civilisation conquérante. Mais celle-ci avait nécessairement dû faire de nombreuses concessions aux peuples vaincus et se plier au tempérament particulier de chacun de ces peuples. Il en résulta de profondes modifications et un amoindrissement considérable du type civilisateur primitif qui, bien qu'ayant la prétention d'être toujours dominateur, n'en fit pas moins son entrée dans la ville des Césars, amoindri, diminué, méconnaissable.

Vous vous doutez que l'art de guérir fût soumis aux mêmes vicissitudes que les autres sciences; à part quelques compilateurs, quelques copistes intelligents, tels que Celse et quelques médecins qui réagirent contre les tendances de l'époque et qui, même, voulurent étayer la science par quelques données philosophiques, comme Cœlius Aurélianus, Thémison, Scribonius Largus, le reste ne fut guère qu'un ramassis de faiseurs et d'éhontés, dont la doctrine fut celle de faire fortune à tout prix et par tous les moyens imaginables. Je vous ai, dans le cours de ces soirées, mis à même de les juger ; laissons-les donc s'enliser dans leurs ordures et arrivons à une personnalité d'un glorieux mérite, à Galien.

On peut, sans crainte d'être contredit, avancer que nul des médecins de l'antiquité n'a possédé à un aussi haut degré que Galien le talent et l'érudition. Cet homme, qui possédait des connaissances universelles et vivait dans un temps où les écoles étaient en proie aux discussions les plus pernicieuses et les plus oiseuses, entreprit de remédier à ce désordre et tenta de remettre la science dans la route, si longtemps abandonnée, qu'avait tracée le vieillard de Cos, et qui avait été si peu fréquentée après lui. Galien essaya le rôle de conciliateur ; mais il est facile de voir combien il rencontra de difficultés pour mettre en harmonie les dogmes d'Hippocrate, de Platon et d'Aristote. Malgré son immense érudition, malgré le talent extraordinaire avec lequel il savait mettre à profit les inépuisables ressources de sa langue, ses œuvres ne sont pas marquées du bon sceau ; elles n'ont pas ce qui les rend impérissables, car on le voit souvent tomber dans des contradictions sans nombre, et c'est grâce à la souplesse de son talent, à ses subtilités de rhéteur, qu'il parvint à imposer pendant quinze siècles un système médical et philosophique que le réveil de la raison, au moment de la Renaissance, ne tarda pas à ruiner de fond en comble. Malgré cela, l'œuvre du médecin de Pergame nous apparaît comme une ruine majestueuse et vénérable, dont l'étude nous révèle les splendeurs d'un monde anéanti, et c'est grâce à lui que nous avons dû de recueillir la majeure partie des épaves de l'antique vaisseau sombré.

Galien fut le dernier phare de ces temps lointains. D'étranges conceptions allaient remplacer la science et supprimer la raison. La *théosophie* orientale, mère de l'astrologie, de la magie et de toutes les pseudo-sciences propres à imposer aux hommes, avait commencé, sous le règne des premiers successeurs d'Auguste, à s'introduire dans les écoles d'Occident. Pendant une longue suite de siècles, reléguée dans les vastes contrées asiatiques, elle avait peu fait parler d'elle, si ce n'est par Pythagore qui en avait dérobé quelques dogmes auxquels les Grecs ne firent qu'une médiocre attention ; mais, quand la conquête eut rendu tributaires du Capitole à peu près tous les mondes connus, le flot des théosophes juifs, persans, babyloniens vint couvrir l'Europe de son onde impure, et amalgama ses doctrines avec la philosophie dégénérée des Grecs et des Romains. Ce fut alors le temps de bonheur des Simon, des Apollonius de Tyane, des mages et de tous les imposteurs. Mais il nous faut encore porter nos regards sur une cause particulière qui contribua beaucoup à développer cette fausse philosophie et à la faire dominer dans les principes que l'Église érige en articles de foi.

Loin de moi l'idée de rabaisser le fondateur de notre religion, sa morale et ses bienfaits ; mais le plus zélé disciple de Jésus, lorsqu'il connaît l'histoire du christianisme, doit avouer, quoiqu'à regret, que la croyance des chrétiens au don de produire des miracles, et l'alliance de leur culte avec celui des païens, donnèrent lieu à des erreurs pernicieuses, à des préjugés grossiers, à des opinions dépourvues de bon sens, qui portèrent un coup mortel aux sciences et amenèrent les ténèbres épaisses de la barbarie.

Le coup de grâce était porté; tout alla s'effondrant, l'empire sous les coups des barbares, la philosophie sous les attaques des théosophes; la science s'éclipsa et fit place à un je ne sais quoi, qu'il est assez difficile de caractériser; il fallut *s'incliner* et *croire*. La médecine grecque n'a plus rien qui vaille qu'on puisse relever pour en faire son profit. Dans l'Occident, la médecine fut pratiquée par des moines ignorants, indignes et incapables d'interpréter les manuscrits. Un moment, cependant, on put croire à une quasi renaissance; un nouveau peuple réclamait sa place dans le concert des nations; les Arabes avaient asservi l'Asie, l'Afrique, l'Espagne; c'était un peuple nouveau, qui pouvait rajeunir l'humanité, car il n'avait jamais été complètement barbare, mais son origine et ses institutions religieuses opposaient une infranchissable barrière à l'expansion des sciences. Leurs traités médicaux ne furent pour la plupart qu'une longue et insidieuse paraphrase des livres de Galien et de quelques autres mauvais auteurs grecs. En revanche, ils s'adonnèrent avec passion à la chimie et à la pharmacie, et firent assez largement progresser ces deux branches de la science; toutefois la chimie ne fut pour eux que le moyen d'arriver au grand œuvre, et les découvertes qu'ils y firent furent accidentelles. Chez eux, l'observation fut complètement négligée, et c'est dans les vaines subtilités de la dialectique, dans les minuties de la théorie, qu'ils dépensèrent les dons de leur intelligence si vive et si compréhensive.

Parmi les médecins arabes, dont la liste est assez longue, un seul peut fixer votre attention, parce qu'il a résumé tous les matériaux que lui avaient fourni ses prédécesseurs ; il ne lui fut pas difficile de composer l'immense ouvrage auquel il donna le nom de *canon*. Cet ouvrage, du reste, ne pouvait avoir de la vogue que dans les siècles de barbarie, et ce fut par le pur effet du hasard, plutôt que par un choix prémédité, que la royauté médicale tomba dans la main d'Avicenne plutôt que dans celle d'un autre. Il fut traduit et commenté dans plusieurs langues et, grâce à quelques savants moines, il dut d'être particulièrement connu de l'Italie, de la France, de l'Allemagne et de l'Angleterre ; aussi fut-il, avec Aristote et Galien, la troisième personne de la Trinité scientifique, qui fut si longtemps maîtresse absolue de la direction des intelligences.

Les moines, en possession des ouvrages arabes et des traités anciens échappés à la destruction, s'approprièrent vite la pratique de l'art. Vous pouvez vous faire une idée de ce que devaient être de pareils docteurs, mélangeant dans un même mortier la science, ou ce qui du moins en restait, avec la théosophie et les agréments de la médecine occulte ! L'école de Salerne fut le premier-né de ces nouveaux principes scientifiques. On en a beaucoup glosé, beaucoup écrit même dans notre temps ; mais vraiment la lecture des ouvrages qui nous en sont parvenus ne mérite guère de fixer notre attention. J'ai eu le courage de lire et de traduire un de ces traités, intitulé *Trotula*, en mémoire de la docte sage-femme qui en fut l'instigatrice ; mais je ne pourrais vous en dire que ce que Guy de Chauliac disait de la rose anglaise de Gaddesden : « J'y croyais trouver une bonne senteur, je n'y ai rencontré que des contes à dormir debout. »

On a longtemps prétendu, et nombre de gens le croient encore aujourd'hui, que les croisades furent, pour l'Occident, tant sous le rapport politique que sous celui des sciences, une source d'une extrême fécondité. Je ne me lasserai jamais de protester contre une pareille affirmation. Comment admettre, en effet, que ces bandes ignorantes, ne respirant que le pillage, se soient familiarisées avec la civilisation orientale, qui n'avait rien pour les intéresser? Comment leur attribuer la propagation des lumières, quand on sait que ces bandes étaient en proie aux superstitions les plus fanatiques, et quand on considère que la tyrannie des prêtres ne fut jamais plus oppressive qu'au moment et après ces expéditions ?

Cette influence, je vous l'ai indiquée tout à l'heure, elle nous venait de bien moins loin ; elle était due aux Arabes d'Espagne, puisque nous venons de constater que c'est elle qui fit éclore l'école de Salerne.

Tout ce qu'on peut dire du résultat final des croisades c'est qu'elles portèrent un coup fatal à la féodalité ; car tout croisé, fût-il serf, devenait libre par ce fait et ne relevait plus que de la juridiction de l'Eglise. De là, la plus grande quantité d'hommes libres, et plus grand, par conséquent, le nombre des individus qui durent tourner leurs méditations vers les études de l'esprit. Depuis cette époque, les sciences utiles firent des progrès proportionnés à ceux de la liberté, et le nombre des médecins qui n'étaient pas moines devint beaucoup plus considérable.

Tel fut le bénéfice que rapportèrent les croisades ; vous pourrez, si vous le voulez, y ajouter l'institution des divers ordres de la chevalerie, la création des hôpitaux, et aussi l'importation de la lèpre.

En vérité, le moyen âge est l'époque maudite de l'humanité ; on se sent pris de vertige et de nausées quand on veut fouiller trop longtemps ces longues années de servilisme et d'ignorance.

Franchissons quelques siècles, et laissons-le se tordre au milieu de ses calamités et de ses vésanies.

Au loin apparaît une lumière, bien faible encore, qui n'éclaire que les sommets, tandis que les bas-fonds sont plongés dans l'obscurité : mais enfin c'est l'arcane de Prométhée, c'est le feu sacré dont les douces effluves vont dégourdir l'intelligence et la tirer de sa léthargie. La réformation, préparée par Jean Huss et Jérôme de Prague, éclate comme un coup de foudre avec Luther et Calvin ; le dogme séculaire est battu en brèche, la foi s'en va de la religion, et ne tarde pas à déserter les écoles philosophiques et scientifiques si laborieusement édifiées par les papes et les prêtres. L'homme ne veut plus se laisser mener, il veut voir clair où on le conduit, et même il a la prétention de voler de ses propres ailes.

Ne vous imaginez pas que ce déplacement de la puissance se produira tout doucement, d'une manière lente et insensible, que les droits de la pensée lui seront restitués sans secousse et de bonne volonté, comme quand un mandataire remet à son mandant le dépôt qui lui fut confié. Immense erreur ! Jamais mandataire ne fut plus récalcitrant que la secte théurgique et théosophique. Parcourez l'histoire; jamais, dans aucun temps, lutte fut plus acharnée entre deux partis extrêmes. Jamais le merveilleux et les miracles ne furent plus à l'ordre du jour que dans ce siècle de réveil ; jamais les bûchers ne firent griller autant de chair humaine, jamais autant de livres ne servirent à les alimenter ; jamais enfin, on ne vit pareille distribution d'excommunications de toutes les tailles et de tous les degrés. Rages impuissantes ! la flamme des foyers fut étouffée par la cendre de trois millions d'êtres pensants !

Le libre examen, dans la science, ne se fit pas prier pour se précipiter dans la voie, désormais désobstruée, des dogmes, et cela avec d'autant plus d'ardeur qu'il avait été plus longtemps comprimé ; la philosophie secoua ses vieux oripeaux ; la médecine, plus timide, marchait à pas comptés, cherchant son sentier et ne le trouvant pas ; il y avait bien, de çà et de là, quelques tentatives de protestations, quelques petites émeutes, et cela depuis longtemps dans le clan médico-chirurgical ; mais ces insurrections n'avaient que la valeur d'un feu de paille, et les chefs timides se dérobaient bien vite en présence du danger et tremblaient de leurs audaces. Le croquemitaine, c'était toujours le dogme, représenté d'un côté par Aristote, Galien, Avicenne, traduits à la façon des moines, et de l'autre par l'obligation de la croyance aux miracles produits par les moyens que vous connaissez.

Il fallut donc un homme d'une trempe énergique, pour se poser en champion du camp médical, un de ces audacieux résolus qui, lancés à fond de train dans la carrière, ne veulent ou ne peuvent plus s'arrêter. *Tel fut Paracelse.*

VINGT-CINQUIÈME SOIRÉE.

Renaissance.

Philippe Aréole, Théophraste Bombast de Hohenheim naquit dans un village des environs de Zurich, et était parent, d'après son dire et d'après l'assertion de Michel Toxites, d'un George Bombast qui devint par la suite grand-maître de l'ordre des Johannites; ce qui peut-être exerça une certaine influence sur sa carrière. Il y a tout lieu de supposer, et lui-même le donne à entendre, qu'il passa sa jeunesse comme avaient coutume de le faire les scholiastes ambulants d'alors ; c'est-à-dire qu'il erra de pays en pays, prédisant l'avenir, d'après les astres et les lignes de la main, évoquant les morts et répétant les opérations chimiques des fondeurs et des alchimistes. Il fut redevable de son initiative en alchimie, en astrologie et en médecine à son père qui s'était beaucoup adonné à ces sciences, ainsi qu'à plusieurs ecclésiastiques dont il nous a conservé les noms.

Rien de plus curieux à étudier que la vie de cet homme extraordinaire ; seul à lutter contre tous, aussi impétueux dans l'attaque que terrible dans la défense, toujours en colère et toujours gouailleur, toujours traqué, poursuivi, proscrit, faisant le mort pendant quelque temps et, tout d'un coup, se révélant par un coup de tonnerre, à la vieille scholastique effarée.

Ah ! que les vieux docteurs ont souvent dû maudire cet importun qui les tirait si cavalièrement de la quiétude où les plongeait leurs commentaires sur les textes poudreux d'Aristote et de Galien. Si encore cet homme leur eût appartenu ! Mais non, Paracelse était un intrus, sans aucun grade, sans données scientifiques, ignorant jusqu'aux premiers éléments des connaissances vulgaires et se servant d'un langage à donner le frisson. Notre démolisseur, en effet, empruntait dans ses leçons et ses écrits un idiome que n'eussent point désavoué des truands. Indigne des universités par son instruction, c'est avec la populace qu'il frayait ; c'est avec elle qu'il s'enivrait, c'est à elle qu'il débitait ses mordants sarcasmes et ses invectives les plus grossières. Paracelse, en un mot, avait toute la fougue d'un tribun de bas étage ; il en avait aussi l'insupportable orgueil :

« Sachez donc, dit-il dans son discours sur l'alchimie, qu'il faut qu'il en aille ainsi que je propose, et non pas comme il vous plaît. Il faut que vous me suiviez, et non pas moi, vous. Et combien que vous excitiez contre moi de grandes clameurs et opprobres, toutefois ma *monarchie et doctrine subsistera et non la vôtre*. Partant, il m'est licite, avec juste cause, de faire ici tant de discours sur l'alchimie, afin que vous puissiez la connaître bien et que vous appreniez quelle elle est et comme il la faut entendre.

. . . .

» Il n'y a rien en tout leur fait (des médecins) que vanité et fantaisie, comme je vous ferai voir de plus en plus. Et combien que vos écoles et universités ne soient pas de mon opinion et n'approuvent pas ma doctrine, c'est de quoi je ne me donne pas de peine, car vous les verrez quelque jour assez humbles. Je vous expliquerai et éclaircirai tellement la chose que, jusqu'au *dernier jour du monde, mes écrits demeureront et subsisteront* comme très véritables ; tandis que les vôtres seront estimés pleins de fiel, de venins et de couleuvres, et seront odieux aux hommes, comme les crapauds. Non, je ne veux pas que vous tombiez en un jour, ni que vous soyez du tout renversés en un an. Mais, après un long temps, vous-mêmes serez contraints de découvrir et mettre à nu votre honte et turpitude, et serez bien alors purgés par le crible. Je ferai ; je ferai plus contre vous après ma mort que durant ma vie. Et, combien que vous dévoriez mon corps par vos injures et vos invectives, vous ne rongerez rien que le cadavre ; l'esprit dénué du corps, combattra contre vous.

» C'est pourquoi, combien que je sois seul que je semble nouveau en mes opinions, que je sois *Allemand*, vous ne devez pas pour cela mépriser mes écrits, ni les rejeter arrière.

» Ne vous laissez pas séduire par les clameurs, vêtements et honneurs des vulgaires médecins, lesquels, voulant qu'on les appelle grands et sublimes personnages, vont usant de discours ampoulés, et parlent hautement et insolemment, ne faisant rien que de se glorifier et vivre en luxe et en bombance. Mais il n'y a rien avec cette pompe, que du vent. De fond, ni de science réelle dans la médecine ; ni aucuns remèdes qui répondent à leurs faux et emmiellés propos. Ils sont semblables à ces religieuses enfermées dans le cloître, qui chantent les psaumes verset après verset ; et, combien qu'elles n'en aient pas l'intelligence, elles n'en continuent pas moins de chanter. Ainsi fait le médecin vulgaire, qui crie furieusement et opiniâtrement. Et, ainsi que la nonnain entend quelquefois un mot entre mille, et en dix autres feuillets n'en comprendra plus un mot, ainsi ces médecins touchent parfois au point, puis après ils se troublent et ne savent plus rien. »

Vous voyez que la polémique est ardente et que maître Théophraste, si parfois il reçoit des horions, donne de fameux coups de boutoir. On dirait que, pressentant la courte carrière qu'il devait parcourir, il s'acharna à son poste de combat, tant qu'il n'eût pas broyé la vieille idole sous son talon puissant. Son activité fiévreuse engloba toute la science des temps ; il fit de si larges trouées dans le vieil édifice, qu'il ne devait pas tarder à s'écrouler. Ses détracteurs lui ont refusé le savoir ; pourtant nous sommes bien obligés de reconnaître que la science ne lui fit pas défaut, car, pour détruire, faut-il au moins connaître l'obstacle.

Paracelse fit donc table rase et culbuta le dogme institué par Galien et les Arabes et accepté par le moyen âge. Il rejeta dédaigneusement, de ce côté du moins, le principe d'autorité, et prétendit y substituer son autorité personnelle.

Il est bon de sarcler la mauvaise herbe, mais c'est à la condition de la remplacer par une meilleure : or, notre révolutionnaire a-t-il, à nos yeux, rempli son programme ? Non, certainement. L'orgueilleux novateur commence par se poser en homme universel, toute science est en lui, et c'est par la *révélation* qu'il en est entré en possession. Dieu l'inspire ; il faut croire.

Paracelse est devenu grand pontife. La théosophie des Orientaux va refleurir dans ses œuvres. Voilà où git l'inconséquence. Pour étayer son système, le maître appelle à la rescousse l'alchimie, l'astrologie et tout l'attirail suranné des jongleries magiques. Le soleil, la lune, les planètes, les étoiles sont mis à contribution pour le diagnostic et le traitement des maladies ; les fourneaux sont plus ardents que jamais, et les cornues distillent la quintessence de tous les corps ; minéraux, végétaux, corps organiques, tous sont sommés d'apporter leurs tributs et de livrer leurs arcanes au grand distillateur ; toute substance est soumise au creuset ; l'impur même, la putréfaction est mise en demeure de répondre à l'interrogation de l'illuminé; la chair humaine subit certaines préparations et sort de l'alambic sous le nom de *mumie*; les os, le crâne prennent la forme d'onguents, de pommades, de potions que la révélation rend aptes à guérir la goutte, l'épilepsie et foule d'autres maladies.

En vérité, quand on lit les paragraphes de Théophraste Paracelse, la préparation et l'indication thérapeutique de ses médicaments, sa grande chirurgie, etc., on reste confondu, anéanti, en présence de ces conceptions, et l'on se prend à répéter les invectives de Pline, quand il nous raconte la nauséabonde pharmacie de son temps. Ajoutez à tout cela des mots barbares et inconnus, souvent un laconisme de sphynx, vous aurez une vague idée des doctrines de cet homme étrange et toujours si diversement jugé. Les uns, en lui, n'ont vu qu'un fou; d'autres le regardent comme un génie et prétendent que sa théosophie ne fut qu'un moyen indirect de sculpter ses aperçus dans l'esprit de son auditoire, encore dominé par la superstition. Qui faut-il croire? Assurément, l'un des appréciateurs est en défaut. Eh bien ! à mon avis, l'une et l'autre qualification est trop radicale. Pendant les longs et mortels instants de loisir que donnent trois mois de repos forcé, j'ai relu

Paracelse, que je n'avais par hasard que rarement feuilleté depuis vingt ans, tant la lecture m'en paraissait aride, à l'exception toutefois des petites Catilinaires qu'il décochait si âprement contre nos bons vieux, et contre ses contemporains coiffés du bonnet carré. Je ne vous dirai pas que je suis arrivé à une appréciation impartiale de ce singulier type, ni même à lui rendre ce qui lui appartient, d'après ses œuvres. Mais en laissant de côté sa vie privée, ses travers, ses emportements, en s'attachant seulement à l'esprit qui a guidé son œuvre, je reste convaincu que sa lutte contre les vieilles écoles a été un grand pas franchi par l'esprit humain. Il a déblayé le terrain et, quoique sa doctrine ne vaille pas grand chose, il a montré comment on doit mettre de côté le respect des vieilleries et l'infaillibilité des dogmes. C'est là un bon exemple que suivront ses successeurs; ses élèves et ses adeptes s'empresseront d'écheniller sa doctrine; les indifférents y trouveront un enseignement salutaire et reconstruiront la science sur des données nouvelles. Je regarde le rugissement de Paracelse comme l'expression du bonheur que doit trouver l'esclave, quand la chaine est rompue. Réfléchissez-y donc! être libre, après quinze siècles d'abrutissement! penser tout seul, quand, pendant tant de siècles, les autres ont pensé pour vous! sortir d'un *carcere duro*, après cinq cent mille jours de misères et d'angoisses! C'est vertigineux, n'est-ce pas? Ce fut pourtant là le fruit de la révolte.

Non pas que Paracelse fût le héros de tout ce branlebas; mais, en médecine, c'est à lui qu'on doit l'émancipation.

Je n'ai pas à vous raconter toutes les péripéties, toutes les fluctuations de l'art jusqu'au commencement de notre siècle ; cette narration, très intéressante sans doute pour un connaisseur, vous semblerait et serait certainement fastidieuse pour un étranger à la littérature médicale.

Il est juste cependant que vous sachiez en quelques mots, quelle fut la destinée de l'école instituée par Paracelse.

Vous avez vu dans quelle ornière il avait acculé sa science ; ce fut bien pis encore après sa mort. Son système, réuni avec les rêveries des Rose Croix, devint un épouvantable chaos bien digne des plus mauvais temps du moyen âge ; toutefois une précieuse innovation surnagea dans cette eau trouble, ce fut l'entrée des médicaments chimiques dans la thérapeutique journalière.

Puis Van Helmont survint, qui corrigea beaucoup des erreurs et des exagérations de Théophraste, dont la lecture attentive lui avait donné l'idée d'une réformation en médecine. On a souvent associé ces deux noms : Paracelse, Van Helmont ; il s'en faut de beaucoup pourtant que ce dernier partage les idées de son prétendu maître, et, s'il existe quelques poins de contact, les divergences sont plus nombreuses encore.

Cependant le système du médecin belge fut accueilli avec peu de faveur, au moins en ce qui a rapport aux idées des spiritualistes : une nouvelle doctrine, celle de Descartes, rabaissa les principes spirituels de Van Helmont au niveau des êtres matériels, dirigea davantage l'attention des théoriciens sur la figure des atomes, et donna de cette manière une forme tout à fait nouvelle à la chimiatrie, que Sylvius contribua surtout à placer sous le jour le plus favorable.

Presque tous les professeurs des Universités dans les Pays-Bas, qui furent toujours la patrie de la philosophie cartésienne par excellence, avaient admis les ferments de Van Helmont et les tourbillons de Descartes comme autant d'articles de foi. On tenta même des expériences pour prouver l'exactitude de ce mariage ; la méthode pratique fut changée d'après les idées dominantes, et de cette manière, vers le milieu du XVIIe siècle, se répandit, de la Hollande dans les contrées voisines, une théorie chimique qui, par le charme de sa nouveauté et l'immense talent de son chef, ne tarda pas à jouir de la faveur générale. Toutes les fonctions du corps et toutes les maladies furent attribuées à la forme et au mélange des molécules des hommes, à la fermentation, l'effervescence, la précipitation et la distillation des éléments chimiques, et l'on chercha, par conséquent, à guérir toutes les affections à l'aide des réactifs de la chimie, en rejetant par conséquent, sans distinction, tous les principes de la vieille école.

La nouvelle venue était donc toute spéculative ; elle eut en effet pour résultat d'éloigner encore davantage les médecins de la route de l'observation, en représentant des principes surnaturels comme des choses sensibles, et en introduisant de pernicieuses méthodes basées seulement sur des hypothèses arbitraires. Sprengel, l'un des plus estimables historiens de la médecine, ne craint pas d'avancer que la méthode iatro-chimique fut plus dévastatrice que beaucoup de guerres réunies, tant la direction imprimée par cette nouveauté était contraire au bon sens et à la raison.

L'engouement fut donc quasi général, à l'exception d'un petit nombre d'écrivains, qui prirent les armes pour s'opposer à l'invasion ; la domination chimique fut bientôt établie. Toutefois l'école de Paris, qui paraît avoir si longtemps fait vœu d'immobilité, ne renia pas son passé et fit vaillamment face à l'ennemi, en demeurant fidèle aux principes du dogme galénique. Le hargneux Riolan, qui en était alors doyen, se prononça contre toute alliance de la chimie avec la médecine, et même contre toutes les préparations médicamenteuses chimiques.

Cet ostracisme fut maintenu pendant trois quarts de siècle, et ce ne fut qu'en 1666, et la main forcée par le Parlement, que la vieille entêtée, sous le décanat de Vignon, consentit à ouvrir ses portes à quelques médicaments chimiques, tels que l'émétique et l'antimoine, et même à les recommander. Comment Guy Patin n'en mourut-t-il pas sur le coup ! Cela est à ne pas comprendre, lui le roi des bilieux et des rageurs. Quoi qu'il en soit, il survécut à la catastrophe ; mais il put, dès lors, s'écrier : *Finis scolæ parisiensis*, que nous rendrions volontiers par cette exclamation : Quelle chance !

Vous ne connaissez pas Guy Patin ? Tant pis. C'est un homme dont le commerce ne pourrait manquer de vous plaire : doué d'une intelligence hors ligne, travailleur infatigable, instruit à lui seul plus que toute l'école, connaissant toutes les délicatesses et les subtilités de la langue, Guy Patin nous a transmis dans ses lettres, qui sont des modèles du genre, une peinture de son temps qui n'a été surpassée par aucun de ses contemporains ; on vit de son siècle en le lisant ; il vous fait passer par toutes les sensations qu'il a ressenties ; une lettre lue appelle la lecture de la lettre qui suit ; il moule, en un mot, le lecteur à son gré. Tour à tour badin, aimable, joyeux, caustique et sévère, il est passé maître dans l'art de bien dire. Joignez à cela un teint bilieux, indice d'une volonté forte, une face maigre et toute osseuse, un grand nez pincé et recourbé comme un bec d'aigle, .

un œil vif, profond, scrutateur et un rictus qui dégage un profond parfum d'ironie, vous prendrez une idée du rude ennemi que l'iatro-chimie eut à combattre. Il va sans dire qu'avec toutes ses qualités, notre homme était d'une opiniâtreté rare, et que, servi par son immense érudition, il trouvait rarement des lutteurs à sa taille.

Guy Patin fut le plus redoutable défenseur des écoles d'Hippocrate et de Galien, qui commençaient à tomber peu à peu dans l'oubli ; il a laissé, non pas une réfutation complète des idées qu'il avait prises corps à corps, mais des preuves de la haine irréconciliable et véritablement aveugle qu'il portait aux chimistes de son temps. Dans ses lettres, il les traite de faux-monnoyeurs de la médecine, et il ne dépend pas de lui qu'on ne leur inflige les mêmes peines qu'à ces malfaiteurs. Lui-même n'avait jamais administré une seule préparation antimoniale et, suivant son opinion, l'antimoine a fait périr plus d'hommes que la guerre de trente ans n'en a moissonné dans les champs de l'Allemagne. Il a enregistré dans son *Martyrologium antimonii* tous les cas où l'antimoine lui a semblé avoir produit des effets nuisibles et mortels ; mais on conçoit facilement combien il était partial et infidèle, quand on se rappelle les calomnies qu'il se plaisait à répandre et les anecdotes apocryphes qu'il faisait circuler, à l'encontre des médicaments qui lui remuaient la bile.

Pauvre cher homme ! quel crève-cœur ! Avoir été forcé jusque dans l'antre sacro-saint !

Oh ! ne pensez pas que le vieil athlète fut désarmé ; il battit vaillamment en retraite, et exécuta par ses élèves quelques pointes hardies sur le territoire ennemi ; mais les tirailleurs n'avaient pas la sagacité du général, et l'on put bientôt constater qu'Avicenne et

Galien étaient bien morts, et qu'on ne parlerait plus d'eux qu'à titre de curiosités historiques.

Il y a parfois dans la vie des peuples de singulières contradictions avec leur génie, leurs mœurs et leur passé. Pendant que les nations civilisées de l'Europe, dont la France représente assez bien le centre, étaient, au nord, sous l'influence nuageuse des préceptes de Van Helmont, de Descartes et de Sylvius, lesquels laissent échapper une certaine senteur poétique ; l'Italie se jetait à corps perdu dans le domaine de l'exactitude, non pas de cette exactitude qui est le fruit de l'observation grave et raisonnée, mais sur des comparaisons rien moins que solides pour édifier une doctrine quelque peu durable.

L'iatro-chimie avait fait un laboratoire de notre organisation ; il y avait encore des réactions, des fermentations, quelque chose enfin qui n'était pas tout à fait la matière : l'école italienne s'inquiéta peu de toutes ces rêveries ; frappée de l'insuffisance de la chimie pour donner une explication satisfaisante des phénomènes de l'économie animale, elle basa son système sur la comparaison du corps humain avec les machines, et sur le calcul des fonctions, d'après les lois de la statique et de l'hydraulique. Les parties solides jouaient bien le grand rôle dans cette doctrine ; mais on ne les considérait que comme des canaux inertes, ou comme des machines formées par un assemblage de canaux privés de la vie. On attribuait le mélange des humeurs aux mouvements de ces tubes, et personne ne conçut l'idée de chercher, dans les parties solides, des forces d'un ordre supérieur à celles de la cohésion, de la gravité et de l'attraction, qui servent, en mécanique, dans la construction des pompes ou des autres machines hydrauliques, pour calculer la force et la vitesse des mouvements. L'école iatro-mécanique fit donc un pompier du médecin, comme la chimiatrie en avait fait un brasseur.

Malgré la haute valeur des travaux de Borelli, de Bernouilli et de tant d'autres de leurs élèves, il restait bien des lacunes à combler par l'école mathématique ; il fallait recourir à d'autres théories pour expliquer les fonctions du corps ; aussi la doctrine chimique s'imposa-t-elle de suite comme une absolue nécessité. On pourrait dire que la nouvelle école fut surtout physiologique ; la pratique de la médecine, et surtout la méthode curative, ne pouvaient guère acquérir de précision ni de certitude avec ses données : Baglivi eut bientôt établi cette différence entre la théorie et la pratique. En effet, tandis que, dans la théorie, il cherche à tout expliquer par les lois de la mécanique, et même à rapporter les principes de la chimie aux exigences de la statique, il se déclare, dans la pratique, partisan d'Hippocrate, et avance les mêmes idées que Sydenham.

Pendant les trois siècles d'agitation scientifique qui suivirent la Renaissance, il est curieux d'observer l'instabilité des systèmes physiologiques et médicaux, qu'on vit successivement s'édifier et crouler. Après Paracelse, Van Helmont ; puis Sylvius, Descartes, Borelli ; puis la doctrine spiritualiste de Sthal, le système mécanico-dynamique d'Hoffmann, l'irritabilité de Haller, la théorie, plus moderne encore, de l'excitement. On frappait de tous côtés aux portes du temple scientifique ; tout le monde voulait entrer à la fois et chacun se flattait d'être seul en possession de la vraie vérité. Les disciples, bien entendu, dépassaient toujours le maître ; de là les pamphlets, les libelles et tous les projectiles en usage dans ces joyeuses batailles où chaque champion se prétend seul dépositaire de la science et regarde l'adversaire comme indigne. J'aurais aimé voir en champ clos, Sthal, Paracelse, Sylvius, en compagnie d'un iatro-mécanicien et d'un intransigeant comme Guy Patin ! Bon Dieu, quelles rudes joûtes ! que de compliments anti-parlementaires échangés entre ces intolérants ! Figurez-vous, rue des Saints-Pères, Jules Guérin aux prises avec Malgaigne, Pasteur et Colin se défiant comme les héros d'Homère, et Pidoux félicitant à sa manière le très peu patient Germain Sée. Quelle bonne aubaine pour un spectateur désintéressé !

Malheureusement le congrès scientifique du commencement du XVIIe siècle, tout intéressant qu'il eût été, n'eût guère fait marcher la science ; celle-ci n'avait pas trouvé un terrain assez solide pour se fixer, ou plutôt ce terrain avait depuis longtemps été déserté pour faire place à l'hypothèse, et l'on ne se mettait pas en tête qu'avant de couronner l'édifice, il en faut assurer les fondements. Quelques penseurs toutefois rentraient dans le bon sentier et, aussi peu soucieux des dogmes que des spéculations, ils arborèrent résolûment le drapeau d'Hippocrate et celui de l'empirisme. De ce nombre fut Bacon, parmi les philosophes. Il mettait la médecine au nombre des sciences conjecturales, parce que l'objet dont elle s'occupe est extrêmement compliqué et sujet à un nombre infini de variations. Jusqu'à présent, dit-il, on a plutôt ébranché que perfectionné cette science, et on l'a moins étendue que cultivée, parce que tous les travaux qui la concernent forment un cercle en se confondant les uns avec les autres, au lieu de marcher en ligne droite et de se succéder.

Bacon pense avec raison qu'une trop grande vénération pour les écrits des anciens est l'un des principaux obstacles qui s'opposent aux progrès de la médecine, comme de toutes les sciences d'observation. On ne peut attendre de l'antiquité la maturité de jugement et cette richesse d'expérience qui sont les heureux fruits de la véritable antiquité du monde. D'ailleurs c'est une véritable lâcheté que d'en appeler sans cesse aux auteurs, et de méconnaître les droits de l'auteur des auteurs, c'est-à-dire du temps. La vérité est la sœur du temps et non de l'autorité. En général, on ne doit pas s'attendre à rencontrer beaucoup de philosophie dans les livres qui se répètent continuellement les uns les autres, mais il faut étudier la nature elle-même. Imitez, dit le philosophe, la conduite d'Hippocrate et de Baillou ; tracez un tableau fidèle des maladies, de leurs causes, de leur curation ; surtout n'attachez pas de prix aux opinions et aux hypothèses.

Vous voyez que le grand réformateur sentait parfaitement les vides de la science, et vous ne pouvez douter que les médecins n'aient beaucoup contribué aux progrès de cette dernière, en profitant de ses sages avis.

L'observation, dès lors, prit droit de cité dans la science ; il faut dire aussi que les progrès réalisés par la physiologie et les sciences naturelles vinrent donner une immense extension au champ des études ; d'un autre côté, ceux de plus en plus grands de l'anatomie normale, et ceux déjà sensibles qu'avait fait l'anatomie pathologique, sous l'habile direction de l'école de Morgagni, reculaient à chaque instant les limites des connaissances médicales. L'introduction d'une foule de médicaments exotiques, dans la thérapeutique, en multipliant les recherches, finit par faire entrer complètement l'art médical dans la voie qu'il n'eût jamais dû quitter.

Aussi le siècle dernier est-il un des plus féconds pour notre art, et jamais, peut-être, un siècle naissant ne fut, plus que le nôtre, privilégié dès son début.

VINGT-SIXIÈME SOIRÉE.

**L'ancienne faculté de Paris.
Enseignement aux barbiers à Montpellier.**

J'ai essayé de vous donner quelques-unes des raisons qui font de la médecine une véritable science ; je l'ai fait sans prétention et, certainement, d'une manière bien imparfaite, furetant à droite, glanant à gauche, récoltant dans mes vénérables bouquins quelques renseignements que j'ai recousus ensemble, le plus proprement possible, sans beaucoup d'ordre : cela vous sera toujours aussi utile, pour vous, profane, que la lecture de l'affiche qui prévient les étudiants de notre faculté qu'un cours d'histoire de la médecine, professé par M. X., sera livré au public, tel jour, dans le grand amphithéâtre ; mais en attendant la résurrection d'un Malgaigne ou d'un Daremberg, vous aurez toute latitude pour réfléchir.

Puisque je parle de notre *alma mater*, la vieille faculté parisienne, qui m'a laissé de si agréables souvenirs, tant à cause de mes anciens maîtres, aujourd'hui disparus, que de ceux dont j'ai le plaisir de serrer quelquefois la main, laissez-moi vous dire quelques mots

sur sa constitution, ses allures, son existence, jusqu'à
sa suppression par le soufle révolutionnaire de 1793.

Sur ce terrain, je serai bien tranquille. J'avais, depuis
longtemps, quelques renseignements précieux dérobés
par-ci par-là ; mais, actuellement, je trouve la table
toute servie et je m'assieds sans façon, laissant la carte
à payer à l'historien de l'ancienne Faculté de médecine
de Paris.

M. le docteur Corlieu, bibliothécaire de l'école, eut,
l'année dernière, l'heureuse inspiration de réunir en un
livre, les attachants feuilletons qu'il avait confiés à la
France médicale, dont je faisais mon profit sans penser
qu'un jour je me trouverais en demeure de faire revivre, en votre compagnie, ce passé, respectable en tous
points, des méditations de l'archéologue et du médecin.
Je relus donc, avec tout l'intérêt que vous devez comprendre, ce charmant volume qui me retraçait tout d'un
trait l'histoire d'un passé qui m'avait laissé quelque
chose d'incertain, qui m'irritait et qui m'échappait. Le
docteur Corlieu a relié la chaîne, et c'est à lui que je
laisse la responsabilité des faits que je vais analyser.

Je vous ai dit que la médecine, toute monacale pendant le moyen âge, était peu à peu tombée dans la
main des laïques, soit par suite des défenses réitérées
des papes, soit par suite de l'émancipation graduelle des
serfs, conséquence des croisades et de la constitution
des communes. En 1281, le corps médical fit société à
part, et voulut avoir ses sceaux à lui, une masse en
argent, ses registres particuliers et son domicile.

L'installation primitive des écoles de médecine fut
faite à côté des écoles des arts, dans une rue qui prit le
nom de rue des *Escholes* ou des *Escholiers;* puis, en
1300, celui de rue du *Feurre*, à cause du feurre ou

fouarre dont elle était couverte, et sur lequel s'asseyaient les étudiants. En 1338, l'Université obtint de Charles, régent du royaume, que l'on mît, aux deux bouts de la rue, des portes qui seraient fermées le soir, afin d'empêcher les écoliers d'y venir déposer leurs ordures, et de s'y amuser avec les filles de joie qui logeaient dans le voisinage. Quatre ans après, le roi Jean daigna fournir le bois des portes, qu'on tira de la forêt de Fontainebleau. Puis on acheta dans la rue aux Rats, actuellement rue de la Bûcherie, une maison encore existante et dont l'enseigne est un grand numéro 13, lequel indique sa destination actuelle ; après quelques acquisitions nouvelles, la Faculté, à la fin du XVIe siècle, possédait une salle d'assemblée, une chapelle, une bibliothèque, un jardin botanique et un logement pour les bedeaux.

En 1604, on construisit un amphithéâtre ouvert à tous les vents, et l'on fut bientôt forcé d'acquérir, par voie d'expropriation, une maison voisine portant l'enseigne de Sainte-Catherine et dans laquelle on éleva un nouvel amphithéâtre qui, réparé quelques années après, fut inauguré par Riolan, lequel l'illustra par son enseignement, et dont il conserva longtemps le nom.

Toutefois, malgré des réparations continuelles et successives, les bâtiments des écoles étaient en fort mauvais état, par suite des filtrations des eaux de la Seine, et la faculté n'était pas riche ; quand un jour, le 22 mars 1643, on apporta au doyen un parchemin lui léguant 30,000 livres tournois pour la restauration de ses écoles ; et, malgré que le legs fut réduit à 20,000 livres, c'était une précieuse aubaine dans cet instant de détresse. On répara, on fit quelques changements intérieurs. Il y eut ainsi une grande salle au rez-de-chaussée pour les actes et les leçons ; dans la salle à côté, à gauche, était le local des consultations gratuites données tous les samedis par six docteurs régents, choisis à nombre égal parmi les anciens et les nouveaux, et que les bacheliers assistaient pour écrire les ordonnances et se former à la pratique.

En 1741, on décida la démolition de l'amphithéâtre de Riolan, qui était à droite, et le nouveau fut inauguré par Winslow, le 18 février 1745 ; on peut le voir encore au coin des rues de la Bûcherie et de l'Hôtel-Colbert.

En 1775, le travail de mine journellement produit par la Seine fit expatrier les docteurs qui durent se réfugier dans le logement laissé libre par les écoles de droit, rue Jean-de-Beauvais. Toutefois les démonstrations anatomiques continuèrent à avoir lieu dans l'amphithéâtre de Winslow.

Cependant l'installation n'était que provisoire, et pendant que l'orgueilleuse Académie de chirurgie élevait sur l'emplacement de l'hôtel de Bourgogne le splendide hôtel qui est la Faculté de médecine actuelle, le pauvre doyen Charles Desessarts suppliait vainement le roi de lui accorder les bâtiments de l'hôpital Saint-Jacques. La requête fut sans effet. La Faculté resta dix-sept ans, rue Jean-de-Beauvais, et finit, comme toutes les corporations enseignantes, par disparaître en 1793, pour renaître deux ans plus tard sous le nom d'*Ecole de santé*.

Si nous voulons aujourd'hui, dit Corlieu avec un accent de triste résignation, faire un pèlerinage au berceau de notre profession, nous n'y trouvons plus que l'amphithéâtre monumental et deux plaques de marbre qui nous rappellent les écoles d'autrefois. Le logement des bedeaux est devenu la maison au gros nº 13 ; l'amphithéâtre divisé et subdivisé a été un cabaret de bas étage et des logements à bon marché ; les anciennes salles sont devenues un lavoir public et une buanderie. Quant à la chapelle, au jardin botanique, à la bibliothèque, tout a disparu ou bien a été approprié pour l'usage actuel.

Sic transit gloria mundi !

Pour prétendre à l'étude de la médecine, il fallait savoir le grec, le latin, la rhétorique ; avoir fait deux années de philosophie pendant lesquelles on étudiait la logique, l'esthétique, la physique, la métaphysique, et l'on commentait Aristote, le maître universel. On passait alors l'examen de maître ès-arts, sorte de baccalauréat ès-lettres, et l'on recevait la qualification de *Philiâtre*, après avoir rempli certaines formalités bureaucratiques. Le philiâtre était admis aux lectures des bacheliers en médecine et des docteurs régents. Ces cours consistaient dans l'explication des aphorismes d'Hippocrate, dans l'étude des *choses naturelles* (anatomie et physiologie), des *choses non naturelles* (hygiène et régime), et des *choses contre nature* (pathologie et thérapeutique). Les cours étaient faits tous les jours, excepté les vacances et les jours fériés : ils étaient en latin, bien entendu, et devaient être régulièrement suivis par les étudiants, qui étaient tenus de noter les explications des professeurs, aux leçons et aux discussions publiques.

Dans ce temps, on était matinal ; à 5 heures, en été, à 6 heures, en hiver, les bacheliers émérites commençaient les lectures et, à partir de 8 heures à 11 heures, et le soir de 2 heures à 4 heures, les docteurs prenaient en main le véritable enseignement.

Primitivement on s'en tint aux aphorismes d'Hippocrate ; plus tard on y joignit des commentaires sur Galien, Avicenne, Rhazès, Fernel, etc.

La première année était, en général, consacrée à la matière médicale, à la pharmacie et à la physiologie ; la seconde à la pharmacie, à la pathologie, à la chirurgie ; la troisième à la physiologie, à la matière médicale, à la pathologie ; la quatrième à la physiologie, à la chirurgie et à la pathologie. Toutefois cette marche n'était pas obligatoire.

Le cours d'anatomie, qui se faisait en hiver, était annoncé aux portes des écoles et dans les carrefours de la ville. Dans les grandes séances, on était tenu d'y assister sans cannes ni épées, tant on craignait les querelles entre chirurgiens, barbiers et étudiants. Mais les cadavres étaient difficiles à obtenir, et chaque exécution mettait en liesse toute la bande étudiante. Par arrêt du parlement, il était défendu d'enlever les cadavres, sans autorisation du doyen, et de faire anatomie, sans la présence d'un docteur régent. La disette des cadavres et l'omnipotence du doyen amenèrent de fréquents démêlés avec les chirurgiens et les barbiers qui ne se gênaient pas d'en dérober à l'occasion, malgré les rigueurs de l'école, toujours absolue dans ses droits et privilèges.

, Enfin après quatre années d'études complètement théoriques et toujours en latin, l'étudiant devait subir l'examen du baccalauréat sans avoir, jusque là, mis le pied à l'hôpital.

Les examens au baccalauréat n'avaient lieu que tous les deux ans ; les candidats. dont le nombre était très restreint, puisqu'il ne dépassa jamais huit ou dix, présentaient une supplique au corps des docteurs régents et recevaient chacun leurs lettres testimoniales, qu'ils exposaient, au jour désigné pour les épreuves, devant le doyen de la Faculté. Six docteurs étaient nommés à l'élection pour collationner et examiner ces lettres que confiait le doyen ; puis les examinateurs étaient aussi nommés à l'élection par une sorte de suffrage à deux degrés. On élisait d'abord cinq docteurs qui choisissaient en secret, parmi les régents présents à l'assemblée, trois anciens et trois nouveaux parmi les plus exacts aux assemblées, et on extrayait de chaque urne deux noms, ce qui, avec le doyen, qui n'était jamais professeur, constituait le corps examinant.

Ceux-ci, après le serment préalable d'être intègres pendant la durée de leurs fonctions, avaient alors directement affaire aux futurs bacheliers.

Tout étant ainsi bien en règle, une semaine était consacrée aux examens.

Le lundi avaient lieu les examens de physiologie et d'anatomie ; le mardi, ceux d'hygiène et le mercredi, ceux de pathologie.

Toutes les argumentations étaient en latin : l'art. 82 des statuts porte, entre autres choses, qu'aucun docteur ne pourra dans la discussion parler en français, ni interrompre son collègue. Le jeudi on se reposait, pour reprendre le vendredi avec plus d'ardeur, pour véritablement s'assurer de la capacité du candidat, laquelle capacité ne me paraît guère que la facilité de jongler avec la scholastique, deux heures et demie durant chaque séance, entre l'examinateur et l'examiné.

Enfin, le samedi matin, les docteurs régents se rendaient après la messe dans les salles supérieures pour entendre le rapport fait sur chaque candidat par le plus ancien examinateur, et donner son avis. Chaque docteur régent exprimait son suffrage par le mot *sufficiens* ou *incapax*, et si le candidat réunissait en sa faveur les deux tiers des voix, il était admis. Puis, en présence de toute la Faculté, le doyen proclamait les noms des élus et leur faisait prêter serment : mais ce n'était pas tout, il fallait, vers le mois de juin, passer l'examen de botanique et se préparer, pour le mois d'octobre, à soutenir les thèses quodlibétaire et cardinale.

Les thèses quodlibétaires, ainsi que leur nom l'indique, traitaient d'un sujet quelconque de pathologie ou de physiologie : elles ne comportaient pas ce que nous entendons actuellement sous la même expression : c'était tout simplement des feuilles manuscrites remises au doyen et aux examinateurs, et sur lesquelles le bachelier argumentait plus ou moins bien, selon qu'il avait plus ou moins cultivé la scholastique ; elles étaient toutes dans le genre de celle-ci : *An mos celerius, fœmina tardius conformatur?* L'épreuve n'était pas longue, elle ne durait que depuis *six heures.du matin à midi !*

Bon Dieu ! que de sottises débitées pendant des siècles par les neuf professeurs et le malheureux patient qui embellissait la sellette !

Enfin, à partir du Mercredi des Cendres jusqu'à la Saint-Pierre, on s'occupait des thèses cardinales, qui, toutes, roulaient sur l'hygiène et avaient été instituées en l'honneur du cardinal d'Estouteville, qui, en qualité de légat du pape, en 1452, avait rendu d'assez grands services à l'Université, entre autres, en abolissant le célibat imposé aux docteurs qui voulaient arriver à la régence.

Je ne vous dirai rien que vous n'ayiez pressenti, en vous rappelant que cette dernière épreuve était le digne pendant des autres, et que l'hygiène était aussi mal traitée, à cette occasion, que les autres branches de l'art médical.

Après toutes ces longues et fastidieuses épreuves, le brevet était enfin délivré, après quatre et quelquefois six années de temps précieux gâché dans les stériles disputes de la scholastique.

Cependant si les vieux régents aimaient bien ergoter, je dois vous rappeler aussi qu'ils ne dédaignaient pas la discussion *inter pocula :* on banquetait souvent. Les bons mets et les bons vins n'étaient pas de refus, après d'aussi lourdes besognes : on causait beaucoup, on riait de même, et la tête et les jambes s'en ressentaient un peu. Aussi Brillat Savarin nous a-t-il donné la deuxième place dans la classe des gourmands de profession.

Voilà donc notre bachelier jugé digne d'appartenir à l'école, ce qui ne l'empêche pas d'être d'une superbe ânerie en médecine ; mais il sait argumenter et va commenter à son tour les respectables ouvrages qui donnent à la Faculté sa gloire et son prestige, c'est-à-dire Galien et Avicenne. Maître le matin vis-à-vis des étudiants, il redeviendra élève le soir ; il aura pour conseiller un docteur régent, et s'instruira à la pratique de la médecine, en assistant tous les samedis à la consultation charitable, imaginée et mise en pratique par Théophraste Renaudot, médecin de Montpellier, à la grande vexation de la Faculté, en 1639. Il n'y avait donc, avant cette époque, pas ombre de pratique, et les deux années, qui étaient imposées au bachelier pour arriver à la licence, ressemblaient fort aux quatre années que nécessitait l'obtention du baccalauréat.

Pendant ce temps, le futur licencié avait deux thèses quodlibétaires à soutenir, l'une sur un sujet de pathologie ou de thérapeutique, l'autre sur une question médico-chirurgicale. Ces épreuves se passaient selon la forme usitée pour la soutenance des thèses du baccalauréat.

Les bacheliers émérites suivaient en outre les cours de chirurgie latine et de chirurgie française ; car, si les médecins ne pratiquaient pas la chirurgie, ils ne devaient pas l'ignorer. Pendant l'hiver de la seconde année, ils devaient faire preuve de leur habilité chirurgicale, pendant toute une semaine, sur un cadavre, en présence de la Faculté. Ils étaient interrogés sur les causes, les signes et la cure des maladies chirurgicales, sur l'application externe des médicaments, sur les instruments de chirurgie et expliquer la manière d'appliquer les bandages, en mettant eux-mêmes la main à l'œuvre.

Restaient enfin les examens de la *pratique de la médecine,* qui étaient tout à fait oraux et subis en présence de toute la Faculté réunie, ce qui les rendait très longs et très sérieux.

Après avoir satisfait à toutes ces épreuves, l'aspirant devenait *licenciade* jusqu'au jour de sa consécration officielle et religieuse par le chancelier de l'Université, habituellement chanoine de Notre-Dame.

C'était encore un remue-ménage à la Faculté : les licenciades devaient d'abord être présentés par le doyen et tous les docteurs régents en grande robe, au chancelier, dans le palais archiépiscopal ; on pérorait de part et d'autre en latin, et les futurs licenciés offraient des pastilles à l'assistance en *us.* Quelques jours après, les élus, accompagnés des nouveaux bacheliers, se rendaient chez les hauts fonctionnaires de l'Etat, pour les inviter, au nom de la Faculté, à se rendre à la cérémonie de la proclamation par le chancelier, avec accompagnement de discours bien sentis, toujours ronflants et toujours ampoulés, pour la plus grande glorification des parties présentes et intéressées.

Entre la présentation officielle au chancelier et le grand jour de la consécration, qui se faisait de par l'autorité apostolique, il y avait encore à l'école la cérémonie du *Paranymphe*, cérémonie toute symbolique qui consistait dans le mariage des licenciés avec le Faculté. Le doyen servait de garçon d'honneur. Toute la société, revêtue de ses plus beaux habits et prenant l'air grave qui convenait à la circonstance, écoutait avec recueil les phrases sonores qui exaltaient l'illustre profession médicale, ou les paroles ridicules et convention. nelles qui mettaient en relief les qualités de l'épouseur.

Enfin, après six années d'études, l'étudiant en médecine recevait ses *lettres de licence* et avait droit d'exercer à Paris et par toute la terre, investi qu'il était par l'autorité ecclésiastique, sans avoir à subir l'épreuve du doctorat. Quelques-uns se contentaient de leur titre et allaient en province ou restaient dans la capitale ; mais la majorité ambitionnait le grade de docteur qui les incorporait à la confrérie médicale et les faisait membres de la Faculté.

Il n'y avait plus maintenant qu'une affaire de formalités qui se passait en famille ; le chancelier, les chanoines n'avaient rien à y voir. Le licencié disposé à acquérir le bonnet doctoral adressait une supplique et avait deux actes encore à remplir : celui des *vespéries*, parce que primitivement il avait lieu dans l'après-midi, et qui consistait en une argumentation sur un sujet donné, dans lequel il y avait toujours deux propositions contraires à discuter, et pour lequel on déployait toujours la même mise en scène.

Enfin, après une attente de quelques jours, le grand moment arrivait.¹ La Faculté se mettait en liesse, toujours, bien entendu, aux frais du récipiendaire.

Le nouveau collègue, précédé de deux appariteurs, en robe et portant leurs masses d'argent, ayant à sa droite le président de l'acte, et suivi des docteurs régents qui doivent l'argumenter, et des bacheliers, entre dans les salles inférieures magnifiquement ornées pour la circonstance, et prend place dans la grande chaire avec le président ; les appariteurs se tiennent debout de chaque côté, et, avant l'argumentation, le premier appariteur rappelle la formule qui suit :

Maître qui aspirez au doctorat, il faut avant toutes choses jurer sur ces trois points:

1º Observer les droits, statuts, décrets, lois et coutumes de la Faculté ;

2º Assister le lendemain de la Saint-Luc à la messe pour les docteurs décédés.

3º Combattre de toutes ses forces ceux qui, pratiquant illicitement la médecine, peuvent nuire à la vie et à la santé des citoyens.

Voulez-vous jurer ?

Le moment était solennel. Le récipiendaire, debout, au milieu de l'auditoire, prononçait le *juro*. Ce fut, le 17 février 1673, le dernier mot de Molière, reçu docteur.

Vous faites-vous maintenant une idée du nouveau médecin appelé à rendre la santé et la vie à ses concitoyens, comme le dit expressément la troisième formule du serment ? Il ne lui manquait qu'une chose, la pratique de son art, car on ne pouvait guère considérer comme telle, l'assistance aux consultations gratuites du samedi. Mais la Faculté avait tout prévu, et l'article 39 des statuts mettait le nouveau docteur dans l'obligation d'accompagner, pendant deux ans, ses confrères qui, à l'Hôtel-Dieu ou à l'hôpital de la Charité ou dans les paroisses, exercent la médecine des pauvres ; En étaient seuls dispensés ceux qui auraient déjà exercé la médecine en province avec succès, pendant quatre ans, dans un eville importante.

Somme toute, huit années passées à faire un mauvais médecin.

Enfin notre homme est docteur militant de la Faculté, et peut un jour devenir professeur; c'est même en cette dernière qualité qu'il va inaugurer son nouveau titre ; il faisait alors acte de régence. C'était pour le nouveau venu présider extraordinairement une thèse quodlibétaire à la Saint-Martin suivante, et le lendemain il était inscrit sur les registres de la Faculté.

L'ancienne Faculté était constituée par tous les docteurs régents, à l'exception de quelques-uns qui, très rarement, quittaient Paris pour aller s'installer en province. Il y avait en moyenne cent trente à cent quarante médecins dans la capitale, sans compter, bien entendu les guérisseurs de toutes les provenances; ce qui faisait une moyenne de un praticien pour environ 5000 clients : actuellement il y en a 2000, soit un pour 800 habitants; il est vrai que la moyenne des réceptions était jadis de 5 à 10 par an, tandis que maintenant, elle est d'environ trois cents dont l'immense majorité va chercher refuge en province.

L'ancienne école formait donc une véritable corporation dont le doyen était le chef, nommé au scrutin par une élection au second degré. Tous les régents déposaient leur nom, les anciens, ceux qui étaient inscrits depuis 10 ans, dans une urne; les jeunes dans une seconde urne ; le doyen tirait trois noms de la première et deux noms de la seconde ; les cinq élus étaient proclamés en assemblée, séance tenante ; ils se rendaient à la chapelle pour implorer le secours de Dieu ; là ils choisissaient trois régents qu'ils croyaient dignes du décanat, revenaient avec leurs trois bulletins que l'*Ancien* déposait dans une urne ; le doyen, dont les fonctions expiraient tirait l'un de ces bulletins, c'était celui du nouveau doyen dont la charge allait s'exercer pendant deux ans.

Le nouveau chef de la Faculté recevait alors les insignes de l'emploi, et prêtait serment en latin entre les mains de son prédécesseur. Ce serment était de cinq articles concernant les intérêts de la Faculté. Le doyen devenait l'administrateur de l'Ecole et examinateur ; il gardait les registres, rédigeait les commentaires, avait les deux sceaux de la Faculté, recevait les revenus, en rendait compte, faisait les baux de location, poursuivait les procès ; il signait et approuvait les thèses, faisait présider les docteurs à leur tour, les réunissait quand il le jugeait à propos.

Il était un des trois doyens qui, avec le recteur, gouvernaient l'Université, et était un de ceux qui élisaient ce dernier. Il présidait aux examens des chirurgiens et des apothicaires, visitait les officines avec le professeur de pharmacie et deux autres régents ; il signait l'autorisation de délivrer les cadavres et pouvait saisir ceux qui étaient enlevés secrètement par les chirurgiens ou les étudiants ; il assistait avec l'Ancien à l'autopsie du roi et signait l'acte de décès. Il avait double revenu de tout ; une grande charge, beaucoup d'honneur, parlait au nom de la Faculté dans les occasions solennelles ; il parlait dans la Grande-Chambre avant l'Avocat général.

Quant aux procès, ils étaient très fréquents : procès contre les empiriques et les médecins étrangers, procès contre les chirurgiens de Saint-Côme, procès contre les barbiers, contre les enleveurs ou détenteurs de cadavres, procès pour soutenir les privilèges du corps, procès contre les apothicaires, etc. Aussi fut-il bientôt nécessaire de lui donner des aides pour mener de front toute cette besogne ; le nombre en fut porté à neuf, six anciens et trois nouveaux. Le décanat n'était donc pas une sinécure et l'on comprend très bien Guy Patin écrivant que la charge est plutôt *onus quam honos*.

En 1598, une nouvelle charge, celle de *censeur*, fut créée pour entretenir d'une façon régulière les rapports avec l'Université ; toutefois ces nouvelles fonctions ne paraissent pas avoir été d'une grande utilité dans le fonctionnement de la Faculté ; mais c'était toujours un léger allègement à certains travaux pour le doyen. Le censeur, comme tous les dignitaires, était soumis à l'élection. La durée de ses fonctions était de deux ans.

Le corps enseignant était recruté parmi tous les docteurs régents et les bacheliers qui servaient de répétiteurs. Tous étaient appelés à prendre part aux actes publics de la Faculté et aux examens des élèves.

Au début, deux professeurs suffirent à l'enseignement : l'un enseignait les choses naturelles et non naturelles, le second démontrait les choses contre nature ; jusqu'en 1641, la Faculté se réservait le droit de choisir ses professeurs parmi ceux de ses membres qui en faisaient la demande. Dès ce moment, ils furent nommés à l'élection.

Hippocrate et Galien étaient les principaux guides suivis ; on avait choisi les aphorismes, les maladies aiguës, les pronostics ; on se servait de l'extrait de Johannitius pour commenter Galien.

On expliquait aussi quelques ouvrages spéciaux, tels que le traité de Philarète sur le pouls, celui de Théophile pour les urines ; le *Viatique* d'Isaac, le *Continent* de Rhazès, les *Canons* d'Avicenne, le *Colliget* d'Averrhoës, Avenzoar et quelques autres bonnes gens, dont la lecture est aussi insipide que vide. L'hygiène était dans les traités diététiques d'Hippocrate et de Galien, et dans les préceptes de l'école de Salerne.

L'anatomie, faisant partie des choses naturelles, entrait dans les attributions du professeur de première année ; il enseignait l'ostéologie du haut de sa chaire, et n'était tenu qu'à deux anatomies par an.

Heureusement que quelques cours particuliers, le Collège de France et le Jardin du Roi venaient suppléer à l'insuffisance de ce cours, qui est l'introduction indispensable à toute étude médicale.

Plus tard, longtemps plus tard, la Faculté qui s'était adjoint de nouveaux élèves en admettant les chirurgiens barbiers à son enseignement, dut bien limiter le domaine de la chirurgie. Réunions fréquentes et grandes discussions, comme vous devez le comprendre.

Enfin on décréta maladies chirurgicales, toutes celles où il y a œuvre de la main : telles sont les plaies, les ulcères, les fractures, les luxations, les tumeurs contre nature.

Les chirurgiens lettrés ou de longue robe avaient bien leurs professeurs particuliers ; mais ces professeurs, qui enseignaient en français, n'avaient rien de commun avec la Faculté de médecine dont ils furent les plus acharnés ennemis.

Bref, le 16 octobre 1634, après trois siècles et demi d'existence, la bonne mère enfanta d'un professeur de chirurgie.

Je ne veux pas ici discuter le mérite des auteurs que la docte école adopta pour le plus grand bien de ses élèves ; je laisse aux anciens leur valeur, qui est d'une incontestable réalité ; mais, vraiment, je ne comprends guère l'admission de Tagaut et de Gourmelen en si bonne societé : il est vrai qu'ils étaient de la confrérie. Ambroise Paré, pauvre petit chirurgien barbier, n'était qu'un pleutre ! Mais Paré trône à Laval, immortalisé par le ciseau de David, tandis que les deux régents dorment d'un sommeil profond dans quelque coin de nos biblio-thèques : je les ai bien, pour mon compte, mis à l'air une fois depuis vingt-cinq ans.

Laissons les morts dormir de leur somme éternel ! En 1506, un petit jardin botanique, pour lequel chaque ba-chelier payait dix-huit sols par an, était annexé à la Faculté ; le jardin était bien exigu, la botanique avait les mêmes proportions.

Cent trente ans plus tard, la création du jardin du roi déplaça les études, et l'on reconnut la nécessité de créer une nouvelle chaire qu'on attribua à François Blondel (1646), attaché déjà au jardin du Roi et qui conserva sa place pendant dix ans. Mais la Faculté ne put soutenir la concurrence, et l'on ne s'inscrivit plus à l'école que pour obéir au règlement.

Quelque temps après, les Régents chargés d'instruire les apothicaires et de surveiller leurs boutiques, récla-mèrent leur assimilation aux autres professeurs et à faire des cours publics de pharmacie.

Lors de la revision des statuts en 1696, une cinquième chaire fut créée pour l'enseignement de la pharmacie, et les titulaires purent jouir des prérogatives attachées à leur titre.

Toutefois ce n'était pas une petite affaire que cet établissement d'une chaire de pharmacie chimique à la Faculté! Il existait, contre la chimie et les médicaments qu'elle peut procurer, des préventions bien difficiles à détruire et dont nous avons vu les fluctuations, quelques années auparavant, se dérouler pendant la vie de Guy Patin. Aussi le jardin du Roi s'empara-t-il encore de cette source féconde de la science, au détriment de l'Ecole, toujours entichée de la pharmacie galénique. Celle-ci fut l'enfant chérie de la maison. Les décoctions, les infusions, les macérations, les onguents, les pommades, les mélanges inimaginables de substances pulvérisées, avec du vin et du miel, furent la conséquence des principes sur lesquels vivait l'antique et vénérable sanctuaire.

Pauvre Faculté! elle ne voyait pas que le temps marchait ; que le progrès l'assiégeait de tous côtés et qu'elle représentait l'immobilité dans ce temps d'activité brûlante qui avait hâte de consumer et de détruire tous les vestiges d'un douloureux passé! Elle mit au monde une nouvelle édition de Nicolas Myrepsus et réhabilita la thériaque!

Un jour, c'était en 1741, jour à jamais remarquable dans les fastes de la Faculté de médecine de Paris, on entendit Louis Reneaume de La Garanne débiter, pendant une heure, rue de la Bûcherie, en plein amphithéâtre, un discours en français sur la chirurgie de Guy ; discours, il est vrai, entremêlé de français et de latin, mais qui n'en n'était pas moins une dérogation radicale à la tradition de la Faculté. *Proh pudor !* un nouveau professeur était éclos à la Faculté, et il enseignait à qui? A des ânes, à des barbiers, pour en faire des chirurgiens.

Ce dut être vexant ; mais, comme nécessité fait loi et

que nos docteurs régents avaient de graves raisons pour ne pas trop aimer Saint-Côme, il fallait bien chercher des auxiliaires pour résister aux chirurgiens jurés, qui vivaient en dehors de la Faculté et lui portaient ombrage.

Donc une sixième chaire fut instituée, et les régents n'eurent plus à faire chez eux des cours ennuyeux et gratuits.

Il semble qu'après toutes ces condescendances, la Faculté eût eu droit de se reposer. Que nenni! ce fut encore bien pis quand elle reçut, le 17 mai 1745, une supplique de 33 sages-femmes jurées, qui réclamaient des cours pour leur compte.

La Faculté décréta l'érection de trois nouvelles chaires, ce qui portait à neuf le nombre des professeurs. Mais, à cette époque de 1745, l'école était bien affaiblie; l'enseignement plus large, et plus en rapport avec le milieu social, du Collège de France et du Jardin du roi, minait chaque jour son prestige; l'institution de la chambre royale et de la société royale de médecine lui portaient les derniers coups; elle mourait d'anémie, quand la révolution la fit disparaître.

L'ancienne Faculté de médecine a-t-elle droit à nos regrets? Oui, si l'on réfléchit à sa forte organisation. Non, si l'on se place au point de vue scientifique. Elle représente l'immobilité dans le mouvement. L'immobilité n'est pas de ce monde, car il n'est dogme, aussi bien assis qu'il soit, qui résiste à la morsure des siècles.

Si j'étais Malgaigne, je vous raconterais tous les démêlés, toutes les querelles, les procès de l'ancienne Faculté avec les chirurgiens et les barbiers chirurgiens, qui se regimbèrent si longtemps sous l'autorité de l'école. Je n'ai malheureusement ni le talent ni le savoir de cet admirable critique, et je n'oserais vous présenter le tableau de la lutte, sans crainte de m'égarer et de le travestir. Cependant j'ai sous la main quelque chose de certain, relatif aux barbiers. Vous jugerez de la sollicitude de la mère adoptive pour ses nouveaux enfants.

Je vous ai dit qu'en 1714 un régent avait été nommé professeur pour développer les instincts chirurgicaux de la corporation des barbiers; mais il ne faudrait pas en induire de là que le bataillon barbifiant n'eût pas de maîtres pour l'instruire. Des régents de bonne volonté se chargeaient de l'instruction de ces braves gens, et ce n'est que par la suite qu'ils supplièrent la Faculté de leur donner le titre officiel. Il en était de même à Montpellier; mais, dans cette occasion, la ville phocéenne devança Lutèce, probablement parce qu'elle eut plus tôt à souffrir des prétentions des turbulents barbiers.

Donc un cours de chirurgie fut constitué en l'an de grâce 1490, à Montpellier, si l'on s'en rapporte à Symphorien Champier. Mais, que cette date soit ou non réelle, il ne nous en reste pas moins un cours complet de chirurgie à l'usage de Messieurs les barbiers. Il est de la façon de Jean Falcon, et fut imprimé à Lyon, chez Tournes, en 1559.

Ce livre est certainement l'un des plus singuliers qui soient sortis de l'esprit humain et, sans contredit, le plus curieux monument de l'état de l'enseignement de la chirurgie, en France, à cette époque.

Pourtant, il eut, comme toute chose, sa raison d'être : la Faculté, qui avait accepté les barbiers et les protégeait contre les chirurgiens, s'était imposé le devoir de leur apprendre à panser les clous et les bosses. Comment faire? Professer en chaire, en pleine école, dans le langage latin, eût été peine perdue; professer en français était chose impossible, puisque la dignité de l'Université ne le permettait pas. Afin d'allier le decorum et l'ignorance, on imagina un moyen terme qui consistait à exposer le texte en latin et à le commenter dans un langage barbare, demi-latin, demi-français. Voyez-vous d'ici l'effet stupéfiant d'une telle harangue sur des auditeurs ne sachant un traître mot de grec ni de latin ! L'innovation n'était pas heureuse.

Falcon commence par s'excuser, dans une préface latine, de la nouveauté de son entreprise. Mais lisant, depuis quelques années, le Guy aux étudiants en chirurgie, il n'a pas regardé comme absurde ni indécent de publier ses scolies. Il ne doute pas toutefois que quelques-uns le trouvent répréhensible ; mais il se soumet à la sainte Eglise romaine, maîtresse, princesse et dominatrice de toutes choses, avec laquelle il pense, il vit, il dormira et aura repos.

Maintenant, écoutez :

« Au commencement de ce présent œuvre, il est nécessaire d'enquérir plusieurs choses, comme nous enseigne Haly-Abbas, en son livre Ier, chapitre 3, *de Regali dispositione*. La première est le titre du livre qui est tel : Cy commence l'inventaire ou collectoire en l'art de chirurgie, composé par maître Guidon de Chauliac, très excellent docteur en médecine. Or la raison de savoir pourquoi est bon de savoir le titre de chacun livre, est à seule fin que l'on connaisse la matière subjecte d'icelui, ou afin que, quand un écolier aura nécessité de quelque livre, il le sache demander par son propre nom, comme quand on ha affaire de son ami, on l'appelle par son nom propre. *Titulus autem dicitur, quasi* TITULUS *a tuendo, quod autoris et factum et nomen tueatur : vel (ut alii volunt) a grèce*

Titan, *id est* Sol *latine.* Car tout ainsi que le soleil illumine ce monde inférieur, ainsi le titre illumine le livre et un chacun chapitre, en déclarant généralement tout ce qui est là contenu. Ainsi l'entend le docteur en la fin du chapitre singulier, quand il dit : *Et hoc ne abruso, Titulo pagina muta videatur. Per titulum enim intellectus libri legentibus ipsis aperitur : ac propterea scribebant antiqui Titulos et rubricas colore rubro, qui radiis solaribus fere simili est.* »

Allons, vous voilà bien avancé ; vous savez ce que le livre contient, d'après le titre ; et que ledit titre, ainsi que les rubriques qui sont sous sa dépendance, doivent être en rouge, ou du moins l'étaient chez les anciens, afin d'attirer les regards comme le font les rayons solaires.

Voilà donc nos compagnons barbiers bien édifiés sur le titre. Le professeur agite aussi doctement d'autres questions aussi importantes, savoir : *A quelle partie de philosophie est subalterne chirurgie. — Quel est l'ordre de ce présent livre au regard des autres livres de chirurgie. — Qui est le subjet duquel principalement est traité, en ce livre :* Et finalement : *Combien ce livre ha de causes.*

« Je trouve, répond le professeur, qu'il en ha quatre : efficiente, formelle, finale et matérielle. La cause efficiente est double, universelle et particulière. L'universelle est Dieu qui est la cause de toutes les choses de ce monde ; la particulière, le docteur Guidon, lequel ha esté très excellent homme en médecine et en chirurgie, comme il appert par son livre ; la cause matérielle est le corps humain, *sanabile et ægrotabile*, déterminé à l'opération manuelle avec laquelle différence il est le subjet de ce livre. Or ici, nous prenons cause matérielle pour matière, *circà quam versatur scientia.* »

J'ouvre le livre au hasard à la page 239. L'auteur glose sur l'anatomie des vases spermatiques. « Il est à noter que les vases spermatiques, aux femmes, pour ce qu'elles sont molles et lènes, attouchent les génitoires sans qu'il y ait rien entre deux. *Nam habent testiculos parvos et etiam vasa spermatica sunt parva et substantia eorum diminuta est et modica.* Mais pour ce que les vases spermatiques de l'homme sont durs et épais, et la substance des génitoires est subtile, molle et spongieuse; pourtant lesdits vases spermatiques, en l'homme, ne touchent pas immédiatement la substance des génitoires; mais *mediante quadam carne bulbosa dicta a Gal. in-1° de Spermate ultimo epidimica, quæ est quasi separata à testiculo :* et Avic. l'appelle *Embros.* »

Vous eussiez, je crois, fait triste figure aux leçons de maître Falcon, en l'illustre faculté de Montpellier.

Sachez cependant qu'un de ses élèves, Hippolite d'Autreppe, chirurgien du duc de Guise, lors de la bataille de Marignan, reçut les honneurs du doctorat dans une université d'Italie, grâce à Symphorien Champier, lequel nous a donné tous les détails de cette comédie, dans laquelle il fit avaler une pilule amère à la docte Faculté de Pavie. Champier, ayant mis quelques régents dans son secret, fit assembler les docteurs et, après avoir vaincu leurs répugnances, servit d'interprète entre le candidat, qui ne connaissait pas le latin, et les juges, qui n'entendaient mot au français : Champier fit de si belles réponses pour le compte de son barbier, qu'il finit par arriver à son but, bien que les régents s'étonnassent fort que son protégé fût si instruit, quoique si illettré. Il est fort probable que la Faculté conserva longtemps le souvenir de cette perfidie ; mais que dire quand le docteur Symphorien avait manifesté son désir?

Le roi François n'était-il pas le vainqueur de l'Italie et Champier, le médecin du duc de Lorraine, que je soupçonne fort d'avoir trempé dans cette intrigue.

Quoi qu'il en soit, le livre de Jean Falcon, conseiller du roi, lisant (lecteur) ordinaire en la très famée Université de Montpellier, et doyen d'icelle, ne comporte pas moins de 614 pages d'un très bel in-8, sans compter les 16 destinées au titre, aux distiques chargés d'immortaliser l'œuvre, à l'avis au lecteur, à la table des matières et au privilège du roi, en 1557.

Depuis longtemps Falcon était mort, quand son chef-d'œuvre fut livré au public barbico-chirurgical. Jamais certes livre n'a passé par de telles péripéties. Ulysse, à la recherche de sa chère Ithaque, n'eut pas plus de peine que les Commentaires sur Guidon à la poursuite d'un imprimeur. L'auteur, de son vivant, l'avait adressé à un sien disciple, docteur en médecine à Lyon, qui lui avait promis de le bailler à un fidèle imprimeur pour le mettre tôt sous presse : comme le disciple tint pas en sa promesse, Falcon se fâcha et, avec justice, retira son manuscrit et l'adressa à un sien grand ami, conseiller à Toulouse, qui ne demanda pas mieux que de lui être agréable. Mais le guignon voulut que le conseiller vint à mourir et que Falcon en fit autant. Etant ainsi, ce livre, privé de son père et de son ami, demeura long-temps égaré parmi tous les livres du défunt. Madame Sevère Delale, veuve de l'ancien doyen, sollicita vaine-ment pour rentrer en possession de l'ouvrage de son feu mari ; mais, fatiguée des retards éternels qu'on mettait à le lui renvoyer, elle fit le voyage de Lyon, où elle s'était remariée, à Toulouse et tira hors de sa prison le précieux livre qu'elle bailla à quelques écoliers allemands pour le faire imprimer à Bâle, ce qui ne put être exécuté ; le langage français n'étant pas familier aux Allemands. C'est alors enfin qu'elle le confia à Tournes, de Lyon, qui l'imprima en 1569, en ayant soin de prévenir que certain livre, ayant paru sous le nom de Falcon, était apocryphe et ne pouvait être que l'œuvre d'un disciple, et encore d'un disciple ignorant ! Que devait donc être l'édition falsifiée, quand on a la chance de parcourir l'originale !

Hélas ! la pauvre veuve Falcon, femme Silva, n'eut pas le bonheur de jouir de la gloire de son mari ; elle mourut avant que l'imprimerie nous eût légué son pieux héritage !

Laissons dormir ce qui fut autrefois le talent et la science ; nous pouvons sourire quand nous comparons à la nôtre ces civilisations démodées ; mais, en nous reportant au milieu dans lequel elles se sont développées, nous devons être indulgents à leur égard : qui sait si nos petits-fils ne nous prendront pas un jour en pitié ! Dormez-donc, hommes de foi ! et nous, suivons le large chemin qu'a tracé le génie du XIXe siècle.

VINGT-SEPTIÈME SOIRÉE

Vers la fin du siècle dernier, la médecine était pour ainsi dire conjecturale, parce qu'elle était, en grande partie, basée sur des systèmes et des hypothèses. Depuis lors, elle est devenue une science d'observation, parce qu'à l'instar des autres sciences naturelles, elle n'a eu d'autres bases que les faits. On se rapprochait insensiblement de l'observation antique. Les règles tracées par le génie d'Hippocrate et le sens droit du vieil empirisme, produisaient une véritable révolution médicale qui marchait lentement, mais d'un pas assez ferme, sous l'impulsion de Morton, de Sydenham, de Torti, d'Helvétius et de bien d'autres encore, quoiqu'il y eût nécessairement beaucoup d'arrêts et d'incertitudes dans cette progression chancelante et souvent obligée à de fréquentes haltes, par l'irruption de quelque nouvelle doctrine ou système d'un penseur remuant ou d'un philosophe passionné. C'est ainsi qu'en Angleterre, l'écossais Jean Brown lança une doctrine physiologique et médicale dont le retentissement fut immense et fut l'objet de la plus violente polémique. Brown, irritable et impérieux, ne tarda pas à se mettre à dos tout le collège des médecins d'Edimbourg. Forcé de lutter contre une opposition puissante, il eut recours à la violence et l'injure ; il perdait tout sentiment de raison et de justice toutes les fois qu'il croyait son système menacé ; et, pour quiconque connaît l'esprit des corporations, on croira sans peine que l'Université écossaise, si violemment attaquée par le nouveau réformateur, se défendit vigoureusement, et que, de part et d'autre, les moyens de défense ne tardèrent pas à prendre les caractères de l'hostilité la plus haineuse. Les disputes entre étudiants en arrivèrent à tel point, qu'il fut décrété qu'un de ses membres qui en provoquerait un autre en duel, par suite de discussions à l'école, en serait exclus pour toujours.

Les leçons du réformateur ne tardèrent pas à acquérir assez de célébrité pour faire secte et, bientôt, on désigna sous le nom de Browniens les étudiants qui le suivirent: il sut inspirer assez d'enthousiasme pour sa doctrine et d'intérêt pour sa personne, pour que ses disciples les plus zélés ne dédaignassent pas, afin de l'entendre, de fréquenter la prison où sa mauvaise fortune l'avait fait enfermer après quelques désastres pécuniers.

La théorie de Brown, sur les effets de l'opium, excita une telle admiration qu'elle parût mériter que le marbre en éternisât la mémoire. Le collège des médecins lui ayant, à cette occasion, décerné un buste pour être placé dans l'une des salles de l'Université, y fit graver un des apophthegmes les plus remarquables de son ouvrage : *Opium me herclé, non sedat.*

Après avoir été réélu président de la Société, en 1780, notre novateur prit le bonnet de docteur et, quelques années plus tard, voyant l'impossibilité de se soutenir à

Edimbourg au moyen de l'enseignement de la médecine, il alla s'établir à Londres, plus orgueilleux que jamais et plus irritable encore, par suite de ses déboires. Les déboires l'y suivirent ; sa conduite licencieuse s'exagéra de plus en plus et il ne tarda pas à être enlevé par une attaque d'apoplexie, ayant, selon son ancienne habitude, avalé un gros de laudanum au moment du sommeil.

Selon Brown, l'homme et les autres êtres vivants ne diffèrent des corps inorganiques que par la propriété d'être affectés par les causes externes, de manière que les fonctions qui sont l'attribut de la vie puissent s'exécuter ; la propriété qu'ont nos tissus d'être affectés ou stimulés, si vous trouvez l'expression plus juste, s'appelle *incitabilité*; les agents de l'incitabilité sont les *puissances incitantes*; enfin l'incitation est la résultante ou l'effet de la mise en contact des deux agents. Ainsi l'œil plongé dans l'obscurité ne, voit pas, quoiqu'il conserve sa propriété de voir; qu'un rayon lumineux vienne le stimuler, nous apercevons.

De même la vie est un état forcé; elle a besoin d'être incessamment entretenue par l'action des incitants : quand ceux-ci cessent d'agir, la mort s'ensuit aussi sûrement que lorsque la propriété incitante est abolie.

Les maladies ne peuvent donc présenter que deux formes; elles sont *sthéniques* par suite d'une incitation immodérée; elles sont *asthéniques* par suite d'une incitation trop faible. Toutefois la proportion numérique des unes aux autres est telle, que, sur cent maladies, trois seulement sont sthéniques, et que les quatre vingt dix-sept autres doivent être rangées dans la classe contraire, d'après Brown.

Comprenez-vous, maintenant, comme tout cela se simplifie! Les maladies sthéniques sont si peu nombreuses (3 sur 100) qu'il n'est vraiment guère utile de s'en préoccuper; les autres, au contraire, doivent continuellement appeler la sollicitude du médecin; toujours l'incitant doit être prêt pour agir sur l'incitabilité et procurer l'incitation : il ne s'agit plus pour le praticien qu'à déterminer, dans sa sagesse, la force de stimulant ou incitant qu'il doit opposer à la maladie : viennent alors comme médicaments, l'opium, le vin, les liqueurs spiritueuses, la bonne chère, les condiments, l'exercice du corps et de l'esprit, les sensations agréables, toutes les passions excitantes, un sommeil modéré, un air pur; en un mot, tous les moyens capables de produire toujours le même effet, en produisant l'incitation.

Le Dr Christin a essayé de présenter sous une forme sensible l'idée mère du novateur : on la comprend d'autant mieux qu'elle est tirée des usages domestiques.

Supposez un foyer établi sur un gril, rempli d'un charbon peu combustible et dont la combustion ne peut être entretenue qu'à l'aide de l'action permanente d'une machine, en guise de soufflet, d'où partent plusieurs tubes dirigés vers le foyer où ils versent constamment plusieurs courants d'air. Le combustible, au moyen d'un tuyau fixé sur le derrière de la cheminé, est constamment renouvelé dans une proportion correspondant à la quantité détruite par cette combustion non interrompue. Dans cette supposition, le gril représente l'organisation humaine; le charbon qui le remplit, la *matière de la vie*, l'incitabilité de Brown, la force sensoriale de Darwin; le tuyau au moyen duquel le combustible est entretenu, c'est la faculté inhérente à tous les corps vivants, de reproduire en eux-mêmes l'incitabilité incessamment usée et incessamment renouvelée; le soufflet à plusieurs tubes et à plusieurs courants d'air, représente les divers stimulants, susceptibles de mettre en jeu, à divers degrés d'énergie, l'incitabilité vitale. Enfin la flamme qui s'élève du foyer, par suite de ce mécanisme, est l'image de la vie, c'est à dire le résultat de l'action des incitants sur l'incitabilité.

Telle est à peu près la vue générale de Brown. Cette doctrine dénote un esprit hardi, audacieux, mais auquel la réflexion fit défaut.

Son système n'est pas assez compréhensif, et c'est à peine si les maladies locales primitives, qui portent, par la suite, du trouble dans toute l'économie et simulent plus tard une maladie générale, sont effleurées. Il ne reconnaît, au reste, que la gastrite, l'entérite et l'hémorragie avec inflammation subséquente, et l'inflammation traumatique, comme affections primitivement locales et pour lesquelles il institue un traitement local très anodin ; toutes les autres malàdies sont générales et, partant, sont soumises à la thérapeutique des stimulants.

Malgré toutes ses erreurs, on ne peut s'empêcher de reconnaître que la nouvelle doctrine rendit quelques services, en réagissant contre les théories physiques que l'Angleterre avait acceptées de l'Italie, alors dominée par les iastro-mécaniques, à la tête desquels se trouvaient Borelli et Bernouilli, élèves de Galilée. Brown insista avec opiniâtreté, avec violence même sur l'action vitale comme cause de tous les phénomènes de la santé et de la maladie, et même de la manière d'agir des médicaments ; mais il en fit une abstraction d'un ordre si élevé, que les phénomènes de détail lui échappèrent.

Malgré cela, ses idées n'allaient pas tarder à prendre possession du monde médical qui, dégouté de tous les systèmes physiques dont l'insuffisance et les vices nombreux étaient partout sentis, attendait anxieusement un appui. Girtanner publia, en 1792, son prétendu système qui n'était autre que celui de Brown, mal dissimulé et gâté par les applications vicieuses des idées chimiques nouvellement en vogue. Puis Moscati l'introduisit en Italie, où il fit fureur, non sans être modifié par Rasori dont la théorie, sans toutefois attaquer les fondements de celle du novateur écossais, y apporta cependant de notables changements; car Rasori, tout en admettant le principe des deux ordres opposés de maladies, en renversa totalement la proportion numérique. Les maladies asthéniques devinrent rares, et les maladies sthéniques communes. Il fallait sans cesse stimuler avec Brown ; il faut contre-stimuler avec Rasori, c'est-à-dire calmer, tempérer, affaiblir l'effet des stimulants par des débilitants directs et puissants. Cependant les choses en vinrent à ce point, dans l'Italie septentrionale, que le Brownisme, déchu, mutilé, était au moment de disparaître lorsqu'il trouva pour se maintenir un autre théâtre et de nouveaux acteurs.

Wakard, médecin de l'impératrice de Russie, fit connaître à l'Allemagne la véritable doctrine en même temps que la supercherie de Girtanner ; partisan fanatique de la nouvelle secte, il fit de nombreuses recrues parmi les médecins allemands, et l'on ne tarda pas à voir se renouveler la guerre des pamphlets et des injures, au grand détriment de la science et de la raison.

La France échappa à ces polémiques virulentes, elle en fut préservée par la sévère logique de Condillac qui exigeait que les faits d'une théorie fussent si étroitement liés les uns aux autres, qu'aucune hypothèse ne pût se glisser entre eux. Le nom seul de *système* épouvantait, et l'empirisme seul paraissait raisonnable ; aussi la doctrine de l'incitabilité fut-elle reçue avec une sorte de réprobation générale ; toutefois la commodité de son application au lit du malade, lui donna un accès facile dans l'esprit d'un grand nombre de médecins, et, bien que déguisé, le principe n'en subsista pas moins, avec plus ou moins de force, jusqu'au moment où une nouvelle doctrine médicale, tout opposée dans ses applications pratiques, vint lui disputer l'empire de la science, telle qu'on la comprenait dans les premières années de notre siècle.

La lutte, dès lors, redevint plus ardente que jamais. C'était un rude joûteur que ce nouveau venu qui se montrait si audacieusement sur l'horizon médical : il était breton, de Saint-Malo, par conséquent entêté, et, qui pis est, il était servi par une intelligence ardente et profonde ; indépendant de caractère, sarcastique, éloquent, poseur toujours, comédien dans l'occasion, Broussais ne tarda pas à devenir l'idole de la jeunesse médicale. « Ah! si vous l'aviez vu professer, me disait, il y a quelque temps encore, un vieux praticien impénitent qui marche avec le siècle, vous eussiez eu beau vous débattre pour lui échapper, cela vous eût été impossible ; nous allions bien assister parfois aux leçons de Laennec et des jeunes gens qui depuis ont été vos maîtres, comme Roston, Bouilland, Andral ; mais c'était toujours avec un sentiment malveillant ; heureux quand nous ne faisions pas de vacarme! nous étions la propriété de cet homme et, malgré quelques velléités de révolte de notre raison, nous étions fascinés et nous applaudissions. »

Vous comprenez qu'un homme, ayant à sa disposition de pareilles ressources, a dû facilement pétrir à son gré plusieurs générations médicales jeunes et, par conséquent, amoureuses des nouveautés. Je n'ai pas, Dieu merci, vu professer Broussais, mais j'ai lu, comme do-

cuments historiques, quelques-uns de ses écrits ; je vous
assure qu'il n'y va pas de main morte ; je pourrais
vous dire, comme l'orateur Eschine, lisant à ses élèves
un discours de Démosthènes qui les transporta d'admiration : « Qu'auriez-vous donc dit, si vous eussiez entendu le monstre lui-même » ! Voici quelques passages
glanés dans les Annales et l'Examen du professeur du
Val-de-Grâce : « De tous les ouvrages que nous possédons, il n'y a rien à conserver que les faits, avec la
condition expresse de les vérifier à chaque instant. Tous
les médecins sont les ontologistes ennuyeux et dégoû-
tants de toutes les époques de ce que l'on appelle l'art
de guérir : ils ne doivent être considérés que comme les
sectateurs imbéciles de cette ontologie médicale qui s'op-
posait, depuis le commencement des siècles, à ce que la
médecine figurât au rang des sciences, et ni les succès,
ni les revers ne peuvent servir à les rendre bons praticiens, ni à leur donner les moyens d'en former d'autres.
Ils créent des sylphes, des génies, qu'ils font mouvoir à
volonté, et traitent, dans le genre des Mille et une Nuits,
la médecine qui n'a été jusqu'à moi qu'un roman. Le
grand Hippocrate, s'il vivait encore, se ferait une gloire
d'assister à mes cours pour apprendre ma doctrine. L'Hippocrate anglais, ce grand épidémiste, n'est qu'un fameux
descripteur de constitutions, et ce n'est pas relever
Baillou que de le comparer à Sydenham. L'Hippocrate
français, le prétendu philosophe Pinel, n'a jamais dis-
cuté ni prouvé quelque chose. Enfin M. Laennec, ce
grand explicateur, malgré sa sagacité à observer avec le
stéthoscope, est le moins propre de tous les hommes à
suivre un raisonnement sévère pour arriver à des conclusions rigoureuses : son style est généralement lourd,
embarrassé, et souvent grossier..... » Mais attendez le

reste. « Que je me trouve grand 'auprès de ces pygmées !
Ma doctrine repose sur des bases inébranlables, ses
principes sont immuables et elle est éternelle comme la
vérité. En un mot ma doctrine est une statue colossale
en bronze, et ceux qui veulent la renverser sont des
scarabées à tête fragile, qui viennent étourdiment heur-
ter leur tête contre son indestructible élément; ou, pour
parler sans méthaphore, ils sont des énergumènes à
style grossier, qui voudraient entrer en correspondance
avec moi, mais que je méprise trop pour leur répondre. »

Jugez si de pareils arguments, bons à combler de joie
les masses étudiantes, devaient avoir un favorable accès
près du corps enseignant représenté par des hommes
de la valeur de Hallé, de Laennec, de Louis, etc., et de
médecins dont le bon sens n'avait pas été totalement
perverti par l'idée régnante. L'histoire des querelles
médicales de 1811 à 1840 suffirait à l'impression de
quelques in-quarto bien compactes. Qu'est-il resté de
tout cela ? Une vaste ruine faite pour décourager les
plus intrépides doctrinaires. Que reste-t-il de Broussais ?
sinon un souvenir de commisération pour toutes ses
erreurs, et le regret qu'une si puissante organisation se
soit fondue si vite au premier soufle de la raison et de
l'expérience. Cet homme n'eut même pas la satisfaction
de vivre de sa gloire ; il mourut totalement oublié,
après avoir tenu, pendant vingt ans, la plus haute position scientifique qu'on pût envier.

C'est que, voyez-vous, sa science était mensongère,
sa doctrine mal étayée. Comme tous ceux, en partie,
qui l'ont précédé, Broussais avait tiré son système de
sa fournaise cérébrale, avant d'observer les faits, et bon
gré mal gré, tout avait dû se plier aux exigences de la
théorie. C'est là et ce sera toujours le sort réservé à ces

impatients avides, créateurs d'une idée qu'ils regardent comme les colonnes d'Hercule de l'entendement, comme si les courts instants de la vie suffisaient à soulever le voile qui cache *la vie éternelle.*

En réfléchissant à tous les systèmes sombrés, à toutes les doctrines que le temps a balayées, on se sent pris de tristesse en présence de ces luttes incessantes de l'homme aux prises avec l'inconnu, qui toujours lui échappe au moment où il croit le saisir. Toujours c'est à recommencer, toujours c'est un *desiderata* après une nouvelle découverte ; toujours, enfin, c'est l'aspiration vers l'inconnu. C'est bien là le vrai caractère de la science : une base solide d'abord ; puis chaque génération bâtit son étage ; mais l'édifice ne sera jamais terminé en raison même du grand X après lequel nous courons.

Que faut-il pour que l'édifice soit solide ?

Deux choses : l'observation et l'expérimentation.

Or Broussais observait mal, ou plutôt l'induction le trompa. Partant d'une conception fausse, l'œuvre ne pouvait qu'être non-seulement imparfaite, mais mauvaise et dangereuse. Barthez était tombé dans un pareil défaut ; Broussais ne sut pas l'éviter. Sa physiologie n'est qu'un assemblage hétérogène des opinions défigurées de Brown, de Sthal, de Barthez, de Bordeu, de Bichat, de Reil et de Rolando. J'avoue que je ne me sens pas capable d'expliquer la proposition qui suit : *La force vitale, être immatériel, se sert de la chimie vivante, instrument immatériel, pour produire des instruments matériels.* Il est temps, vraiment, que ces derniers se présentent ; car la réaction d'êtres immatériels, les uns sur les autres, pourrait longtemps continuer sans donner un produit positif. Jusqu'alors, les partisans de Sthal et de Van Helmont s'étaient contentés d'une *archée* ou d'un principe de même couleur, ce qui était bien assez, pour entretenir le jeu de la machine animale ; il en fallut deux à Broussais ! Passe encore si cette chimie vivante, instrument invisible de l'invisible et immatérielle force vitale, était tant soit peu matérielle pour faciliter la *soudure* des deux substances ! Mais point ; deux négations matérielles valent une affirmation, matière !

Quoiqu'il en soit, voilà les organes composés et pourvus de la faculté de répondre à l'action des corps extérieurs. C'est l'*excitabilité* ou l'irritabilité de Gorter et de Glisson que Broussais appelle *contractilité :* mais d'après lui, cette irritabilité n'est pas, comme le prétendait Brown, identique, une et indivisible ; elle n'est pas répandue uniformément dans tous les organes et, par contre, l'irritation ne peut être uniforme dans tout l'organisme. Si donc l'action du stimulant est trop énergique, l'excitation est portée à un degré supérieur à celui qui convient au maintien de la santé ; cette surexcitation entraîne constamment un afflux considérable des fluides, qui détermine une congestion morbide. Cet état est celui que Broussais appelle *irritation*. Limitée, localisée d'abord à un tissu, à un organe, l'irritation retentit sur ce qui l'entoure, et même sur des organes éloignés et souvent, alors, il arrive que ces irritations *sympathiques* font tellement rage qu'elles donnent le change à tous ces ignares médecins, que leur obstination tient en dehors de la communion broussaisienne. Appuyez sur la conséquence, l'irritation deviendra l'*inflammation* et vous engloberez toutes les maladies dans votre cadre.

La scrofule, la phthisie, le cancer, toutes des diathèses; et les virus, les fièvres intermittentes ne sont plus que des inflammations qui, toutes, doivent s'incliner devant la lancette, les émollients, la diète, et l'arsenal des médicaments dits anti-phlogistiques. J'aime à voir Broussais tonner contre la thérapeutique incendiaire de Brown, et verser des larmes sur le sort des malheureux malades soumis à un pareil régime! Quel effrayant concert d'imprécations n'entendrait-il pas, si les victimes de sa déplorable doctrine avaient la fantaisie de ressusciter!

Paix à sa cendre et à celle de tous les doctrinaires et inventeurs de systèmes. Les hommes qui ont fait école et prétendu fourrer la philosophie dans la médecine ont été, à leur insu, les plus grands ennemis de leurs contemporains. Les systèmes et les doctrines sont personnels; la science est le lot de tous les travailleurs; elle ne s'étaie pas avec des idées, mais elle repose sur des faits; l'observation et l'expérimentation sont les seuls guides auxquels elle doive se fier. Elle n'est pas le mot exclusif d'un individu, mais bien la résultante de s efforts de nombreux ouvriers, parmi lesquels les plus actifs et les plus intelligents se placent au premier rang.

Dieu merci! la science, telle qu'elle doit être comprise dans notre profession, n'a jamais fait défaut à notre pays. Elle a trouvé, pendant les trois cents ans qui nous séparent de la Renaissance, un asile sûr au Collège de France. Au milieu des hérésies médicales qui, tour à tour, ont séduit la foule, la chaire du Collège n'a cessé d'être le foyer de la médecine d'observation; aucun des professeurs qui s'y sont succédé, n'a quitté cette route assurée qui, seule, peut conduire à des connaissances réelles et utiles, et maintenir l'art de guérir au rang qui lui appartient parmi les sciences physiques.

Ainsi, dit Laennec, tandis que l'Europe médicale s'égarait sur les pas de Paracelse et de Van Helmont, Duret dictait, dans cette enceinte, son commentaire sur les *Coaques*; Goupil y faisait connaître Arétée, le modèle d'observation le plus excellent peut-être que nous ait légué l'antiquité; Gourmelen commentait le *traité de l'aliment*, ouvrage inappréciable, si l'on se rapporte au temps, et si on le met en regard des écarts d'imagination des doctrinaires de l'époque.

Plus tard, Réné Chartier, qui consacra sa fortune et sa vie à faire connaître en entier le père de la médecine; Simon Piètre, le commentateur, et le premier Bouvard conservèrent dans cette école le dépôt de la médecine hippocratique. Guy Patin l'y défendit contre la chimiatrie et l'alchimie empirique, nées des doctrines étiologiques du siècle précédent. Pendant le cours du dernier, Andry, Tournefort, Geoffroy, Astruc, Bouvard y continuèrent la tradition d'un enseignement fondé sur les faits. Nous la recevons nous-mêmes, ajoute Laennec, de deux de nos maîtres dont la mémoire nous sera toujours chère : de Corvisart, dont le talent observateur ne sera apprécié à sa valeur que par ceux qui, comme nous, ont pu le suivre au lit du malade, et de cet illustre praticien, de ce savant modeste, que ses confrères regardaient comme leur arbitre et leur modèle. La récente perte de Hallé causera de longs regrets aux amis de l'humanité, à tous les hommes faits pour sentir ce que vaut la science unie à la vertu. *(Laennec — Discours d'ouverture du cours de médecine au Collège de France.)*

Broussais grinça, vous n'en doutez pas, à l'encontre de

cette première leçon de son illustre contradicteur; il prétendit que son compatriote breton l'avait désigné sous les traits de Paracelse, ce qui ne pouvait être vrai que dans de certaines limites, mais qui cependant n'était pas hors de propos. De là une virulente réplique du professeur royal, qui mitrailla son adversaire avec le traité de *l'auscultation* dans les maladies de poitrine. Laennec montra des dents pointues et ne fit, au reste, que se garer des attaques d'un agresseur impertinent, tout en sapant avec patience la forteresse de son redoutable ennemi. L'issue de la lutte n'était pas douteuse: d'un côté la raison, de l'autre une vaste conception, mais l'éternelle et fastidieuse répétition de la dychotomie physiologique et pathologique de tous les créateurs de systèmes. Broussais fut et devait être battu. Ce fut bien pis, quand des hommes de la trempe de Louis, d'Andral, de Roston vinrent renforcer le camp de l'observation, et que les élèves de ceux-ci arrivèrent porter main-forte.

Broussais fut véritablement martelé; de guerre lasse, il se retira de la lutte, non sans protester de l'imbécillité de ses contemporains; mais il se retira, Dieu merci, pour le plus grand avantage de la classe souffreteuse.

Je n'ai pas l'intention de vous entretenir des façons de mes maîtres à moi; tous ont disparu, depuis bientôt trente ans que j'ai commencé d'étudier, mais je puis vous affirmer que la voie sérieuse indiquée par Hippocrate, suivie par les empiriques et conservée par le Collège de France, n'a pas dévié entre les mains des hommes éminents auxquels est confiée la direction médicale de nos jeunes générations.

Au Collège de France revient l'initiative de nos meilleurs procédés d'investigation. C'est-là que Magendie s'est illustré; c'est-là aussi que Claude Bernard a tenu pendant vingt-cinq ans, l'Europe savante en haleine par l'imprévu de ses découvertes physiologiques.

S'il est un homme qui puisse revendiquer le titre de bienfaiteur de l'humanité, c'est bien ce savant modeste et infatigable qui a si profondément pénétré les secrets de la vie ; cela a coûté, il est vrai, l'existence à quelques douzaines de lapins, de chiens et de cochons d'Inde, sur le sort desquels quelques âmes sensibles ont versé des pleurs bien sentis ; mais cela a donné l'immense résultat de nous initier davantage aux mystères de notre existence. Plus que tout autre, Claude Bernard a mis la science à l'abri des déraillements désastreux qui pourraient se produire. Grâce à lui, nous sommes entrés dans le sentier logique qui conduit aux plus brillants résultats. Il eût pu se vanter d'avoir pour élèves les générations qui, depuis trente ans, se sont succédées à l'école ; car toutes l'ont suivi, parce que ses procédés d'investigation ne laissent rien à désirer pour quiconque est de bonne foi et veut se donner la peine de réfléchir.

Observation, expérimentation, telle est actuellement la devise de la science médicale, et telle elle sera désormais, quoi qu'il arrive.

Toutes les autres sciences sont nées de l'empirisme, c'est-à-dire de l'observation ; à la nôtre l'empirisme ne suffit pas, parce que nous sommes toujours devant l'inconnu qui nous défie. Nous devons expérimenter, c'est-à-dire reproduire dans notre laboratoire, sur des êtres dont nous avons droit de disposer sans froisser les conventions· sociales, les termes pathologiques que nous observons chez nos semblables. Nous devons, et je regarde cela comme un devoir, expérimenter les médications nouvelles, sur les espèces inférieures, afin de pouvoir les appliquer sur l'homme.

Nous devons, en fin de compte, nous tracasser peu de la vie de bêtes, quand la vie humaine est en cause.

Que voulez-vous donc que la philosophie avec ses doctrines et ses systèmes vienne faire dans notre œuvre? Rien. Cette pédante n'a jamais fait que comprimer notre initiative et, si nous devons vous être utile, c'est à la condition de l'inviter poliment à passer son chemin et à s'englutiner dans ses abstractions et ses rêveries.

Philosopher, c'est doctriner; or, nous n'avons pas le temps de cela, quand le malade nous réclame.

Soyons riches d'observations, soyons riches d'expériences, et nous pourrons, à bon droit, demander quelque peu de reconnaissance au souffrant.

Nous sommes en retard vis à vis de bien d'autres sciences. Est-ce notre faute? Pourquoi notre cadre n'est-il pas bien limité? Pourquoi la mort est-elle l'inséparable compagne de la vie? Pourquoi? — Je n'en sais ma foi rien, mais cela est. Ce que je sais, c'est que nous n'avons pas assez souvent à notre gré l'ineffable jouissance de pouvoir dire à la *Faucheuse* : « Madame, nous n'avons pas besoin de votre service pour le moment. »

Voilà, mon ami, comment doit marcher le médecin. Vous avez trois modes bien différents pour vous tirer d'affaire, en cas d'ennuis, pour vos maladies présentes ou futures.

D'abord la *médecine des prêtres* de toutes les communions possibles, que je vous ai, je crois, assez bien enseignée pour vous en dégoûter à tout jamais; puis *la médecine occulte* que vous avez le droit d'atteler avec la médecine sacrée; enfin la *médecine scientifique* qui, depuis nombre de siècles, lutte contre l'erreur et la superstition.

A vous de choisir, et de montrer, ce qui serait bien

rare, que vous ne regardez pas vos sottises comme votre
meilleure richesse.

Adieu.

TABLE ANALYTIQUE.

TABLE ANALYTIQUE.

B

C

D

F

G

H

I

J

OPÉRATION césarienne. — (Voy. *Coronis. Bacchus.*)

ORACLES. — Interprétation des —, 9. — — de Sérapis à propos d'Alexandre, 9. — — d'Esculape, consignés sur les tables votives, 24.

OPHIOGÈNES , peuple partageant les qualités des Psylles, 142.

OSQUES. — Les — de la Campanie sont notés pour leurs débauches, 103.

OSTHANÈS. — Le mage — vient en Grèce à la suite de Xercès, 119.

OVIDE recommande de ne pas croiser les membres au moment de l'accouchement, 38. — — trace le portrait de la faim, 164. — — ensorcelé, 169. — — tourne en ridicule les philtres amoureux, 174. — —, médecin, 176.

P

PACTE. — Conclusion d'un — avec le diable. — est *tacite* ou *exprès*, 213.

PARACELSE. — Jeunes années de —. Sa vie vagabonde, 282. — Invectives de — contre les docteurs, 284. — — prépare la mumie, 284. — — rejette le principe d'autorité, 285. — — prétend que la science lui est révélée, 285.

PARALYTIQUE guéri par la peur, 229. (Voy. *Davy. Bouchut.*)

PARÉ, chirurgien-barbier, rénovateur de la chirurgie, 313.

PATIN (Guy) combat l'introduction de l'antimoine comme médicament. — Portrait de —, 290. — — défend Hippocrate et Galien, 291.

PAUSANIAS parle des rêves provoqués dans les temples, 8.

PERSE, satirique latin, 171. — Votre ventre jaune est soulevé par une enflure, 172. — — a muré sa pensée, 175. — Incompatibilité d'un gros ventre avec la poésie, 178. (Voy. *Ciguë. Ellébore. Veratrum*).

PHALLUS. — Organe mâle de la génération porté par les femmes en amulette, 21. — — furieux, 99. — — remplace la langue de Belphégor, 249.

PHARMACOPOLES, marchands de poisons et de médicaments, 70.

PHÉRON, roi d'Egypte , puni d'une ophtalmie pour insulte au Nil. Son traitement, 10.

PHTHISIE, maladie de Cerinthe, 153. — Peinture de la —, 164.

PHILON, philosophe platonicien, affirme l'inceste, 215.

PHILIATRE. — Le nom de — est donné aux étudiants qui débutent en médecine, 301.

PHILOSOPHES émettent des théories creuses, 248.

PLAUTE. — Les femmes s'enlaidissent par des beautés d'emprunt. - Emploi de la céruse comme fard, 61. — —réfute Pline sur l'absence de médecins à Rome; indique les Rhizotomes, les Pharmacopoles et les botanistes ; rappelle la vente des poisons et des pierres magiques, 71. — Comédie de — intitulée Amphytrion.— Ouverture d'abcès, 73.

PLINE, naturaliste, mentionne le nœud d'Hercule pour les plaies, 11. — La cendre du crocodile est anesthésique, 29. — Invectives de — contre la thérapeutique de son temps, 31. — Papirius accepte l'accouchement à 13 mois ; Osthanès infecte la Grèce de magie, 119. — Crasse des murailles des gymnases employée comme médicaments, 130. — Femmes changées en hommes, 193.

PLUTUS, comédie d'Aristophane. — répand ses dons au hasard. — conduit dans le temple d'Esculape, 52. — Les serpents lèchent les yeux de — qui recouvre la vue, 56.

POISONS de Colchide, 94. — — délivrés par les pharmacopoles, 74.

POSSESSION. — Le diable prend — d'un individu et lui donne des maladies extraordinaires, 219.

PRÉLATI, prêtre apostat, conseiller de Gilles de Laval, 209.

R

S

www.ingramcontent.com/pod-product-compliance
Lightning Source LLC
LaVergne TN
LVHW021220170726
843501LV00003B/596